ERIK CALONIUS

O ÚLTIMO NAVIO NEGREIRO DA AMÉRICA

Tradução de
BERILO VARGAS

Revisão técnica de
MANOLO FLORENTINO

EDITORA RECORD
RIO DE JANEIRO • SÃO PAULO

2008

CIP-Brasil. Catalogação-na-fonte
Sindicato Nacional dos Editores de Livros, RJ.

C164u
Calonius, Erik
O último navio negreiro da América / Erik Calonius; tradução de Berilo Vargas. – Rio de Janeiro: Record, 2008.

Tradução de: The Wanderer
ISBN 978-85-01-07925-1

1. Escravos – Tráfico – Estados Unidos – História – Século XIX. I. Título.

08-0702

CDD – 973.711
CDU – 94(73)

Título original em inglês:
THE WANDERER

Copyright © Erik Calonius, 2006

Editoração eletrônica: Abreu's System

Todos os direitos reservados. Proibida a reprodução, armazenamento ou transmissão de partes deste livro através de quaisquer meios, sem prévia autorização por escrito. Proibida a venda desta edição em Portugal e resto da Europa.

Direitos exclusivos de publicação em língua portuguesa para o Brasil adquiridos pela
EDITORA RECORD LTDA.
Rua Argentina 171 – Rio de Janeiro, RJ – 20921-380 – Tel.: 2585-2000
que se reserva a propriedade literária desta tradução

Impresso no Brasil

ISBN 978-85-01-07925-1

PEDIDOS PELO REEMBOLSO POSTAL
Caixa Postal 23.052
Rio de Janeiro, RJ – 20922-970

EDITORA AFILIADA

Para minha mãe e meu pai,
e para Nancy,
Michelle e Matthew

Sumário

Nota do autor *9*

Introdução *17*

1 Primórdios de Savannah *20*

2 O *Pulaski* *30*

3 A Savannah de tempos posteriores *43*

4 Os cabeças-quentes *53*

5 O *Rawlins* e o *Cobden* *61*

6 O *Wanderer* de Johnson *70*

7 O *Wanderer* de Corrie *83*

8 Rumo à África *101*

9 Fora da África *114*

10 Jekyll Island *129*

11 Prova inicial *144*

12 A audiência *152*

13 O presidente *164*

14 Os britânicos *183*

15 Vicksburg *193*

16 Julgamento, parte 1 *205*

17 Julgamento, parte 2 *221*

18 Charleston *240*

19 O julgamento de Lamar *248*

20 O *Wanderer* *258*

21 Cilucangy *269*

Notas *274*

Bibliografia *296*

Índice *301*

Nota do autor

JEKYLL ISLAND, na costa da Geórgia, já foi uma espécie de território reservado onde passavam o inverno os empresários mais ricos dos Estados Unidos — os Carnegies, Rockefellers, Vanderbilts, Morgans, Macys, Pulitzers e Goulds, entre outros. Ainda hoje as "cabanas" de inverno desses magnatas, renovadas, e especialmente seu clube, lindamente torreado (agora o gracioso Jekyll Island Club Hotel), justificam uma visita ao lugar.

No centro de Jekyll Island fica um pequeno museu. Ele exibe fotografias de alegres milionários, reclinados com seus ternos brancos de linho, as mulheres sorrindo debaixo de chapéus moles, e as crianças andando de bicicleta, com bonés e calções presos um pouco abaixo do joelho. Aprende-se no museu que o Federal Reserve [Banco Central americano] foi fundado em Jekyll por magnatas que ali residiam em 1910, e que a primeira ligação telefônica transcontinental dos Estados Unidos foi feita de Jekyll para a Costa Oeste, principalmente porque Theodore Vail, presidente da AT&T, estava de férias em Jekyll.

Anos atrás eu visitava a exposição quando, já perto da saída, vi a imagem fantasmática de um veleiro na parede. Estava meio escondida num canto escuro. As velas eram imensas — abertas como asas cinzentas. A legenda sob a granulada reprodução fotográfica de uma pintura de Warren Sheppard dizia: "Em 1850, cinqüenta anos depois que o Congresso proibiu a importação de escravos, o *Wanderer* desembarcou uma carga de escravos africanos na costa de Jekyll. Esse ato provocou escândalo, e muitos foram acusados, inclusive a tripulação e o dono do navio, Charles Lamar, de Savannah. Todos os réus foram absolvidos, em alguns casos as denúncias foram retiradas." Era tudo que a legenda dizia.

É estranho, pensei, que um navio carregado de escravos fosse trazido para cá, para este lugar de lazer. Mais tarde, uma rápida pesquisa me mostrou que alguns conspiradores eram de Savannah, mas outros eram do Norte. E o navio tinha sido construído em Long Island, Nova York. Que viagem foi essa? A pergunta repercutiu dentro de mim durante dois anos. Eu precisava saber. E assim nasceu este livro.

Ao escrever este livro, aprendi uma lição de história: mesmo quando a história parece um lago tranqüilo, refletindo a luz serenamente, abre-se um mundo maravilhoso se enfiamos a cabeça abaixo da superfície. É um mundo habitado por centenas de pessoas que já se foram, suas vozes, tão claras hoje quanto o foram um dia, discutindo uma centena de pontos de vista, contando uma centena de histórias, expressando as mais diversas emoções. Faz barulho abaixo da superfície da história, além de ser um lugar fascinante para se colher informações. Meu primeiro agradecimento, portanto, vai para esses escritores do passado — os jornalistas, os autores de ensaios, cartas, livros e outros documentos do século XIX — que deixaram palavras pungentes.

Este livro tem uma dívida especial com vários outros escritores. Um deles é Winfield M. Thompson. Em 1904, Thompson escreveu um artigo de três capítulos sobre o *Wanderer* para a revista *The Rudder* e construiu uma história que, pela primeira vez, juntava descrições jornalísticas do incidente. O relato de Thompson, além de escrito com elegância, tinha a vantagem de basear-se em entrevistas com famílias envolvidas com o *Wanderer*. Por exemplo, John Eugene du Bignon, cujo falecido tio, John du Bignon, tinha ajudado Corrie a desembarcar os africanos em Jekyll, ainda vivia, e Thompson o entrevistou. Thompson descobriu também a família do falecido capitão Rowland, que projetou o *Wanderer;* a do falecido Thomas B. Hawkins, que equipou o iate com tanques de água para a viagem dos escravos; e a do falecido S. S. Norton, inspetor de Port Jefferson que denunciou o grupo.

Quem trabalha a partir da obra de Thompson é Tom Henderson Wells. No começo da década de 1960, Wells escreveu artigos sobre Charles e Gazaway Lamar para o *Georgia Historical Quarterly,* e uma tese de mestrado sobre o caso *Wanderer.* A tese transformou-se em livro, *The Slave Ship Wanderer,* publicado pela University of Georgia Press em 1967. À história contada por Thompson, Wells acrescentou conhecimentos de pesquisador acadêmico, preparando cuidadosas notas de rodapé para a história do *Wanderer* e investigando suas implicações legais. Diplomado pela U.S. Naval Academy (1940) e autoridade em história naval, ele abordou a história com o olhar experiente do historiador marítimo. Sua obra é um dos pontos de partida deste livro. Depois de examinar milhares de páginas de documentação, não encontrei um único erro em seu meticuloso relato.

Para situar a história no seu contexto político, tenho uma dívida de gratidão com o dr. Ronald T. Takaki, cujo magnífico livro *A Pro-Slavery Crusade* me abriu os olhos para as grandes questões que cercaram a viagem do *Wanderer* — sobretudo para a composição do grupo de radicais conhecidos como os *fire-eaters,* ou cabeças-quentes, incluindo o notório Leonidas Spratt. Quem quiser saber mais sobre os cabeças-quentes, em primorosos detalhes, deve ler o livro de Takaki. Em segundo lugar, quero citar o excelente livro de Manisha Sinha, *The Counterrevolution of Slavery.* Os escritos de Sinha me alertaram mais uma vez para a conspiração por trás da viagem, e particularmente para o plano de usar a reabertura do tráfico de escravos africanos como um meio de dividir o país. Além disso, tenho uma grande dívida com Michael P. Johnson por *Toward a Patriarchal Republic;* John McCardell por *The Idea of a Southern Nation;* Avery O. Craven por *The Growth of Southern Nationalism;* e George Fort Milton por *The Eve of Conflict* — livros que também me fizeram compreender as verdadeiras ambições dos líderes radicais.

Por informações sobre a Esquadra Africana e a história dos comandantes Totten e Conver, tenho uma dívida com o magnífico *American Slavers and the Federal Law,* de Warren S. Howard, e também com *The Right of Search and the Slave Trade in Anglo-American Revolutions,* de Hough Soulsby. Para estabelecer o cenário econômico, minha dívida é com *Economic Aspects of Southern Sectionalism,* de R. Russell.

Finalmente, no que diz respeito ao naufrágio do *Pulaski* sou grato aos belos e angustiados relatos da tragédia de autoria de Rebecca Lamar e James Hamilton Couper.

Quero expressar a mais sincera gratidão a Ceceile Kay Richter, minha principal pesquisadora. De seu posto em Washington, D.C., Ceceile mergulhava nos esconderijos dos Arquivos Nacionais, da Biblioteca do Congresso, da Biblioteca de Direito da Universidade de Georgetown e outros repositórios, extraindo milhares de páginas de material pertinente, que chegavam à minha porta em torrentes de envelopes e caixas. Ceceile não só seguia minhas instruções como também descobria seus próprios caminhos para um rico repertório de materiais inesperados e essenciais. Também quero agradecer a Lynn Watson-Powers, de Atlanta, por sua grande pesquisa nos Arquivos Nacionais, Seção Sudeste (East Point, Geórgia), à Universidade da Geórgia e à Universidade Emory. Meus agradecimentos também a Anne Dodenhoff por sua pesquisa em Charleston, Carolina do Sul.

Também quero agradecer a Dan Kelley e Bill Blundell, duas figuras lendárias do *Wall Street Journal,* pela leitura de capítulos e por comentários que me foram de extrema utilidade. Sou grato também a Glenn Ruffenach, outro grande editor do *Wall Street Journal,* que também encarou diversos capítulos e, com suas sugestões, ajudou a melhorá-los. Pela leitura de partes e versões deste livro, também agradeço a Ed Weathers, Larry Pritchard, Wes Evans, David Holman e Richard Conner.

Quero agradecer aos funcionários da Biblioteca da Sociedade Histórica da Geórgia, que me ajudaram na pesquisa e copiaram resmas de documentos, e pelo ótimo pessoal do Forsyth Park Inn em Savannah, minha casa durante as viagens que fiz para pesquisar. Também agradeço à Biblioteca de Rollins College em Winter Park, Flórida, pelo uso de sua máquina de microfilme, e aos funcionários da Biblioteca Pública de Winter Park.

Quero agradecer também a meu agente, Dan Greenberg, por sua ajuda para que eu obtivesse um contrato, e acima de tudo a meu editor da St. Martin's Press, Michael Flamini, por acreditar neste livro e orientá-lo até sua conclusão.

Por último, quero agradecer a minha mulher, Nancy, por seu apoio incondicional, mesmo nas horas mais difíceis deste trabalho; a minha mãe e a Michelle e Paul, por me encorajarem de longe; e especialmente a meu filho, Matthew, que percebia as luzes do meu carro passarem pela janela do seu quarto no escuro da madrugada e sabia que mais uma vez eu estaria ausente, para ver o que conseguia encontrar abaixo da plácida superfície da história.

O *Wanderer* deixou em sua esteira muitos indícios e provas, na forma de relatos jornalísticos, cartas e documentos legais. Mas houve pontos em que as provas eram escassas e até tinham desaparecido. Foi assim com a descrição da "feitoria" africana e do mercado de escravos de onde os cativos do *Wanderer* foram tirados. Também sobrevivem poucos indícios da breve visita da tripulação do *Wanderer* à África e da viagem final do *Wanderer* de volta para Jekyll Island.

Nesses poucos casos tentei reconstruir o que a tripulação do *Wanderer* provavelmente viu e viveu. Felizmente, pelo menos para os objetivos deste livro, o tráfico de escravos produziu muitos relatos de testemunhas oculares, com os quais se pode pintar um quadro muito nítido. Para as seções sobre a feitoria, garimpei relatos de testemunhas oculares que apareceram em *Slave Ships and Slaving*, particularmente uma narrativa do livro intitulada "Recordações de um traficante de escravos". Também encontrei bom material em *Black Cargoes*, de Daniel Mannix; e uma extraordinária descrição da "feitoria" escrita por Robert W. Shufeldt, comandante da Esquadra Africana, em *The Journal of Negro History*.

J. Egbert Farnum gabou-se de ver "a natureza africana em toda a sua originalidade" e "príncipes nativos em seus palácios" durante uma rápida viagem pelo continente. Para descrever essa excursão com todos os pormenores, utilizei-me de *Travels in West Africa*, de Mary Kingsley. Kingsley viajou cerca de 320 quilômetros ao norte de onde o *Wanderer* deve ter estado, e o fez quarenta anos depois, mas as condições de vida e o povo que lá vivia provavelmente eram ainda muito parecidos. Outro útil relato de primeira mão foi "O contrabando de escravos cem anos atrás", incluído em *Slave Ships and Slaving*. Pouco se sabe da viagem de volta do *Wanderer*, exceto que cerca de oitenta africanos morreram em trânsito e que o iate enfrentou violenta tempestade. Para ilustrar o que deve ter sido a viagem, baseei-me em relatos apresentados em *Slave Ships and Slaving*, de George Dow, e particularmente num relato da vida a bordo de um navio negreiro extraído daquele livro, "Seis meses num navio negreiro em 1860".

Finalmente, a maioria dos diálogos do livro é tirada de transcrições de reportagens, cartas e memórias. Só em poucos casos, como a conversa presidencial na Casa Branca e o primeiro encontro de Corrie com William Edgar, comandante do Iate Clube de Nova York, achei necessário criar algumas frases da conversa, e alguns pensamentos íntimos, para ajudar a narrativa. Minha intenção, em todos os casos, foi contar o caso do *Wanderer* com base nos fatos, reconstruindo eventos e misturando cores aqui e ali apenas para dar vida à história.

Traçando o percurso do *Wanderer* na Savannah moderna

Rio Savannah

1. Prédio da Alfândega dos Estados Unidos (local do leilão e do julgamento do *Wanderer*)
2. Casa de Lamar (rua E. Broughton, 44)
3. Banco do Comércio, de propriedade de Lamar (rua Drayton, 4)
4. Loja de roupas Price's Clothing (rua Bull, 1)
5. City Hotel (rua Bay, 157, onde os acusados foram detidos)
6. Casa do promotor público Joseph Ganahl (rua E. Charlton, 223)
7. Casa do promotor público Henry Jackson (rua Bull, 450)
8. Escritório do advogado de defesa John Owen (rua Bay, 119)
9. Casa do magistrado Wayne, da Suprema Corte (rua E. Oglethorpe, 10)
10. Alojamentos de escravos de George Wylly (onde um menino africano foi seqüestrado)
11. Pulaski Hotel (ruas Bull e Bryan)
12. Claghorn & Cunningham, abastecedores de navios (onde o capitão do *Lamar* foi encontrado)
13. Maquete do *Wanderer* (Ships of the Sea Museum, bulevar M. L. K. Jr., 41)
14. Placa na entrada da prefeitura da Savannah em homenagem a Gazaway Lamar e ao vapor *John Randolph*

Introdução

CHARLES LAMAR tinha tudo para terminar os seus dias de forma bem mais digna do que deitado de costas no chão com uma bala no peito.

Era de uma família que contava entre seus membros algumas das pessoas mais distintas do país. O pai foi um dos homens de negócio mais bem-sucedidos do Sul, um visionário com escritórios em Savannah e Wall Street. Um primo, Mirabeau Bonaparte Lamar, foi o segundo presidente da República do Texas; outro primo, Lucius Quintus Cincinnatus Lamar, foi senador dos EUA e magistrado da Suprema Corte. A tia Mary Ann Lamar Cobb era mulher do secretário do Tesouro dos EUA Howell Cobb. Quando Charles Lamar foi batizado, ninguém menos que o marquês de Lafayette, companheiro de George Washington e Thomas Jefferson na Guerra Revolucionária, o segurou nos braços, vermelho e agitado, enquanto a água benta era aplicada. Vinha daí o seu nome completo: Charles Augustus *Lafayette* Lamar.

Os sucessos de Lamar foram muitos. Foi diretor da estrada de ferro Savannah, Albany and Gulf, do Banco do Comércio de Savannah, e dono de armazéns, prensas de algodão, e de uma enorme plantation. Era tratado como celebridade pelo *Savannah Daily Morning News,* e com sua energia e seu *pedigree* poderia ter-se tornado governador de estado, senador dos EUA ou até mesmo um estadista do nível de Washington ou Jefferson... se assim o quisesse.

Apesar disso, quando Lamar alcançou sucesso e respeito na década de 1850, e o país precipitava-se rumo à guerra civil, outro grupo partidário chamou sua atenção. Racistas, paranóicos, ferozes, exploradores, brutais e dominadores, assim eram os "cabeças-quentes". Esses radicais queriam que o Sul ampliasse a escravidão em seus domínios e territórios, e, caso fosse impossível, dividir a União e formar um novo país sulista. Como outros extremistas ao longo da história, de início foram objeto de escárnio, tanto no Norte como no Sul. Mas aos poucos foram conquistando poder, lançando as sementes do medo.

Deu-se que Charles Lamar engraçou-se deles. Juntou-se aos cabeças-quentes na defesa da ampliação da escravidão e, mais importante, da reabertura do tráfico de escravos. Mas Lamar era um homem de ação, não de palavras. Sabia que as palavras, por si, não assegurariam a execução do programa. E tinha um plano que talvez o fizesse.

Tudo girava em torno de um pequeno iate, de 34,7 metros de comprimento, uma esplêndida e luzente escuna com velas infladas e peças de latão devidamente polidas. Fora construído em Long Island, Nova York, para ser um dos iates mais luxuosos e rápidos do mundo — e era. Amado pela imprensa, celebrado por outros iatistas, considerado à boca pequena como sucessor do famoso iate *America*, foi imediatamente admitido no prestigioso Iate Clube de Nova York. Desde então, sua flâmula tremulava orgulhosamente no topo do mastro principal. Chamava-se *Wanderer*.

Ninguém poderia ter imaginado que dentro de um ano o *Wanderer* faria uma das viagens mais notórias da história do país, viagem que deixaria o Congresso sobressaltado, forçaria o presidente a refletir sobre a sobrevivência do seu partido e, num julgamento divulgado nacionalmente, desafiaria as leis federais americanas. Inimaginável, também, seria o duelo proposto entre Charles Lamar e o editor do *New York Times*, e um duelo ao amanhecer entre Lamar e Edwin Moore, comandante naval da República do Texas. No fim, mais que um cruzeiro de má fama, a viagem do *Wanderer* foi um incidente que abalou o país, arrastou-o para a beira da guerra e fez de Lamar um dos radicais mais astutos de sua época.

O que terminou com uma bala começara no verão de 1838, numa catástrofe que marcaria o caráter de Charles Lamar para sempre. Naquele ano, Savannah ainda era um lugar sossegado e sonolento, e o pai de Charles, Gazaway, com todo o sucesso do mundo atrás dele, não poderia prever a tragédia que viria.

1

PRIMÓRDIOS DE SAVANNAH

O SOL brilhava intensamente quando Gazaway Lamar, vibrante e bonito, apareceu no último degrau da entrada de sua casa, na rua East Broughton, número 44, o melhor endereço de Savannah. Lamar era um dos mais importantes cidadãos do lugar, e certamente um dos comerciantes mais bem-sucedidos e ricos do Sul. E agora, com pressa de chegar à beira do rio e juntar-se ao filho mais velho, Charles, e ao resto da família, ele se sentiu, como nunca, satisfeito da vida.

Em 1838, Savannah já era uma cidade de árvores e praças, casas grandes e opulentas, e um senso indelével de história. William Oglethorpe planejara a cidade em torno de uma série de praças, reservando duas partes para prédios públicos e duas para residências particulares. Dessa idéia vinha a simetria fundamental em que se baseava a beleza de Savannah.

Savannah conservou o caráter rústico do passado colonial por anos depois de Oglethorpe.[1] Ainda em 1838, as praças eram isoladas com cercas de toras lavradas. Vacas se refestelavam nas alamedas. As ruas eram iluminadas, quando o eram, por lampiões a óleo. O mercado municipal formigava de fregueses e produtos de todo tipo, trazidos do campo em rangentes carros de madeira. E todo mundo pagava pelas compras com moedas inglesas — a maior parte com xelins e pences. O único dinheiro americano encontrável naquela época era uma grande moeda de cobre de um centavo.

No lado leste da rua Bay, no escarpado que se tornaria Emmet Park, pessoas se reuniam para ver os navios partirem, transportando algodão e arroz, e chegarem, trazendo os tesouros comerciais do mundo. Cerca de quinze metros abaixo, ficava o porto, onde tudo era atividade: cavalos e mulas, charretes e carroças, homens carregando sacos de um lado para outro, fardos de algodão quase até a beira do cais, à espera dos ganchos que os levantariam, oscilando lentamente, para os porões do navio.

Às vezes carroças de bombeiro de tração manual passavam correndo.[2] Savannah ainda era, em sua maior parte, construída de madeira, e sofrera um incêndio devastador dezoito anos antes. Ao avistar fogo, o vigia no topo do prédio da Bolsa da Cidade tocava furiosamente um sino e, se já fosse noite, apontava na direção do incêndio com uma lanterna na ponta de uma vara. Cidadãos saíam de casa, às pressas as sombras saltando nos muros, pegavam baldes de couro, formavam uma brigada em fila dupla e passavam a água das cisternas para as chamas e devolviam os baldes aos poços.

As estradas eram de terra, é claro, e as carruagens rolavam maciamente na areia fulva. "A primeira coisa que me chamou a atenção ao desembarcar foi a ausência de barulho. Tudo parecia muito sossegado",[3] observou Sara Hathaway, uma visitante de Nova York, em 1833. "Nem a carruagem em que viajávamos, como as outras em redor, produzia ruídos, pois suas rodas afundavam na areia, que parecia sem fundo."

Ruídos altos também eram atenuados pela abundância de árvores, dando uma impressão de cidade no meio da floresta. A rua South Broad, em particular, era ladeada por altas amargoseiras, muitas com galhos que se estendiam de 13 a 16 metros, criando mais de um quilômetro de sombras elegantes. "Longos galhos partiam em todas as direções",[4] escreveu Charles Hardee, que era menino em Savannah na década de 1830. "Alguns se entrelaçavam com galhos de árvores do outro lado, fornecendo sombra densa, proteção muito agradável no calor do alto verão." As flores, que cresciam em cachos na ponta dos galhos, eram arroxeadas, e o perfume enchia o ar.

Uma visão notável erguia-se por cima desse rico dossel: os frontões gregos de teatros e bancos, os pináculos das igrejas, torres brancas com sinos, e ao longo da escarpa armazéns e escritórios que iam de uma ponta a outra da cidade. Ainda assim, a beleza calma do lugar, com seu forte perfume, galhos pendentes e o calor constante do alto verão, quase provocava sono. Talvez por isso "os sulistas têm uma peculiaridade — quase sempre são lentos de movimento",[5] disse um visitante maravilhado. "As mulheres têm uma amabilidade e uma graça naturais, uma facilidade de maneiras e um autocontrole, modos suaves e gentis. E os homens são corteses e cavalheirescos em sua conduta, respeitosos com as mulheres."

Apesar dessas impressões sonhadoras, em 1838 Savannah começava a despertar do seu sono. Algo de novo se insinuava e fazia velhos marujos praguejar, cavalos empinarem as patas dianteiras assustados, e homens começarem a sonhar com coisas cada vez maiores: vapores de roda, ferrovias, fábricas — *vapor!* Atrasados pelo menos vinte anos em relação ao Norte, empresários do Sul começavam a acordar com o estrondo da Revolução Industrial.

Na década de 1820, plantadores de algodão de Savannah começaram a produzir seus próprios sacos de estopa, que lhes permitiram evitar gastos consideráveis comprando sacos produzidos no Norte. Em 1828, um grupo de Savannah comprou na Filadélfia a mais moderna maquinaria têxtil existente, despachou-a para o sul e instalou uma fábrica. O resultado foi tão bom que acrescentaram uma tinturaria ao complexo, e em pouco tempo começaram a fabricar sarjas listradas e axadrezadas. Em 1834, uma fábrica de Augusta passou a fabricar seus próprios teares, antes importados do Norte.[6] Em 1840, quando o censo da Geórgia relacionou dezenove fábricas de algodão naquele estado, com 42.589 teares, 779 empregados e duas tinturarias, não havia mais dúvida: o Sul cruzara o limiar, deixando de ser mero apanhador de algodão para se tornar também fabricante de produtos de algodão.

Nesse ínterim, as ferrovias começaram a chamar a atenção dos industriais sulistas.[7] O Norte tinha duas estradas experimentais, a Rocket e a Tom Thumb. Mas Charleston assumiu a liderança com aquela que foi chamada de a primeira ferrovia do país com serviço regular, a Ferrovia da Carolina do Sul, que ia de Charleston a Hamburg. Rebocava os vagões de passageiros a primeira locomotiva feita nos Estados Unidos, alcunhada de "Melhor Amigo", que depois seria equipada com um adorno utilíssimo, presente do inventor Isaac Dripps — o limpa-trilhos.

Desafiada pelo mergulho de Charleston no negócio das ferrovias, Savannah deitou os primeiros trilhos de sua Ferrovia Central da Geórgia em 1836. A locomotiva era uma geringonça, de aparência desgraciosa, que ejaculava fumaça e cobria de fuligem os sacolejantes vagões. Mas seria impossível convencer qualquer morador de Savannah de que sua ferrovia era menos do que um milagre de tecnologia. "Quando as pessoas vinham dos Commons, onde tinha sido colocado o *primeiro trilho*",[8] escreveu em êxtase a mulher do prefeito de Savannah, "mais parecia a Broadway... da rua Broughton até nossa casa os dois lados da rua estavam apinhados de gente." Às dez da noite, prosseguiu ela, "vieram até nossa porta e gritaram distintamente: 'Nove vivas para a estrada de ferro e para o prefeito Gordon!' E deram nove mesmo, pois contei para ter certeza".

Nove vivas era um bom número, pois nesse progresso o Sul vislumbrava uma nova vida econômica. Os bancos da Geórgia "talvez não fizessem feio em comparação com instituições similares de qualquer estado da União",[9] declarou o governador da Geórgia Wilson Lumpkin em 1834. Suas escolas de educação superior estavam destinadas "num dia não muito distante... a serem vistas como rivais dos melhores estabelecimentos literários do nosso vasto país". Lumpkin tinha a mesma confiança nas ferrovias. "A grande vantagem da ferrovia sobre qualquer outro tipo de obra dispendiosa de melhoramento interno parece não ser mais posta em dúvida", afirmou. "Não está longe o dia em que as vantagens e desvantagens comerciais das principais cidades da costa atlântica estarão muito mais equilibradas do que no presente."

Nesse clima de expectativas, uma possibilidade ainda maior e mais complexa começou a luzir. "Em visita à fazenda do ilustre L. Cheves", informou um leitor ao *Savannah Daily Georgian* em 1838, "minha atenção foi despertada pela operação de uma máquina recém-construída, o Motor

Rotativo a Vapor de Avery. Esse motor impulsiona dois debulhadores, dois ventiladores e dois ancinhos... O Sr. Richardson, capataz da fazenda, me disse que a palha sozinha geraria todo o vapor necessário, e um pouco mais, e isso com o trabalho de um único negro. Os plantadores de arroz deveriam examinar essa maravilha!"[10]

Se o Sul estava prestes a assimilar a Revolução Industrial, e há provas de que sim, aquilo era uma mudança radical de atitude. Thomas Jefferson aconselhara seus companheiros sulistas a aderirem ao "Ideal Agrário", que dava mais importância à criação de gado e à agricultura do que à industrialização. O fundador da Geórgia, James Oglethorpe, pregava a mesma mensagem: não haveria fábricas em sua colônia, nenhuma classe industrial a ser tiranizada como ocorria com aquelas pobres almas da Inglaterra.[11] A que deveriam se dedicar os georgianos? À produção de vinho, seda e óleo, respondeu ele.

Por muitos anos em seguida ao comentário de Oglethorpe, não foi difícil conseguir adesão ao Ideal Agrário. Após a Guerra de 1812, os preços do algodão subiram, e continuaram subindo, com pequenas quedas, pelos vinte anos seguintes. Com o rápido crescimento do algodão, o Sul estava rico. Salas de concertos e mansões coloniais faziam seu estilo. Que o Norte bancasse o gigante industrial, com todos os problemas sociais e as miseráveis cidades operárias que a industrialização produzia.

Mas quando os preços do algodão despencaram em 1833, e mais ainda em 1839, finalmente atingindo o ponto mais baixo em 1845, o Sul teve uma crise de remorso.[12] A região se transformara, por decisão própria, em uma economia de monocultura. Diante de uma possível falência, financistas e homens de negócio do Sul passaram a reavaliar os méritos do "progresso". Talvez não fosse ruim como parecia. Na realidade, as fábricas talvez lhes trouxessem lucros maiores do que o algodão.

Em Savannah, os cidadãos desde sempre tinham considerado sua cidade mundana e cosmopolita — uma pequena e frondosa Atenas, uma cidade portuária onde o comércio e as artes se misturavam. Mas agora sonhavam em fazer de Savannah um centro ainda maior, um ponto de conexão de comércio e agricultura — nas dimensões da própria Nova York.

Afinal, Nova York e Savannah já eram parceiras comerciais. O setor algodoeiro de Savannah estava impregnado de comerciantes de Nova York que, de seus escritórios de paredes de tijolo à beira do rio Savannah, viam o congestionamento de navios lá embaixo. E os melhores hotéis de Nova York — o Astor, o St. Nicolas, o Clarendon, o Metropolitan — viviam ocupados por negociantes e agricultores de Savannah, e, nos abafados meses de julho e agosto, por suas famílias também.[13] Os vínculos sociais entre os dois portos marítimos eram numerosos, e continuariam sendo até a Guerra Civil. Como informava o *Savannah Daily Morning News*:

> *A "temporada festiva" de Nova York, de acordo com informações que recebemos dessa grande metrópole, promete ser particularmente brilhante este inverno... Começou com o festival de óperas, seguido de numerosos casamentos, e a temporada de festas e bailes começou para valer... Consta que foram distribuídos muitos convites para espetáculos no mês em curso, grandes bailes particulares, e peças de teatro amador, música e pantomima como principais diversões... as primeiras medidas já foram tomadas por algumas das principais damas da sociedade nova-iorquina para as* soirées, *reuniões meio literárias, meio musicais e absolutamente deliciosas...*[14]

De fato, havia *muita coisa* em comum. Podiam-se encontrar os melhores vinhos de Tenerife ou linho irlandês em Nova York, e também em Savannah. Podiam-se ler os últimos telegramas sobre o possível casamento do duque d'Aumale com a infanta da Espanha (ou sobre a expedição de Toulon à Antártica) nos jornais nova-iorquinos, e também nos diários de Savannah. E para quem não pôde ver os luminares do palco — Edwin Booth, Charlotte Chusman e Edwin Forrest — em Nova York, havia sempre a possibilidade de vê-los atuar em Savannah.[15]

Em 1838, portanto, não era preciso grande esforço de imaginação para ver Savannah emparelhar-se — como cidade da mesma categoria social, cultural e mercantil — com a grande Gotham. Essa idéia logo vingou entre os jornais da Geórgia, que não demoraram a dar um novo apelido para seu estado: "Geórgia, o *Estado Imperial* do Sul."[16]

Desde os tempos coloniais, é claro, o Norte e o Sul tinham seus pontos de contenda e suas disputas. Tinham brigado por causa da expansão da escravatura, e seu lugar na Constituição; sobre a localização da capital do país — Virgínia ou Filadélfia; sobre tarifas federais; sobre a remoção dos índios. Mas em 1838, o país parecia ter parado para tomar fôlego: os americanos demonstravam mais interesse em investir em estradas de ferro, barcos a vapor, canais e estradas — e em combater os índios —, para variar, do que em lutar uns contra os outros.

Ao encerrar um conclave em Savannah em 1837, homens de negócio sulistas ofereceram brindes às ferrovias, aos barcos a vapor, ao livre comércio e, é claro, às mulheres da cidade.[17] Um dos delegados ergueu a taça e proclamou: "Aos estados nortistas! Vamos mostrar que, em matéria de empreendimentos dignos, irmãos podem competir — e continuar sendo irmãos!" O salão inteiro aplaudiu.

Sentados na sede do seu clube à beira do rio Savannah, os membros do Clube Aquático da Geórgia tiveram uma idéia ao ouvir a conversa sobre competição saudável. Como Savannah e Nova York eram competidores generosos, por que não instituir uma corrida amistosa para aprofundar as relações? Henry du Bignon e Charles Floyd, secretários do clube, imediatamente redigiram um desafio ao Clube Knickerbocker, sociedade esportiva de Manhattan, e mandaram publicá-lo num dos jornais de Nova York:

Senhores, o Clube Aquático da Geórgia, tendo ouvido com freqüência relatos sobre a aptidão dos vossos barcos e as habilidades dos seus remadores, desejaria comparar a velocidade de um dos nossos barcos com a velocidade de um dos vossos, nos seguintes termos: Propomos remar o barco canoa Lizard *de quatro remos ao longo de um quilômetro e meio em frente à cidade de Savannah, em tempo bom e calmo, contra qualquer barco de tábua de carvalho de quatro remos construído na cidade de Nova York, que não ultrapasse os oito metros e trinta centímetros na quilha (o comprimento de quilha do* Lizard*), por dez mil dólares — com dois mil dólares de multa, caso aceitem e não compareçam... Se esses termos forem aceitos, procurai Cas. Ro. Floyd, Jeffersonton, Camden County, Ga., e os detalhes poderão ser resolvidos por correspondência.*[18]

Competição justa e honesta, com aposta alta. Era o tipo do desafio capaz de atrair os remadores sulistas, e também o tipo do desafio capaz de entusiasmar Gazaway Lamar. Na verdade, era exatamente esse tipo de desafio que o fazia apressar o passo quando descia os degraus de sua casa, na rua Broughton, para tomar a carruagem que o conduziria ao cais do rio Savannah.

Se a agitação e energia que circulavam por Savannah pudessem encarnar-se num homem, esse seria Gazaway Lamar. Gazaway nasceu em 2 de outubro de 1798. Era o terceiro dos doze filhos de Basil e Rebecca Lamar, cujos bisavós, huguenotes franceses, tinham fugido da França em 1660. Gazaway era casado com Jane Meek Cresswell, e, em 1838, tinha seis filhos. Gazaway fizera fortuna pela primeira vez com banco e algodão em Augusta. Em 1833, mudou-se com a família para Savannah, pôs o filho mais velho, Charles, na conceituada Chatham Academy, do reverendo White, e tomou providências para aumentar sua riqueza. Não precisou de muito tempo.[19]

Gazaway comprou um armazém no rio, depois outro, e em pouco tempo tinha uma rua de prédios de tijolo, reunidos sob a inscrição "CAIS LAMAR" em grandes letras brancas. No lado leste da rua Broad ele adicionou uma prensa de algodão ao negócio, uma instalação que usava prensas a vapor para compactar algodão solto e transformá-lo em fardos. Mas isso era só o começo. Lamar fundou ainda o Banco do Comércio, situado na rua Drayton. Mandou enfeitar o frontão do prédio com colméias, esculpidas em granito, para dar idéia do clima interno de atividade. O Banco do Comércio logo se tornou o segundo maior de Savannah.

Mas Gazaway era mais do que um simples comerciante. O *Dicionário americano de biografias* (Nova York, 1933) descrevia Gazaway Lamar como "rápido em perceber as tendências do momento". De fato, tratava-se de um visionário. Quando as locomotivas a vapor começaram a aparecer nos Estados Unidos, por exemplo, entre os objetos mais estranhos e irritantes já vistos —, Lamar imediatamente reconheceu o potencial das máquinas. Savannah precisava de uma "estrada de ferro"[20], dizia, uma que fosse da cidade aos vastos campos de algodão perto de Macon. Na época em que Lamar promovia a idéia do seu "cavalo de ferro" — 1836 —, Savannah estava quase falida, afetada por uma recessão. Quando o prefeito empacou, Lamar ofereceu-se para financiar o trecho do centro da cidade.

Mas ferrovias não eram o único avanço tecnológico que fascinava Lamar. Os barcos a vapor também. Naquela época, o tráfego de barcos a vapor de Savannah era controlado por Laurel Howard, empresário que obtivera os direitos de explorar a navegação a vapor no rio de 1814 a 1834.[21] Mas a franquia de Howard terminara e Gazaway decidiu colocar o monopólio à prova. Os vapores com roda propulsora na popa pertencentes a Howard eram embarcações volumosas. Quando o rio Savannah baixava na estação seca, os vapores de Howard não conseguiam subir o rio até onde seria necessário para coletar os fardos de algodão que aguardavam em terra, deixando-os estragar.

Mas Lamar teve uma idéia. Ele sabia da existência de um inventor inglês, John Laird, que construíra um novo tipo de barco a vapor: o casco era de lâminas de ferro, com menos de 25 milímetros de espessura, em vez da madeira tradicional. Não só era mais forte que o de madeira como também mais leve. E por ser mais leve poderia navegar em águas rasas. O primeiro navio de casco de ferro do inglês, o *Alburka,* fora usado para conduzir exploradores rio Níger acima, por áreas nunca dantes navegadas. O segundo navio, o *Lady Lansdowne,* tinha casco de ferro similar, mas era notável por outra razão: fora construído com módulos, podendo ser transportado em partes de Liverpool a Dublin — e montado novamente.

Se um vapor com casco de ferro podia ser despachado para o mar do Norte, por que não poderia atravessar o Atlântico? A maioria das pessoas naquela época teria hesitado diante da idéia de um barco com casco de ferro, mais ainda diante de um que fosse construído em partes na Inglaterra e montado a milhares de quilômetros de distância. Mas Lamar estalou os dedos, deliciado. Encomendou o navio e providenciou para que atravessasse o Atlântico num brigue — cem toneladas ao todo! — e fosse montado novamente em Savannah. Operários ingleses acompanharam o barco a vapor para ajudar a montá-lo. Mas Lamar dispensou sua colaboração: operários *sulistas* poderiam fazer o trabalho tão bem quanto os ingleses, insistiu — e, de fato, o fizeram.

O *John Randolph,* como foi batizado, era notável em todos os aspectos.[22] Tinha 30,48 metros de comprimento, 6,70 metros de boca e duas rodas de pá. O fundo e as fiadas inferiores eram da melhor chapa de ferro laminado de caldeira inglês, com quase 8 milímetros de espessura. Acima, as chapas do casco tinham 6 milímetros de espessura. Era impulsionado por um motor a vapor com condensador cujos cilindros tinham 75 centímetros de diâmetro. O pistão tinha um curso de mais de 1,5 metro. A maquinaria tinha um peso total de dezessete toneladas.

Em sua viagem inaugural, em 15 de julho de 1834, causou sensação. "Como era de esperar, a novidade de um barco construído em ferro, em geral considerado pesado até para *flutuar*, atraiu muita atenção e despertou curiosidade",[23] exclamou o *Augusta Daily Constitutionalist*. O *John Randolph* não só flutuou por águas rasas em sua primeira viagem, como também rebocou duas barcas com carga pesada. Suas rodas de pá, girando a dezoito revoluções por minuto, conduzia-o a uma velocidade notável de cinco nós, *rio acima*.

Dignitários da cidade de Augusta embarcaram no *John Randolph* aquele fim de tarde para comemorar.[24] Quando o vapor passou pela cidadela, na vizinha Hamburg, os cadetes saudaram-no com disparos dos canhões da escola. A multidão a bordo do *John Randolph* aplaudiu. "Alimentamos um alto senso de respeito e consideração pelo sr. Lamar — que na verdade correu grande risco com essa aventura, e prestou grande serviço ao país em geral com essa experiência", disse o *Augusta Chronicle* no dia seguinte. "Esperamos sinceramente que ela tenha sucesso e dê lucro..." E deu. O *John Randolph* entrou para os livros de história como a primeira embarcação de ferro comercialmente bem-sucedida nos Estados Unidos. Previsivelmente, Lamar logo acrescentou seis vapores de casco de ferro à Iron Steamboat Company de Augusta, um deles chamado *Lamar*.

O *John Randolph* foi um êxito comercial, mas era apenas um simples barco para navegação em canais navegáveis do interior. Lamar queria um vapor oceânico, para competir com os vapores nortistas que subiam e desciam pela Costa Leste, enriquecendo com o transporte de passageiros e fretes. Seria um navio grandioso, com a melhor tecnologia do mundo — um navio que traria honra e riqueza para Savannah e para o Sul. E seu nome seria *Pulaski*.

2

O *Pulaski*

O *PULASKI*, batizado em homenagem ao herói da Guerra Revolucionária conde Pulaski,* era um grande vapor com rodas laterais, de 62 metros de comprimento e 687 toneladas. Seus ornamentos de madeira eram pintados de branco e o teto de vermelho, e a decoração da casa do leme tinha detalhes folheados a ouro. Os metais eram tão polidos que o rosto dos sorridentes passageiros resplandecia quando passavam, no ardor do sol sulista. Acima da ornamentação de bolo de noiva, erguiam-se chaminés gêmeas, que lançavam um longo penacho de fumaça negra. Mas não era apenas um objeto bonito: suas rodas laterais idênticas, de seis andares de altura, integravam-se no corpo do navio, cobertas por capotas arredondadas, o que dava à ornamentação uma lustrosa aparência muscular.

"Não se fez nenhuma economia de gastos para que a embarcação

---

* General de origem polonesa que lutou na Guerra da Independência — conde Cosimir Pulaski (1748-1779). (*N. do T.*)

atingisse o objetivo desejado",[1] declarava uma notícia estampada no *Savannah Daily Georgian*. "O motor, um dos melhores já fabricados no país, tem 225 cavalos. As caldeiras são do melhor cobre existente, e de grande potência. Suas qualidades de embarcação marítima, em termos de conforto, segurança e velocidade, são superiores às de qualquer vapor que já flutuou em águas americanas."

Gazaway Lamar tinha orgulho dessa máquina maravilhosa. Mas sua exaltação era ainda mais profunda. Em 1819, William Scarbrough, rico homem de negócios de Savannah, investira seu prestígio no *Savannah*, veleiro equipado com uma só caldeira e duas rodas.[2] O *Savannah*, levando consigo o orgulho da cidade, deveria ter sido o primeiro barco a vapor a atravessar o Atlântico.

O SS *Savannah* teve um começo de carreira animador. Em maio de 1819, em sua viagem inaugural, levou o presidente James Monroe até Tybee Island e voltou, vomitando fumaça e golpeando suas rodas de pás enquanto a multidão aplaudia em terra. No mês seguinte o *Savannah* partiu para uma jornada transatlântica de 16 mil quilômetros até Liverpool, Estocolmo, São Petersburgo, Copenhague, Arendal (Noruega). Mas como suas rodas só funcionaram por meras oitenta horas dos vinte e sete dias que passou no mar, muitas autoridades marítimas se recusaram a reconhecê-lo como o primeiro vapor transatlântico dos Estados Unidos. Rejeitado e abandonado pelos patrocinadores, o *Savannah* teve a caldeira e as rodas retiradas e voltou ao mar como veleiro comum. E Scarbrough foi levado à ruína financeira.

Lamar estava convencido, então, de que o *Pulaski* recuperaria um pouco da honra do Sul. Não atravessaria o Atlântico, mas conquistaria algo ainda mais importante: desafiaria o monopólio de Nova York na navegação de cabotagem e mostraria ao país que o Sul voltara a crescer.

Em junho de 1838 apareceu este anúncio no *Savannah Daily Georgian*:[3]

PARA BALTIMORE VIA CHARLESTON

Apenas uma noite no mar, e passando por Cape Hatteras à luz do dia. O novo vapor PULASKI, *capitão Dubois, está aceitando reservas para Charleston e Baltimore — também para a Filadélfia, por meio de um acordo com a Companhia de Estradas de Ferro Philadelphia, Wilmington & Baltimore, para transportar passageiros daquele barco nos vagões que partem diariamente de Baltimore às seis e meia e nove e meia da manhã e chegam à Filadélfia seis horas depois. O PULASKI sairá daqui amanhã exatamente às oito horas. Pede-se aos passageiros que tomem providências para que sua bagagem esteja a bordo o mais cedo possível.*

Por isso Gazaway Lamar correra pelas ruas de Savannah e agora rumava para o passadiço do *Pulaski*. Nessa viagem, ia acompanhado de toda a família. Havia a mulher, Jane, o discreto dínamo responsável pela maior parte do seu sucesso, com os cachos de cabelo ondulando debaixo do chapéu de seda; e havia a amada irmã de Gazaway, Rebecca — tia Rebecca para as crianças —, que, com suas mãos delicadas e seus ombros amigos, era tão mãe das crianças quanto Jane. E havia as crianças: Martha, William, Thomas, George, Eliza e, é claro, o primogênito, Charles Augustus Lafayette Lamar.

Enquanto o resto da família se instalava em suas cabines, Gazaway levou Charles para ver o batimento cardíaco do navio: a sala de máquinas. Quando desciam a escada, Charles sentiu a lufada das chamas que ardiam dentro das câmaras de combustão sob as caldeiras. Gazaway mostrou-lhe o tubo de vidro reforçado, de um metro e meio de comprimento, com a fina coluna de mercúrio que media a pressão. Mostrou ao filho o vapor que saía do topo das caldeiras gêmeas, passava por brilhantes canos de cobre para os motores de balancim verticalmente instalados, cujos volantes logo estariam girando, com o poderoso pistão subindo e descendo.

O rosto do menino se iluminou, atento, na luz amarela bruxuleante. "Os motores foram fabricados por Watchman e Bratt de Baltimore",[4] exclamou Gazaway, diante do fogo barulhento. "Os pistões têm um comprimento de oito pés!" Gazaway olhou com o mesmo orgulho para as caldeiras, cravejadas de rebites e polidas como espelhos. "Doze toneladas cada uma", gritou. "Feitas de cobre da melhor qualidade." Gazaway enfiou as mãos nos bolsos e olhou com apreço toda a maquinaria. "Filho", disse ele, olhando para baixo novamente. "Isto é o futuro do Sul."

A essa altura, mais passageiros entravam no *Pulaski*. "Muitas das famílias mais respeitáveis da Geórgia tinham comprado passagem para sua visita anual ao Norte", escreveu James Hamilton Couper, conceituado advogado e arquiteto amador. "Entre essas estavam a sra. Nightingale, mulher de meu amigo P. M. Nightingale, Cumberland Island, com seu bebê e criado, e minha cunhada, a sra. Fraser, com um menino pequeno de cinco anos. A sra. Nightingale ia passar o verão com a família do pai em Jamaica, Long Island, e a sra. Fraser ia visitar os três filhos mais velhos que estudavam em Connecticut."

O *Pulaski* partiu de Savannah na manhã de 13 de junho, e à tarde chegara a Charleston. Ali, outras pessoas embarcaram. "Os passageiros, tanto de Savannah como de Charleston, eram conhecidos uns dos outros", prosseguiu Couper, "e quando passávamos pela barra de Charleston na manhã seguinte às oito horas, com tempo bom e todas as nossas bandeiras hasteadas, amigos felicitavam uns aos outros pelo reencontro e pela perspectiva de uma viagem agradável, exclamando que aquilo era uma festa."

Mais tarde naquela noite, passageiros se reuniram no convés, de suéter. No meio deles o grande eixo de pistão do *Pulaski* emergia de uma abertura no convés, ligado, seis metros acima, a uma trave horizontal que levava sua força, por intermédio de dois eixos de transmissão, às rodas de pás. Era uma maravilha mecânica, exclamavam os passageiros, observando o movimento ritmado — ardente testamento da inventividade humana.

O céu estava tão escuro e aveludado aquela noite que as estrelas pareciam ao alcance da mão. Um dos homens apontou para a Ursa Maior, com a Estrela Polar brilhantemente incrustada na constelação, e disse que nunca a vira tão distinta, e tão parecida com um diamante. Hamilton Couper olhou para o alto. De fato, o navio parecia navegar numa adorável galáxia própria, com pessoas bonitas cercadas de belas estrelas brilhantes.

Lá embaixo, onde Gazaway e sua família ocupavam diversas cabines e camarotes de luxo, tia Rebecca fazia as crianças dormirem. "Eliza veio, depois Martha", escreveu Rebecca posteriormente. "Ouvi Eliza fazer suas preces e, quando levantava os olhos, lembro-me de como era linda, ajoelhada diante de mim. Fomos dormir, livres de qualquer ansiedade, para acordar em Baltimore."

Couper também se recolhera. A luz do beliche do lado o impediu de dormir, entretanto, e ele ficou deitado pensando. Eram quase onze horas da noite. O *Pulaski* estava 72 quilômetros ao sul de Cabo Lookout, na Carolina do Norte, a cerca de 48 quilômetros da terra mais próxima.

Solomon, um garçom negro, saía da sala de máquinas quando ouviu o segundo maquinista abrir nervosamente a torneira de água da caldeira de estibordo. Inadvertidamente, o maquinista deixara a válvula de purga aberta, esvaziando a caldeira, que ficou superaquecida. Logo que percebeu, o maquinista fechou a válvula e tentou encher a caldeira. Entretanto, cada gota d'água deslizava e dançava na superfície quente de metal, transformando-se instantaneamente em vapor. As válvulas guincharam; o mercúrio do manômetro disparou até o topo do tubo de vidro.

Ao explodir, a caldeira atravessou o convés de passeio, despedaçando a madeira, atirando cadeiras ao mar, estilhaçando o lado de estibordo da parte central do navio. Simultaneamente, a antepara entre as caldeiras e a cabine dianteira cedeu. A caldeira de bombordo ainda estava cheia, e agora o navio tombou naquela direção. A água do mar invadiu.

Quando o *Pulaski* começou a afundar, a água da popa avançou, alcançando o convés de passeio. O navio permaneceu assim por cerca de quarenta minutos, depois houve outro estrondo enorme, ele partiu-se em dois, e a popa e a proa, soltas, ergueram-se sobre o oceano. O convés separou-se do casco em três partes, e a quilha separou-se da estrutura principal e subiu para a superfície, emborcada.[5]

Rebecca lembrava-se de ter ouvido um barulho, como de trovão, nas proximidades, e depois "o navio estremeceu e adernou". Ela saltou da cama e segurou as duas sobrinhas. Tentou abrir a porta da cabine e, ao ver que estava emperrada, tentou sair por uma brecha no espelho de popa. "Minha cabeça e meus ombros já tinham passado pela abertura quando o navio deu uma tremenda guinada", disse ela. "O beliche tombou, muito rápido, e a porta se abriu com terrível violência. A louça e os vidros caíram de dentro dos armários com um estrondo, e todas as luzes se apagaram."

Abrindo caminho à força, Rebecca encontrou a sra. Lamar com a governanta e três das crianças na porta do camarote. "Ouvi gemidos no corredor escuro", disse Rebecca. "Parei a poucos passos e vi um negro de quatro, aflito. Perguntei: Paizim, o que foi?" "Oh, sinhá, meus pés estão queimados!" Ela sentiu imensa compaixão, mas não havia nada a fazer.

Charles Lamar veio cambaleando pelo corredor, reunindo os irmãos e irmãs. Precisavam subir a escada para o convés. "Charles juntou as roupas dos irmãos, colocou-as nos braços e mandou subirem na frente", escreveu tia Rebecca, com orgulho. "Ele tinha quatorze anos."

James Couper estava no tombadilho. Viu dois homens tentarem rasgar a lona dos botes salva-vidas e baixá-los para a água. Correndo primeiro para a cabine das mulheres, ele deparou-se com a sra. Fraser e o menino. Depois, voltando pelo convés, os pés descalços cortados por cacos de vidro, encontrou a sra. Nightingale e o filho bebê, e levou-os para onde tinha visto o bote salva-vidas. Mal dava para vê-lo balançando cerca de quatro metros abaixo. A sra. Nightingale entregou o menino a Couper e pulou dentro do bote. Couper saltou em seguida, mas prendeu o pé na amurada e caiu de cabeça no mar. Ele veio à tona, quase sem fôlego, mas segurando firme a criança, e subiu a bordo. A sra. Fraser jogou seu menino pequeno para Couper, que o pegou, e depois ela própria saltou para dentro.

Quando Charles Lamar ajudava os irmãos a subirem a escada, Gazaway apareceu de repente, pálido e trêmulo. "A caldeira explodiu, o barco está afundando, e em cinco minutos estaremos perdidos!", gritou. Fez-se um silêncio estarrecido. "Não podemos subir para o convés?", perguntou Rebecca. Seguiram lentamente, em grupo, as crianças na frente. Quando andavam no escuro, ouvindo os gritos de desespero, uma voz chamou: "Sr. Lamar, salve meus filhos e o sr. Mackay o abençoará!" Gazaway respondeu: "Farei o que puder, mas não tenho esperança alguma para qualquer de nós."

Ao chegar ao convés superior, a família encontrou um bote salva-vidas. "Entrei com Eliza, meus braços em volta dela. Sentei-me virada para o mar", disse Rebecca. "De repente senti uma pancada no peito, e tive a sensação de estar me afogando." O navio rompera-se de repente; a maquinaria correra para o fundo e as duas pontas saíram da água. Rebecca tinha sido jogada para fora do bote. Mas bracejou até a superfície. "Emergi sobre as ondas e pude ver de relance pessoas lutando para sobreviver e se afogando à minha volta", disse. Tentava agarrar-se a algum destroço quando um pedaço de madeira apareceu flutuando entre seus braços. "Apertei-o atravessado no peito", disse ela, "flutuei de costas, enxergando apenas o céu."

Gazaway aproximou-se dela, nadando. Depois Martha e William

apareceram. Charles foi o próximo a chegar. Encontraram a popa do navio e subiram o plano inclinado até a roda. Cada um segurou-se num raio de cobre. O navio continuou a subir e a nivelar-se. Viram que as janelas das cabines das mulheres estavam novamente em posição horizontal. Era bom sinal. Então o navio estremeceu de novo, violentamente, e eles foram atirados de volta ao oceano. Dessa vez Rebecca ressurgiu segurando uma bóia salva-vidas. De repente, sentiu que seus pés tocavam em algo sólido. Era a popa do navio, que repousava logo abaixo das ondas. Ela, Gazaway e Thomas estavam juntos, mas as outras crianças tinham desaparecido.

"Alcancei um destroço perto de mim e vi um homem solitário numa ponta", escreveu Rebecca. "Com as costas viradas para mim, tinha uma bolsa de viagem numa das mãos e a outra mão ele meteu no bolso de onde tirou uma chave, enfiou-a na fechadura e abriu-a enquanto eu ainda me aproximava. Meu irmão, nadando, subiu a bordo entre mim e essa pessoa desconhecida. Ele gritou: 'Oh, irmã, nos encontramos de novo?' e abriu os braços e me abraçou. Sua voz despertou a atenção do cavalheiro, que, virando-se, reconheceu meu irmão, os dois trocaram um aperto de mãos, e eu fui apresentada ao sr. Hutchinson, de Savannah."

James Couper e seu bote de sobreviventes tinham acabado de afastar-se do navio quando eles, olhando para trás, ouviram um estrondo, e gritos. As luzes todas se apagaram, uma depois da outra. Uma última onda cobriu a proa do navio, que desapareceu. Em volta pessoas se debatiam na escuridão. O mar estava agitado, e seu bote, fazendo muita água, jogava muito. Logo encontraram outro bote. Certos de que nenhum teria capacidade de apanhar mais passageiros, decidiram remar para a costa. Dispunham de três remos para dois botes, e usaram um como leme; não havia chapéus; não havia alimento; não havia água. Mas contavam com a Estrela Polar, que ainda brilhava no alto, e tomaram a direção oeste, para a costa da Carolina do Norte.

Pelas três da tarde do dia seguinte, ouviram os vagalhões arrebentando em New Inlet, Carolina do Norte. Quando o sol se punha, alcançaram a primeira linha de vagas. O bote da frente virou; cinco passageiros se afogaram e cinco chegaram à praia. O segundo bote atravessou a primeira vaga, mas girou na segunda e emborcou na terceira. Milagrosamente, todos nadaram até terra firme. Os homens deixaram as mulheres e crianças ao abrigo do vento em uma duna, para mantê-las aquecidas, e foram buscar ajuda. Encontraram uma casa a poucos quilômetros dali e finalmente voltaram com ajudantes, comida, cobertores e água.

Os Lamars não tiveram tanta sorte. Gazaway, Rebecca e Thomas flutuaram a noite toda. A certa altura um homem subiu a bordo puxando uma menina. "De quem é esta criança?", perguntou. De início, Gazaway e Rebecca esperaram que a figura ensopada fosse um dos seus, mas não era. A menina reconheceu um dos homens do outro lado do destroço. "Papai, papai!", gritou ela, erguendo os braços. "Connie, Connie, minha filha!", gritou o homem. "Ela tinha apenas três anos, e era linda", disse Rebecca. "Estava apenas de camisola, toda molhada. A brisa era muito fria."

Felizmente, um casaco de chamalote marrom tinha boiado com a bolsa de viagem, e a criança foi enrolada nele. "Ela parecia perceber a situação, e, adaptando-se às estranhas circunstâncias, não perguntou pela mãe, pela babá, ou por qualquer pessoa da família", escreveu Rebecca. "Ao ver a emoção do pai, tentou desviar a atenção dele apontando para as estrelas: 'Papai, papai, veja que estrelas bonitas!'"

De manhã, os sobreviventes se amontoaram num canto do pedaço do navio que se projetava para fora do mar. Puseram duas pequenas velas e tentaram amarrar melhor os destroços. Havia também um bote a bordo, ainda preso e não usado. O grupo certificou-se de que estava bem amarrado, pois poderia vir a ser o seu meio de salvamento nas próximas horas.

Mais tarde, naquele dia, um cesto apareceu boiando e dele o grupo recuperou duas garrafas de vinho e dois frascos, um de hortelã-pimenta e outro de ópio. Um corpo foi encontrado no destroço e virado de barriga para cima. Era o sr. S. B. Parkman, destacado cidadão de Savannah. Um homem e uma mulher jovem passaram flutuando, agarrados a dois sofás amarrados um ao outro. O homem, posto deitado na cobertura do porão do navio, não demorou a morrer. A mulher usava um elegante vestido de seda com decote. A pele branca estava muito queimada e empolada. Deram-lhe um pouco de hortelã-pimenta, e ela despertou o suficiente para levantar a cabeça e dizer:

"Sr. Lamar, eu vi seu menino esta manhã."

"Charles?"

"Sim, Charles. Eu falei com ele e lhe disse que não desistisse."

"Quando a senhora o viu?"

"Ele estava flutuando numa pequena caixa", disse ela, fechando os olhos. "Charles e eu freqüentamos a mesma escola em Savannah... A do reverendo White." Seus cílios bateram rapidamente. "O senhor fique atento, ele deve aparecer logo."

Pouco tempo depois avistaram uma pequena mancha no oceano. Não era uma caixa, mas um pedaço do navio, ao qual se agarravam um homem, uma mulher e um menino. O menino segurava a mulher, que se apoiava em seus ombros.

Gazaway levantou-se cambaleando.

"Vamos levar o bote para eles!", disse ele, dirigindo-se a um homem deitado a seus pés.

"Estou muito cansado", lamentou-se o homem.

"Sr. Smith, é meu filho!", retorquiu Gazaway.

Os dois lançaram o pequeno bote e trouxeram Charles e os outros dois para o destroço flutuante. Charles caiu nos braços de Rebecca, soluçando, e finalmente adormeceu no seu colo.

Veio a noite, e com ela uma brisa fria. "Querido papai", disse Caroline, de três anos, "quando chegarmos a Nova York você me dá três xícaras de chá?" Ele respondeu: "Sim, minha querida, quantas você quiser."

Rebecca abraçou Charles de um lado e Thomas do outro. Apesar de sentir que as costas iam arrebentar, ela os puxou para si, a fim de que pudessem dormir. Depois se encostou em Mauma, uma das escravas a bordo. A noite inteira Mauma rezou e cantou numa voz baixa e calmante, que soava ricamente debaixo das frias estrelas.

No dia seguinte, Gazaway aceitou ser um dos seis homens escolhidos para ir de bote à praia em busca de socorro.

Depois que Gazaway e os outros saíram, os sobreviventes distribuíram o que restara. O que sobrara de vinho e hortelã-pimenta foi reservado para as crianças. Mas um homem, a língua inchada, dura e marrom como um pedaço de couro, suplicou, aos prantos, que lhe dessem ao menos uma gota. "Tia Rebecca, dê a ele", disse Charles. Rebecca disse, em suas recordações: "O homem pôs as mãos na cabeça de Charles e disse: 'Você é um menino nobre!'"

Na segunda noite, dois dos homens decidiram de repente que estavam na Flórida e resolveram dar um passeio. Saíram andando do destroço e mergulharam no mar. Voltaram debatendo-se, resolveram repetir o passeio e desapareceram. Outro homem jurou que um farol brilhava no horizonte. Amarrou pedaços de pau para fazer uma balsa e foi investigar. Nunca mais o viram.

Thomas Lamar soltou um gemido. "Eu o chamei, ele não respondeu. Eu me inclinei e o apertei com muita força. 'Você me machucou!' Olhei para suas mãos, e as unhas estavam roxas. Fiquei apavorada", disse Rebecca. "Esfreguei-lhe as mãos, mas o sangue não circulava. Ele estava inconsciente. O que eu fazia não adiantava nada e eu me desesperei. Eu sabia que ele estava morrendo."

Charles levantou-se. Apontando para o horizonte, gritou agitado: "Veja, tia Rebecca, Boatswain está se afogando!" Boatswain era seu cão. Ele deu dois ou três passos até a beira da balsa e tropeçou. O sr. Hutchinson pegou Charles e devolveu-o a Rebecca. Mas Charles levantou-se novamente. A cena do cão se afogando se repetiu, e a cada vez que isso acontecia Rebecca pedia ao sr. Hutchinson que o pegasse. Até que Charles ficou inconsciente, recordava-se ela, mas continuou sentado, sem se mexer.

Thomas começou a contorcer-se e debater-se no colo de Rebecca. Ela o ajeitava e ele de novo se agitava, perigosamente perto da beira da balsa. Aquilo foi ficando cada vez mais difícil, até que, exausta, ela desmaiou.

Ao despertar perguntou ao sr. Hutchinson quando chegaria a carruagem para levá-los para Savannah. "Logo", respondeu ele, debilmente. "*Como* posso ir para Savannah neste estado?", disse Rebecca, desanimada, olhando para a roupa molhada e os pés descalços. "*Não* estou vestida!" Ela olhou ao redor, para os destroços e os corpos e pôs-se a gritar — a gritar pela carruagem que ia levá-la dali.

Ela gritava quando o sr. Hutchinson segurou-a pelos ombros e obrigou-a a olhar, para ver o vulto no horizonte. "Eu vi um barco, as velas abertas e cheias, o casco pintado de preto, e um sol ofuscante que brilhava em seus panos", disse ela, posteriormente. "Exclamei: que lindo, que lindo!"

O navio que chegou ao nascer do sol era a escuna *Henry Cameron*, da Filadélfia, a caminho de Wilmington, Delaware. Quando o capitão soube que havia outros sobreviventes, içou as velas e foi buscá-los. Depois levou-os, apressado, a Wilmington, Delaware, o porto mais próximo.

"Horrível desastre de vapor",[6] berrou o *Charleston Courier,* quando chegou a notícia do naufrágio. "O *Pulaski*, esplêndido barco, que até poucos dias atrás dançava como coisa viva sobre as águas do nosso ancoradouro, e com o poderoso impulso do vapor, partiu com estrondo do nosso porto para sua viagem rumo ao norte... foi literalmente despedaçado pela explosão daquele misterioso agente que o impelia em sua rota e afundou no oceano, com sua preciosa carga, deixando apenas alguns valorosos sobreviventes para contar a triste história... Nossa cidade irmã, Savannah, sofreu terrivelmente, perdendo de um só golpe nada menos do que quatro pessoas da família Parkman e dez da família Lamar, além de numerosos outros."

De fato, Savannah ficou em estado de choque. Bandeiras foram hasteadas a meio pau, cidadãos usavam faixas negras nos braços; só as portas das igrejas e sinagogas ficaram abertas. As pessoas não comiam, não dormiam, não trabalhavam. "Não temos condições mentais para cuidar das obrigações políticas de responsabilidade da imprensa",[7] disse o *Savannah Daily Georgian*, de luto. "Pois apenas dez dias se passaram desde que ficamos horrorizados ao compreender que muitas cabeças experientes e muitos belos jovens da nossa cidade foram lançados na solidão das águas, para nunca mais verem, nesta vida, aqueles que lhes eram mais caros do que a própria vida..."

Uma semana depois, no Quatro de Julho, não houve os desfiles e as comemorações tradicionais. Um regimento de milicianos locais vestiu seus uniformes, ergueu suas armas e disparou uma solitária salva de tiros. E foi para casa. "A tristeza da horrível catástrofe impedia o regozijo de hábito", comentou o *Georgian*.

Houve muita raiva, também, que os representantes de Savannah transmitiram a Washington. Em 7 de julho, o Congresso aprovou legislação exigindo inspeções regulares em caldeiras a vapor. Era preciso que houvesse engenheiros experientes a bordo dos vapores. Em caso de explosão, o dono do barco e o capitão seriam responsabilizados pelos danos.

No fim, dos 131 passageiros e tripulantes do *Pulaski*, 77 desapareceram e 54 sobreviveram.

Quando Rebecca recuperou a consciência a bordo do *Henry Cameron*, perguntou imediatamente por Charles.[8] O médico apontou para o beliche perto do dela, onde Charles jazia, respirando mas inconsciente. "Havia um menino pequeno, o que aconteceu com ele?", perguntou ela. Antes que o médico respondesse, Rebecca reviu mentalmente a imagem dele deitado a seus pés nos destroços inundados e compreendeu que estava morto.

Gazaway sobreviveu. Ele e os outros cinco homens do bote alcançaram terra na enseada de New River, 64 quilômetros ao norte de Wilmington. Depois foram resgatados pelo sr. John Wilings e sua mulher, alimentados e abrigados. Alguém foi contratado para cavalgar até Wilmington em busca de socorro.

Charles ficou deitado e quieto a primeira noite, respirando com dificuldade, o rosto vermelho de queimaduras de sol e negro de feridas. No dia seguinte melhorou, no entanto, e no terceiro estava fora de perigo. A provação desgastara e transtornara Gazaway. Seu irmão sugeriu que ele e a mulher ficassem com Charles em Wilmington até que o menino se recuperasse. Gazaway, agradecido, concordou.

Em 13 de julho de 1838, um mês depois da partida do *Pulaski,* o sino da Bolsa de Valores de Savannah dobrou pesarosamente, acompanhado de uma dezena de outros sinos da cidade.[9] Sob o pórtico grego da Igreja Episcopal de Cristo, na rua Bull, a multidão se reuniu para o último serviço fúnebre. Os cidadãos estavam bem familiarizados com a morte — a morte pela febre amarela, pela tuberculose, pelo cólera, pelo parto. Mas nada tivera impacto parecido na cidade.

Ao dobre dos sinos, a multidão entrou lentamente na igreja. Entraram os juízes dos tribunais itinerantes e das altas cortes, os oficiais do Exército e da Marinha. Crianças das escolas dominicais chegaram, acompanhadas dos professores; depois representantes da Union Society, da Sociedade Médica, da Sociedade Hibérnica, o cônsul britânico, os cônsules alemão e francês. Em cada lado do templo, os bancos da frente eram reservados para os parentes dos mortos, que se adiantaram lentamente, uma fila de pessoas de luto, encurvadas, de ternos e vestidos pretos, chapéus e luvas pretas, com lenços pretos encharcados de lágrimas.

Um hino fúnebre abriu os serviços, seguido de uma oração que ecoou na vasta abóbada da igreja, e da leitura da Bíblia. Depois vieram outro hino e outra prece, um sermão do reverendo W. Presson, mais uma prece, e finalmente a bênção. Gaitas-de-foles soaram aquela manhã e pelo resto do dia. À noite ouvia-se o sombrio rufar dos tambores.

Gazaway deixou Savannah depois do desastre do *Pulaski,* mudando-se para Alexandria, Virgínia.[10] Em um ano casou-se com Harriet Cazenove, filha de um banqueiro influente. Era vinte anos mais nova do que ele, e apenas seis anos mais velha do que Charles. Gazaway e a nova mulher tiveram seis filhos.

Gazaway não foi expulso de Savannah. A investigação oficial atribuiu a tragédia do *Pulaski* ao segundo maquinista, que esvaziou a caldeira de estibordo e depois tentou enchê-la. Mesmo assim, para muita gente Lamar tinha sido ambicioso demais, obcecado demais com o enriquecimento. "Gazaway está aparentemente tranqüilo e resignado", escreveu um parente.[11] "Mas provavelmente é outro homem, de semblante sério e pensativo, e resolvido, acredito, a moderar sua busca de riqueza..." Disse outro: Gazaway "viu que estava errado".

E assim, pelo menos por algum tempo, Gazaway distanciou-se de Savannah. Era a vez do filho, Charles, deixar sua marca na cidade.

3

A Savannah de tempos posteriores

EM MAIO de 1857, um novo par de olhos — cinzentos, impacientes — examinava Savannah, e um novo par de botas passeava confiantemente pelas ruas. Pertenciam a Charles Lamar, de 34 anos, que retornara a Savannah para assumir o crescente império do pai. Charles Lamar não era apenas mais um participante da vida em Savannah; era alguém importante, homem de enorme poder e fortuna.[1]

A essa altura, um inventário dos negócios de Charles Lamar teria incluído a grande prensa de algodão nos molhes do lado leste da rua River, um armazém para cinco mil fardos, uma serraria, um pinhal de 4.650 hectares e a fazenda Cold Spring, no Condado de Merriweather, Geórgia. Lamar era diretor do Banco do Comércio, fundado pelo pai, e um dos diretores da Estrada de Ferro Savannah, Albany and Gulf, cujos trilhos avançavam Geórgia adentro. A 27 quilômetros do oceano na direção de Savannah, duas altas estruturas sobrepujavam as demais: o edifício da Bolsa da Cidade de Savannah e a usina de beneficiamento de arroz, num prédio de seis andares, de propriedade de Lamar.

Não bastasse isso, Charles Lamar dirigia o Jockey Clube de Savannah, era árbitro do Clube Aquático de Savannah e servira sete anos como capitão dos Hussardos da Geórgia, a milícia local que protegia Savannah desde a Guerra de 1812.

"Lembro-me muito bem de vê-lo cavalgar por nossas ruas, em seu famoso cavalo Nuvem Negra",[2] disse um vizinho, referindo-se a Lamar. "Tanto o cavalo como o cavaleiro compunham magnífica figura." Nuvem Negra era mais do que magnífico. De tão selvagem e voluntarioso, poucos tinham coragem de montá-lo.

Isso já dizia muito sobre o tipo de homem que Lamar se tornara. Robusto e vigoroso, a dureza do caráter ainda impressionava mais do que a presença física. Experimentara todas as adversidades que alguém pode suportar. Perdera a mãe, os irmãos e por pouco não perdera a própria vida quando tinha quinze anos. Não precisava mais refletir. Sabia exatamente o que queria e, na maioria dos casos, apenas tomava o que queria.[3]

Em 1857, Savannah já tinha crescido dos vinte distritos de 1838 para 36. Novas ruas foram abertas, e novas praças — Pulaski, Madison e Lafayette, entre outras. Enquanto mansões de estilo grego e casas neogóticas surgiam em todas as praças bonitas, novos edifícios públicos acrescentavam peso e importância aos encantos da cidade. Entre eles, a nova Alfândega dos EUA na rua Bay; a Igreja Episcopal de São João, projetada por Calvin Otis; e o rico Hotel Pulaski House. Nos bairros mais chiques, jantares e bailes animavam as noites, e piqueniques e desfiles preenchiam os dias. "A mais graciosa das cidades", declarou a viajante sueca Fredrika Bremer, em sua obra *Casas do Novo Mundo: Impressões da América*.[4]

Charles Lamar poderia ter escolhido entre os melhores endereços de Savannah para construir sua casa. Mas permaneceu na casa do pai na rua East Broughton, número 44, onde cresceu, e onde ainda podia contemplar a calçada, com os olhos marejados de lágrimas, e ver a mãe e os cinco irmãos se aproximarem sorrindo. Ainda era um lugar elegante: a poucas casas de Lamar viviam dois dos mais famosos juristas de Savannah, o juiz John M. Berrien e o juiz William B. Fleming.[5] O dr. William Elliott e o dr. William H. Cuyler, os melhores médicos da cidade, também moravam em Broughton. Foi para lá que Lamar levou sua mulher, a filha de um dos homens mais ilustres da cidade, o juiz do tribunal itinerante dos EUA John C. Nicoll, para criar os quatro filhos que teriam.

Lamar sentia-se à vontade com a elite dominante, e ela parecia respeitá-lo também. Ele tinha o rosto vigoroso e bonito do pai, e os olhos claros, expressivos e quase luminosos do primo, Mirabeau B. Lamar, o segundo presidente da República do Texas. Lamar às vezes era o estudante vivo, disposto e ousado de que os colegas da escola do dr. White se lembravam.[6] Às vezes era o "menino nobre" que dera a última gota de hortelã-pimenta para o homem sedento, nos destroços do *Pulaski,* e o irmão que, desprendidamente, ajudou irmãos e irmãs a subirem a escada quando o navio começou a afundar.

Ele era, afinal, o neto do grande marquês de Lafayette — o confidente de George Washington e Thomas Jefferson —, que, em seu retorno triunfal a Savannah em 1825, segurara o bebê Lamar para a aspersão de água benta, dando ao rapaz o nome de Charles Augustus *Lafayette* Lamar.[7]

E, apesar disso, quando entrava na idade adulta, poucos vizinhos se deram conta de que Lamar desenvolvera um lado escuro e taciturno da personalidade, um lado que o empurrava para as sombras e para atividades que os teriam escandalizado, se tomassem conhecimento. De início, poucos perceberam, mas algo se rompera no fundo da psique de Charles Lamar.

Em 1858, o esforço de progresso que começara em meados da década de 1830 parecia ter compensado. Nove locomotivas a vapor chegavam todos os dias a Savannah, cada qual rebocando de vinte a trinta vagões com "montanhas" de peludo algodão branco. Na longa ala de prédios de tijolo de quatro e cinco andares que se erguiam entre as ruas River e Bay, centenas de homens trabalhavam febrilmente, pesando, marcando, recebendo e despachando o algodão, apresentando contas e recebendo dinheiro. A indústria florescia de outras maneiras:[8] Savannah tinha diversas fábricas de tecido, fábricas de ferro e olarias. Em 1852, a cidade fabricava metade dos seus vagões de carga, em vez de importá-los do Norte.[9] Três anos depois, foram acrescentadas à estação ferroviária uma oficina de máquinas, uma oficina de caldeireiro e uma oficina de moldes. A partir de então, Savannah fabricou *todos* os vagões de que precisava — e já planejava fabricar suas próprias locomotivas a vapor.

Da mesma forma, em todo o Sul o "progresso" começava a deitar raízes. No Sul a fabricação de artigos de lã cresceu cerca de 140% em apenas dez anos, de 1848 a 1858; o valor de mercado das roupas masculinas produzidas no Sul subiu 65%; o das botas e dos sapatos, 89% e 70%, respectivamente. A produção de papel quase triplicou, e a de material impresso aumentou quase sete vezes. Cavilhas e pregos para estrada de ferro, caixilhos e portas, vagões de primeira e segunda classe, o Sul produzia tudo.

Parecia, então, que o Sul realizava seus sonhos. Havia no ar uma sensação de euforia. O sucesso estava ao alcance da mão!, exclamou o *Savannah Evening Journal*:[10] "Acordar! Levantar-se! Ela acordou — ela se levantou — o espírito da época se instalou — PARA A FRENTE é a sua divisa — PROGRESSO sua política — GRANDEZA o seu destino!"

Mas apesar de toda a aparência de progresso, o Sul ficava cada vez mais para trás em comparação com o Norte.[11] Em 1810, o Sul ultrapassara a Nova Inglaterra em sua capacidade industrial, de acordo com o censo daquele ano. Só a Geórgia tinha fabricado mais metros de tecido do que Rhode Island. Mas em 1860, a produção industrial da Nova Inglaterra era *três vezes* maior do que a do Sul. Visto de outro ângulo, o Sul tinha cerca de 35% da população nacional em 1860, mas empregava apenas 8,4% dos trabalhadores na indústria e produzia apenas cerca de 8% dos bens manufaturados do país.

De fato, o capital investido na indústria pelo Sul *diminuiu* entre 1840 e 1860, de 13,6% para 9,5% do total investido na indústria em todo o país. No Sul as fábricas fracassaram, uma após outra, ou foram obrigadas a levar uma existência doentia, mal administradas e mal capitalizadas. Até os sulistas pararam de comprar produtos fabricados no Sul, preferindo os artigos mais baratos e mais bem-feitos "que acabam de chegar de Nova York".[12]

Que acontecera com a grande promessa do Sul? Perdera-se devido ao mau planejamento, à má administração e à falta de dinheiro para sustentá-la. Em 1860, Savannah ocupava o sexagésimo sexto lugar entre as cidades americanas em termos industriais e Charleston, o octogésimo quinto — bem longe da posição de domínio industrial que os sulistas esperavam.

O maior fracasso, entretanto, vinha do fato de que o Sul não soube estabelecer uma rota comercial, direta e de mão dupla, com a Europa. O Norte, e particularmente a cidade de Nova York, é que se apoderou do comércio costeiro com mão de ferro.[13] "Os homens de negócios de Nova York, em grande parte originários de Connecticut, penetraram cada canto, cada greta onde se pudesse ganhar um dólar", observou o historiador marítimo Robert Greenhalgh Albion. "Estabeleceram-se como agentes comerciais nas cidades do interior, emprestando dinheiro aos agricultores e cuidando dos fardos de algodão que aparecessem... enquanto isso, representantes ianques de firmas nova-iorquinas, com capital adequado para fazer empréstimos, atropelavam-se nos portos do Sul e, se conseguissem sobreviver à febre amarela, não tinham dificuldade em ficar com a parte do leão nos negócios."

Esse padrão de comércio ficou conhecido como "triângulo do algodão": nos portos sulistas, o algodão era mandado em navios nortistas diretamente para a Europa, voltando para Nova York, de onde rumavam para o sul com os porões cheios de produtos manufaturados. No caminho, eram cobradas taxas sobre fretes, além de seguros, comissões e juros. O algodão era o grande troféu do comércio americano na década de 1850 — o maior produto de exportação do país — e com taxas e financiamento o Norte arranjara um jeito de ficar com 20 ou 30 centavos de cada dólar gerado pelo algodão.

Em 1857, quando uma crise financeira paralisou de repente a venda de algodão, os sulistas começaram a perceber o quanto deviam aos financistas do Norte. "O grande volume de dinheiro investido no patrimônio", escreveu um empresário sulista, "está, de uma forma ou de outra, empatado em algodão, e enquanto o algodão não se mexe não há 'bálsamo em Gilead' para nós... não temos saída... Ou se consegue vender algodão, ou afundaremos todos."[14]

Para Charles Lamar, viver sob o tacão do capitalismo nortista era intolerável. Mas o que piorava a situação era o fato de seu pai ter se juntado a eles. Depois do naufrágio do *Pulaski,* Gazaway mudara-se para Alexandria, Virgínia. E logo em seguida levou a família para Nova York, onde comprou uma grande casa na Atlantic Avenue, número 170, no Brooklyn.

Gazaway levara também sua energia e ambição, fundando o Banco da República, que sediou na esquina da Broadway com a Wall Street. Em pouco tempo estabeleceu diretorias e operações interligadas entre seu banco e a Great Western Marine Insurance Company, seguradora baseada em Nova York, uma das mais poderosas instituições financeiras da cidade. Mais uma vez, Gazaway se plantara no meio de um crescente fértil. Agora, o Sul precisava de capital. Wall Street tinha-o em abundância, e Gazaway estava disposto a negociar a margem de lucro com a pose confiante do mais esperto dos ianques de Connecticut.[15]

Mas aquilo que para Gazaway parecia uma grande oportunidade, para o filho era motivo de desgosto. Charles vira os jornais de Nova York repletos de anúncios, dirigidos especialmente a sulistas, exortando-os a visitarem esta ou aquela loja, para conhecerem o último sortimento de tecidos, ferragens, botas e sapatos e outras mercadorias.[16] Vira firmas comerciais de Nova York entrarem à força no comércio sulista com suas filiais. Viu que os nova-iorquinos estavam ansiosos para investir capital em estradas e minas, ferrovias e linhas de navegação do Sul, cobrando juros exorbitantes. Vira até mesmo credores de Nova York tomarem posse de fazendas e escravos à venda, tornando-se, por breves períodos, senhores de escravos também.

Vira o Sul faminto alimentar-se no cocho das mercadorias nortistas — roupas, botas e sapatos para escravos, arreios, selaria, mobílias finas e até locomotivas fabricadas no Norte — e dos produtos estrangeiros mandados para o Sul por agentes marítimos de Nova York: artigos de lã de Yorkshire, produtos de algodão de Lancashire, ferragens de Birmingham e cutelaria de Sheffield. Ele sabia que os paquetes que transportavam passageiros e cargas pela costa pertenciam a ianques, como os Pelps, os Morgans e os Suttons, e que eram construídos em portos nortistas e capitaneados por nortistas.[17]

Os sulistas não apenas entregavam todos os negócios para os navios ianques, dizia Lamar, enfurecido, mas também embarcavam neles aos bandos durante os meses quentes de verão, quando a febre amarela se espalhava, chupando limões e tomando as Pílulas Vegetais Antibiliosas do reverendo Hibbard para prevenir enjôo. Aquilo o deixava doente.

"A Cidade de Nova York, como poderosa rainha do comércio, senta-se orgulhosamente no trono de sua ilha resplandescendo de jóias",[18] queixou-se com raiva o *Vicksburg Daily Whig*, "segurando um incontestável cetro comercial sobre o Sul. Por suas ferrovias e correntes navegáveis, estende seus longos braços até o extremo Sul; e com avidez raramente igualada, pega os nossos lucros e os transfere para si mesma — cobrando-nos impostos a cada parada e exaurindo-nos o máximo que podem sem nos destruir totalmente."

O jornalista James DeBow, amigo de Lamar, acrescentou:

> *Quem conduz o nosso comércio, constrói para nós nossos navios e os navega em alto-mar? O Norte! Quem fia e tece para nosso uso doméstico (e fica rico com isso)? O Norte! Quem fornece o material e os maquinistas para as nossas ferrovias, onde existem ferrovias, e nos dá livros e periódicos, jornais e autores numa torrente infinita? O Norte! Quem educa nossos filhos, e amavelmente recebe os milhões de dólares anuais que precisamos gastar em viagens e artigos de luxo? O Norte! Algum fardo de algodão deixa nossos portos para Liverpool sem que um navio nortista o transporte? Há um pacote de tecidos finos ou um baú de chá a serem desembarcados em nossos armazéns? Pois primeiro paga-se um imposto a Boston ou a Nova York. Contemplamos com admiração o crescimento de um poder tremendo lá no Norte, mal admitindo alguma qualidade em nós mesmos ou sem querer fazer qualquer esforço para garantir essa qualidade. E dizer que queremos ser respeitados em nossos direitos e tratados com deferência pelos mandachuvas do Norte! Vã esperança, se a história nos ensina alguma coisa!*[19]

Lamar ressentia-se do domínio econômico do Norte. Mas nada o deixava mais furioso do que o ataque do Norte à existência da escravidão no Sul.[20]

Lamar já tinha sentido a ferroada da condenação ianque. Vinte anos antes, Henry du Bignon desafiou os clubes de remo de Nova York a vencerem as equipes de Savannah. No dia marcado, os remadores do Sul apareceram de camisas e calças impecavelmente brancas.[21] Milhares de espectadores foram para a beira do rio Savannah, levando suas cestas de piquenique, e aplaudiram à passagem do luzidios barcos. No fim, o *Lizard,* de Henry du Bignon, que ele trouxera de Jekyll Island, venceu.

Mas o dia foi estragado pela ausência das equipes de Nova York. Du Bignon publicara anúncios nos jornais de Nova York durante semanas, mas nenhuma equipe apareceu. Du Bignon finalmente descobriu por quê: "Não temos nenhum *desejo* de remar contra *criados negros*", disseram os nova-iorquinos, torcendo o nariz. Du Bignon ficou espantado. Sim, respondeu ele, os remadores sulistas *eram* escravos negros. Mas isso poderia ser corrigido. "O *Lizard* será tripulado por *cavalheiros,* que, isso nós lhes garantimos, nada devem aos Knickerbockers em matéria de ossos e músculos, sangue e educação." Mas os nova-iorquinos nunca responderam.

Agora o ataque do Norte era mais forte do que nunca. No mundo moderno, a escravidão era um anacronismo. Num mundo moral, uma desgraça. Os países europeus tinham lavado essa mancha das mãos. Nos Estados Unidos, seus adversários, a maioria na forma do novo Partido Republicano, ganhavam terreno rapidamente. E, no entanto, ali estava o Sul, com três milhões de escravos, exigindo mais. O Sul ficara numa situação difícil. A maioria dos sulistas tinha consciência disso. Era o cheiro que impregnava suas roupas mesmo quando compareciam a grandes festas e eventos no Norte, provocando sussurros e olhares furtivos.

É isso mesmo, Lamar uma vez teve vontade de gritar, a escravidão era o bíceps que erguia os fardos de algodão no Sul; era os dedos fortes que colhiam e semeavam, martelavam e puxavam; era os braços que cortavam, lavavam e cardavam o algodão, tratavam de cavalos, prendiam os cabelos de meninas com laços, botavam meninos na banheira, desempoeiravam o chapéu dos senhores e ajustavam as roupas das senhoras, cavavam valas, revolviam o carvão com pás, e iam buscar lenha e água. Mulheres, homens, meninas e meninos negros — mais de 3 milhões, no valor total de cerca de US$ 4 bilhões, na moeda da década de 1850 — eram os grumos de carvão atirados todas as manhãs na fornalha, para que as rodas da economia sulista pudessem girar.

Era por isso que se podia ler uma resenha de teatro nos jornais de Savannah elogiando "o inteligente discernimento e o bom gosto da nossa platéia de Savannah" durante a apresentação de *Madeleine* no Teatro Ateneu — e ao lado um anúncio proclamando "PARA VENDA... UM GRUPO de 460 negros... acostumados à cultura do arroz e provisões... um terço em espécie; o resto em promissórias".[22]

Era por isso que os anúncios diziam coisas assim: "Arthur Napoleon... CONCERTO!... Nessa ocasião acompanhado por Signorina Cairoli, Prima Donna Soprano, da Academia de Música, Nova York...", e, na coluna ao lado: "À VENDA... Será vendida no Tribunal do Condado de Chatham... a seguinte propriedade do legado de Henry Haup, falecido, um escravo negro Jonas, aproximadamente 45 anos; uma escrava negra Delia, cerca de 18 anos; uma charrete de quatro rodas e arreio; um cavalo alazão, sela e rédea..."

Era por isso que se podia comprar as obras completas de Shakespeare, a biografia de Frederico, o Grande escrita por Carlyle, "Grandes Cientistas", Byron, Fielding e a Bíblia — e no mesmo jornal encontrar: "US$ 100 DE RECOMPENSA... Para quem entregar a mim em Savannah, ou a J.S. Montmollin, ou ao escritório de George W. Wylly ou à cadeia de Savannah, para que eu possa buscá-lo, meu moleque TONEY, de cerca de 22 anos, um metro e sessenta e sete ou sessenta e nove de altura, pesando aproximadamente cinqüenta e oito ou sessenta e três quilos, pele escura. Quando falam com ele geralmente ri, mostra bons dentes, rosto chato, com alguma barba. Cinqüenta dólares serão pagos pelo referido menino, e cinqüenta dólares por provas que permitam levar à prisão qualquer pessoa que lhe dê abrigo..."

Sim, o Sul estava preso à escravidão. Mas que direito tinha o Norte de julgá-lo? O Norte não devia sua riqueza ao algodão sulista, ficando com trinta centavos de cada dólar? "Que seria da grandeza marítima de Nova York sem a escravidão?"[23] De Bow, o amigo de Lamar, proclamara: "As lojas apodreceriam nas docas; a grama cobriria a Wall Street e a Broadway, e a glória de Nova York, como a de Babilônia e Roma, seria incluída entre as coisas do passado."

Lamar tinha raiva. Estava cansado de desculpar-se para convidados nortistas pela "instituição peculiar" do Sul, como a chamavam, complacentemente. Estava farto de saber que o Partido Republicano, alicerçado no abolicionismo radical, conquistara um milhão de votos nas eleições de 1865; que *A cabana do Pai Tomás,* melodrama moralista, estereotipara o Sul, e ainda assim vendera 300 mil exemplares no primeiro ano, e um milhão depois; que um fanático chamado John Brown assassinara cinco partidários da escravidão no Kansas três anos antes e estava solto.

Não era segredo para ninguém que um terço dos balconistas e lojistas de Savannah e metade dos técnicos tinham acabado de chegar do Norte; que mais da metade dos alojamentos, e das lojas de alimentos e roupas, pertenciam a estrangeiros.[24]

Não era segredo para ninguém que as tendências populistas do Norte se infiltravam no Sul, mudando-o — que negros libertos, marujos e trabalhadores irlandeses comportavam-se de modo extravagante, causando problemas nas ruas da periferia; que os negros estavam cada vez mais fora de controle: fumavam em público, desafiando as proibições, cavalgavam aos domingos sem pedir licença; visitavam amigos após o toque do sino noturno, sem tíquetes; testavam a pontaria nas ruas com pistolas; usavam uma linguagem cada vez mais rude pela cidade. Era preciso dar um basta.[25]

Esqueçam o Norte, murmurava Lamar. Esqueçam sua vil e fumacenta indústria — as caldeiras protuberantes, os apitos, as válvulas de vapor buscando alívio. Esqueçam sua democracia cacofônica e populista. O que Lamar queria era o Velho Sul, o Sul agrário, uma república escravista governada pela elite esclarecida — homens como ele.[26]

Talvez por isso seja compreensível que Lamar se reunisse a um grupo de homens já convencidos da necessidade de uma revolução para garantir que o Sul continuasse sendo uma aristocracia agrária. Em sua maioria, esse rebeldes viam a si mesmos como patriotas, homens da mesma estatura dos patriotas da Revolta do Chá, de Boston. Mas, como revolucionários, pertenciam a um tipo completamente diferente.

4

Os cabeças-quentes

NINGUÉM QUE tenha visto o rosto assustador de John C. Calhoun em seus últimos anos esqueceu a experiência — a pele amarela esticada no rosto ossudo, os olhos ardentes, o cabelo duro partido severamente, caindo sobre os ombros. Calhoun vivo era quase tão aterrador quanto Calhoun estirado no caixão.

Mas a aparência física de Calhoun não era nada em comparação com o espírito que fervia lá dentro. Quando o governo federal tentou impor uma pesada tarifa a muitos produtos importados — uma taxa que beneficiaria os industriais do Norte e puniria os consumidores do Sul —, Calhoun encabeçou uma rebelião sulista que levou a Carolina do Sul, seu estado natal, a ameaçar separar-se da União. Isso foi em 1832 — 29 anos antes da Guerra Civil. Naquela época, Calhoun não era apenas o líder feroz de uma nova rebelião a favor da escravidão e dos direitos sulistas, mas também vice-presidente dos Estados Unidos.[1]

O governo acabou reduzindo a tarifa, e a tensão diminuiu. Mas o conflito criou um precedente: a partir de então, muitos sulistas acharam que tinham o direito de anular as leis federais que lhes desagradassem. E se o Norte não gostasse, o Sul faria as malas e iria embora.

Enquanto o Norte exercia pressão econômica sobre o Sul, políticos do feitio de Calhoun ressurgiram. Eram homens capazes de subir numa tribuna, cercados de tochas, a fogueira acesa, e levar uma multidão ao delírio. Eram capazes de provocar tumultos com as palavras que derramavam numa página. Eram mestres da lógica — e da falta de lógica — e compreendiam o poder de persuasão da retórica tão bem quanto o próprio Cícero. O viajante inglês tenente Francis Hall classificou as diversas modalidades de oradores sulistas na época como os Declamadores Políticos, os Oradores de Quatro de Julho, os Oradores da Raça Humana e os Oradores de Comício que cuspiam tabaco.[2] Mas, à medida que a retórica desse bando de demagogos crescia em empolgação — conforme suas demandas ficavam mais insistentes e sua lógica mais perversa —, só havia um nome para designar todos eles: cabeças-quentes.

Os cabeças-quentes eram liderados por William L. Yancey, que tinha 44 anos em 1858; James DeBow, que tinha 40; Edmund Ruffin, 65; Leonidas W. Spratt, 40; Henry Hughes, 24; e Robert Barnwell Rhett, 58. Yancey era tido como o melhor orador do grupo, um radical de voz aveludada, formado em Yale, cuja retórica era capaz de convencer qualquer platéia.[3] "Ao término do seu discurso, milhares de pessoas que o ouviam se levantaram como se fosse um só homem", comentou um observador. "Gritos, berros, guinchos encheram o ar; homens anunciaram sua mudança de voto, como se tivessem sido convertidos por um evangelizador."[4]

James DeBow era editor do *DeBow's Review*, porta-voz literário do movimento escravista. Era também o fundador das Convenções Comerciais Sulistas, que com o passar dos anos se tornaram a principal plataforma dos políticos radicais sulistas. Edmund Ruffin,[5] por sua vez, era um desgrenhado especialista em química do solo, cujo "Ensaio sobre Adubos Calcários" — no qual explicava o evangelho da marga — foi chamado de "a mais exaustiva peça sobre um tema agrícola já publicada em língua inglesa". Além dos estudos do solo, Ruffin era um dos primeiros e mais fanáticos proponentes da secessão. Teve a honra de disparar o primeiro tiro em Fort Summer e, subseqüentemente, ao saber da rendição de Lee em Appomattox, de disparar o último tiro no próprio cérebro.

Spratt era editor do radical *Charleston Standard*, que glorificava a escravidão como paradigma social; Hughes, sociólogo, era autor de tratados defendendo a subjugação dos negros com base na biologia. Rett era editor do *Charleston Mercury*, o feroz jornal favorito dos cabeças-quentes, que os radicais nortistas gostavam de citar como representante da opinião geral do Sul (embora sua circulação fosse apenas de 500 exemplares). Pairando acima de todos — ou abaixo, dependendo do ponto de vista — estava sempre Calhoun, seu turbulento líder e força motriz.

Os cabeças-quentes não eram monolíticos em suas opiniões. Mas em geral todos odiavam "o governo ianque", pintando quadros sombrios da vida agrilhoada à máquina mercantil nortista, e imagens ainda mais horríveis da vida depois da emancipação — ruína econômica, anarquia, homicídio e estupro. Os cabeças-quentes exortavam o Sul a defender a honra, recuperar a confiança, reacender o orgulho e conservar as tradições sociais. O mais importante é que convocavam o Sul a festejar a escravidão.

A escravidão não era "um mal necessário",[6] como tinham proclamado Washington, Jefferson, Madison, Monroe, Whyte e outros antepassados sulistas leitores de Rousseau; estavam equivocados, diziam os cabeças-quentes. A escravidão era *boa*. Estava *certa*. Era preciso *ter fé* na escravidão — para festejá-la todos os dias. Esta era a mensagem dos cabeças-quentes ao Sul: não há mais razão para se sentirem culpados.

Em apoio a essa premissa, os cabeças-quentes propunham o racismo. A escravidão seria muito mais defensável, no fim das contas, se o escravo fosse fundamentalmente inferior ao seu senhor. Num ensaio supostamente científico publicado pela *DeBow's Review*, por exemplo, um médico observou que os africanos eram intelectualmente inferiores devido ao hábito de dormir com cobertores e braços sobre a cabeça, o que os fazia respirar "ar aquecido, carregado de ácido carbônico e vapor aquoso". "Negros", acrescentava o autor, "se parecem com crianças na atividade do fígado e em seus fortes poderes de assimilação... por isso têm dificuldade de sangrar, por causa da estreiteza das veias."[7]

Não havia dúvida de que os cabeças-quentes eram letrados. A maioria era capaz de declamar Homero, Gibbon e Shakespeare como se batessem papo com um vizinho sobre a cerca do quintal. Mas problemas pessoais sufocavam-lhes a inteligência. Yancey era um alcoólatra incapaz de parar de falar quando começava;[8] DeBow, um notório mulherengo, cujos pais suplicavam que procurasse uma moça e com ela sossegasse o facho. Henry Hughes idolatrava a fama: "Amo a Glória, o Poder, a Fama",[9] escreveu em seu diário. "Ela é o Ídolo de minha alma. Diante dela, eu me ajoelho com a devoção de um amante." Ruffin vivia deprimido. Até mesmo Calhoun era torturado por uma contínua busca da presidência, cargo que lhe escapou devido ao radicalismo crescente. Em geral, os cabeças-quentes eram extremamente sensíveis.[10] Espíritos tomados pela raiva e pela depressão, entre eles predominavam os gestos teatrais. Muitos perderam o pai ou a mãe quando crianças, e foram condenados ao ostracismo social, observou um estudioso. No radicalismo político, talvez buscassem atenção e compensação psicológica.

Sua mais estranha obsessão talvez tenha tido por objeto as histórias de cavalaria, em especial as de sir Walter Scott.[11] Ali encontravam as lindas donzelas em perigo e os heróis de armaduras brilhantes que cavalgavam para socorrê-las. Honra, vergonha, vingança, o tapa no rosto, a cobrança de "satisfação", e a maior de todas as emoções, o duelo — tudo isso os cabeças-quentes assimilaram, e com isso encheram suas vidas. Embora Scott fosse o autor favorito, havia outros. Gostavam, particularmente, de Froissart, poeta francês do século XIV e, em matéria de talento local, das cogitações românticas de Mirabeau Bonaparte Lamar que, antes de partir em busca da glória no Texas, transformara a fazenda de algodão do pai perto de Milledgeville, na Geórgia, num reino — e encontrara nas moças do lugar a inspiração para "A Rosa de Sharon" e "A Rainha de Olhos Azuis".

Isso tudo poderia ser visto apenas como romantismo inofensivo, a não ser pelo código cavalheiresco que permitia a um "homem de honra" ignorar leis federais e mesmo locais quando não correspondiam à sua própria bússola moral. Até os tribunais de júri se tornaram testes para a validade da lei — não da culpa ou da inocência do honrado réu. Esse código de conduta dizia que a anulação das leis federais era apropriada, e a secessão, simples questão de pragmatismo. Charles Lamar sabia muito bem disso.¹² "Esta é a vantagem do lugar pequeno", gabou-se ele, certa vez, a um amigo. "Um homem influente pode fazer o que quiser."

De início, a maioria dos sulistas achava graça dos cabeças-quentes. Eram um bando risível de desajustados. Mas no decorrer da década de 1850, os cidadãos começaram a temê-los. E, no fim, o Sul avançou para o abismo da guerra junto com eles. Nas palavras de um observador, o monumento comemorativo de John C. Calhoun não deveria ser o monumento de mármore que existe em Charleston, mas os túmulos de todos os soldados sulistas que seguiram seu espírito na batalha.¹³ Como disse o governador da Geórgia, Howell Cobb, em 1849: "Calhoun é o nosso gênio do mal."

De todos os cabeças-quentes, o demagogo que mais atraía Charles Lamar era Leonidas Spratt. Spratt era um homem alto da Carolina do Sul, com cabelos negros que tremulavam no rosto anguloso ao estilo de Calhoun. Lamar encantava-se com a facilidade com que Spratt subia num palco e, com um gesto dramático dos dedos passando pela cabeleira, cativava a platéia. Spratt era o melhor orador dos cabeças-quentes, ao lado de Yancey. Era um astro.

Spratt se formara na Faculdade da Carolina do Sul em Charleston, que, desde a época de Calhoun, era a fonte do radicalismo político sulista. Depois serviu na Câmara dos Representantes da Carolina do Sul, onde sua eloqüência o elevou à posição de líder. Em 1853, Spratt escreveu *O destino do Estado escravista,* primeira obra importante a encorajar os sulistas a festejarem a escravidão, em vez de pedirem desculpas. Escreveu ele: "A Revolução Americana confirmou a grande verdade segundo a qual todos os homens nascem livres e iguais. Mas a sociedade, com seus movimentos secretos, confirmou uma verdade ainda maior: a de que a desigualdade é necessária para o progresso humano." O livro repercutiu como um terremoto no país inteiro. Logo depois, Spratt fundou seu próprio jornal, o *Charleston Spectator,* no qual derramou uma torrente de milhares de palavras dedicadas à escravidão e à sedição.¹⁴

Spratt alcançou outra grande realização: a transmutação das Convenções Comerciais Sulistas do Sul de foro econômico em plataforma do radicalismo político.¹⁵ As convenções começaram na década de 1830, para ajudar os sulistas a competirem com o Norte, em termos de economia e negócios. A Convenção Comercial de 1837, por exemplo, defendeu o comércio direto entre o Sul e a Europa, a construção de mais estradas de ferro e de melhores diques no Mississippi. Foi nessa convenção que um dos delegados declarou: "Para o nosso país — o todo deve prosperar quando cada parte cuida de si." E, prosseguindo: "Aos estados nortistas! Vamos mostrar que, em matéria de empreendimentos dignos, irmãos podem competir — e continuar sendo irmãos!"

Mas esse brinde generoso foi feito antes de Spratt chegar. Em 1854, Spratt compareceu à convenção e tentou conduzir o programa para os temas da escravidão e da secessão. Foi repelido. Em 1855, fez nova tentativa, com êxito relativo. Mas em 1856, quando a convenção se reuniu em Savannah, foi recebido com mais cordialidade — e em 1857, em Knoxville, conseguiu incluir no programa algumas de suas resoluções escravistas. Finalmente, na reunião de 1858, em Montgomery, Alabama, à qual compareceram Spratt, Yancey, Ruffin e outros cabeças-quentes, os radicais finalmente assumiram o controle das discussões. Como lobos em pele de cordeiro, os cabeças-quentes se apossaram da Convenção Comercial Sulista. Ela agora lhes pertencia. "Quando o Sul estiver pronto para dissolver a União", declarou o *Milledgeville Federal Union* em 1858, "tudo que precisa fazer é reagrupar a Convenção Comercial Sulista."[16]

Spratt tinha pregado com êxito a escravidão e a secessão, mas percebeu que outro assunto também precisava ser levantado.[17] Em 1820, o Congresso dos EUA proibira o transporte de escravos africanos para solo americano. Com essa medida, um comércio brutal, que levara milhões de africanos acorrentados para os Estados Unidos, terminara. A medida que proibia o comércio recebeu forte apoio no Sul e no Norte: o presidente James Monroe, da Virgínia, foi um dos principais proponentes do projeto de lei de 1820, assim como membros sulistas do seu ministério, incluindo William Crawford, da Geórgia, e até mesmo o feroz defensor da escravidão John C. Calhoun, da Carolina do Sul.[18]

Mas agora, dizia Spratt, o comércio de escravos africanos precisava ser retomado. Por quê? Pura questão de economia, explicava ele: o Sul estava ficando sem escravos. Especialmente com a abertura dos novos territórios do Oeste, o suprimento interno era incapaz de atender à demanda. Ele queixava-se de que os preços dos escravos já eram mais altos do que em qualquer outra época: num leilão, um menino de 16 anos foi vendido por US$ 1.410; sete crianças, de 6, 7, 8, 9 e 10 anos, alcançaram preços de US$ 581, US$ 750, US$ 850, US$ 910, US$ 1.000 e US$ 1.130.[19] Como exclamara o *Savannah Daily Morning*, "Por quanto tempo ainda os sulistas *agüentam* comprar negros por esses preços?".

A chegada de mais escravos não apenas aumentaria a oferta, argumentava Spratt, mas também regularia os preços. Ele tecia também considerações políticas: o Sul precisava de mais escravos para contrabalançar os milhões de imigrantes europeus que inundavam o Norte. Mais escravos não apenas equilibrariam as respectivas forças de trabalho, do Norte e do Sul, mas permitiriam ao Sul preservar seu poder político e sua representação no Congresso.

Spratt tinha motivos mais maquiavélicos para querer reabrir o comércio de escravos. Os cabeças-quentes precisavam fazer o Sul sentir-se à vontade com a escravidão. E como sustentar que a escravidão era boa se o comércio de escravos africanos era crime? Esse desequilíbrio precisava ser resolvido. A equação precisava mudar. O comércio de escravos precisava tornar-se legal, do contrário a escravidão estaria em perigo.

Outra razão é que Spratt era contrário à União. Queria ver o Norte e o Sul separados. Mas na década de 1850, a questão da escravidão não era o fator divisório que poderia partir o país. A maioria dos nortistas estava disposta a não se importar mais com a escravidão no Sul. Até mesmo Abraham Lincoln tinha dito que a escravidão deveria durar no Sul ainda por muito tempo, antes de desaparecer.[20] Mas suponha-se que os radicais sulistas pusessem o comércio de escravos negros sobre a mesa? Suponha-se que exigissem a sua legalização. O Norte jamais concordaria! Nunca daria esse passo. A questão dividiria o país e, para alegria de Spratt e muitos outros cabeças-quentes, quem sabe daria início à guerra civil.

À medida que a proposta de reabertura do comércio de escravos africanos, apresentada por Spratt, alcançava o público, políticos do Norte e do Sul a condenavam. Jornais respondiam com indignação. As igrejas foram quase unânimes em qualificar a idéia de imoral. Mas a rejeição serviu apenas para inflamar a paixão de Spratt. Expondo seus novos argumentos de cidade em cidade, falando em cima de caixas de sabão, enchendo a primeira página do seu jornal de argumentos desenvolvidos com rigor, Spratt aos poucos começou a causar boa impressão.

Seu primeiro êxito veio em novembro de 1856, quando o governador da Carolina do Sul, James H. Adams, apoiou o tratado de Spratt. O Sul precisava de mais escravos para proteger o monopólio algodoeiro contra os agricultores das Antilhas, do Egito e do Brasil, disse Adams. Poucos meses depois, a Câmara dos Representantes dos EUA analisou a questão. Cento e cinqüenta e dois congressistas votaram contra a reabertura do comércio de escravos. Mas um número surpreendente, 57, votou a favor. A maioria era do Sul, e com isso o movimento pelo comércio de escravos africanos começou a ganhar terreno.[21]

Mas Spratt era um homem de idéias, um ideólogo. Os cabeças-quentes precisavam de um homem de ação, alguém que apertasse o gatilho. Charles Lamar era exatamente esse tipo.

5

O *Rawlins* e o *Cobden*

WILLIAM POSTELL segurava uma corda na mão e puxava um prumo de chumbo do mar. O prumo saiu pingando e brilhando das águas quentes do canal de Wassaw, perto de Tybee Island, em Savannah.

Postell foi uma estrela ascendente na marinha da República do Texas, até ser acusado de tramar o roubo de um dos navios da república. Desde então, fora capitão de um vapor que fazia água, mestre de uma escuna que transportava laranja e, mais recentemente, técnico que mapeava o fundo do mar para o Serviço de Faróis e Balizas. Mesmo nessa ocupação criara problemas: um recente aumento salarial fora rescindido devido a "desobediência às ordens recebidas e ao contínuo hábito da bebida".[1] A situação de Postell era cada vez mais difícil; de modo que num entardecer de maio de 1857, quando Charles Lamar sugeriu uma oportunidade, no futuro próximo, de substituir o tédio pela aventura, ele de repente era todo ouvidos.

Naquela época, os cabeças-quentes estavam no meio de sua última Convenção Comercial Sulista, dessa vez discutindo ideologia, no ambiente sudorífico de um sujo e quente armazém de algodão em Montgomery, Alabama. A convenção tornara-se tão radical que o *quinto* item do programa era o comércio direto com a Europa;[2] o *quarto*, o sistema sulista de literatura, escolas e faculdades; o *terceiro*, o conflito no Kansas; o *segundo*, expedições militares ilegais para ampliar o território do Sul. E a preocupação número *um* era restaurar o comércio de escravos africanos.

Mas enquanto Spratt, Yancey, Rhett e os outros cabeças-quentes transpiravam e se agitavam sob o teto do armazém, Charles Lamar encontrava-se com um amigo, um indivíduo de rosto pálido chamado Nelson Trowbridge. Trowbridge era um comerciante de escravos domésticos, com escritório em Edgefield, Carolina do Sul, onde comprava e vendia escravos. Como ave de rapina, Trowbridge aparecia em funerais e arranjos de transmissão de propriedade, sempre disposto a comprar os escravos deixados pelo falecido e redistribuí-los. Era também o primeiro a bater à porta de qualquer agricultor que não pudesse pagar suas dívidas e precisasse desfazer-se do patrimônio. Trowbridge era parte necessária da sociedade sulista, e rico também, mas não do tipo que as pessoas procuram pelo prazer da companhia.

Trowbridge conhecera Lamar poucos anos antes, mas só recentemente Lamar o convidara para almoçar. Trowbridge ficou lisonjeado, mas logo percebeu que Lamar tinha segundas intenções. Quando terminaram de comer, Lamar declarou que tinha decidido desafiar a lei federal: ia mandar um navio à África, partindo do Porto de Savannah, encher os conveses de escravos e trazê-lo de volta para casa. Trowbridge semicerrou os olhos, interessado. Se Trowbridge adiantasse o dinheiro para a viagem, prosseguiu Lamar, este faria dele o agente das transações subseqüentes com escravos. Trowbridge esfregou o queixo, pensativo, e estendeu uma mão ossuda para Lamar. Negócio fechado.

A primeira tentativa foi feita em julho de 1857.[3] Lamar comprou uma robusta escuna, a *E. A. Rawlins,* e preparou-a para a viagem. Amarrada ao cais perto da prensa de algodão de Lamar, a embarcação foi carregada com os artigos necessários: bolachas, feijão-de-corda, arroz, panelas e tanques para levar suprimento extra de água. Quando estava pronta para zarpar, Lamar pediu autorização ao inspetor portuário, John Boston. Mas Boston já ouvira rumores sobre a possível missão do *Rawlins*. Os itens postos a bordo eram, sem dúvida, de natureza suspeita. Boston, portanto, recusou-se a carimbar os documentos do barco.

Lamar ficou perplexo. Imediatamente mandou uma carta indignada a Howell Cobb. Cobb, ex-governador da Geórgia, era secretário do Tesouro dos EUA, responsável pela fiscalização federal dos portos do país, entre outras coisas. Porém, mais importante, pelo menos para Lamar, era o fato de que Cobb, no passado, vendera ações da Geórgia por intermédio do banco de Lamar e, na verdade, era casado com a irmã de Gazaway, Caroline.[4]

"Lamento incomodá-lo", escreveu Lamar, amargamente, "mas a besta do inspetor de vocês se recusa a fazer qualquer coisa... Deteve minha embarcação durante oito dias, quando já estava pronta para navegar, e eu tinha apresentado o pedido de autorização. O sr. Boston disse que ela não foi 'apreendida', apenas 'detida'".[5] Lamar estava tão furioso que anexou uma conta: "Detenção por oito dias a US$ 150 por dia... US$ 1.200; direitos de cais, desembarque, remessa e armazenagem... US$ 120; total, US$ 1.820."

Quando recebeu a carta, o secretário Cobb passou um telegrama para o coletor Boston, pedindo mais detalhes. Também consultou seus assessores jurídicos. Depois de alguma discussão, Cobb decidiu que o barco não poderia ser apreendido.

E com isso o *Rawlins* enfunou as velas e partiu. Mas se Lamar tinha grandes expectativas sobre o desfecho do esquema, elas logo foram destruídas: o capitão do *Rawlins* levou o navio para a costa da África, cumprindo as ordens que recebera. Mas ao chegar lá avistou um navio de guerra britânico nas proximidades. Com medo, decidiu buscar porto mais seguro, onde vendeu as provisões do navio, embolsou US$ 1.800 do ouro de Lamar e Trowbridge, e voltou para casa, dando voltas, com o barco vazio. Lamar ficou pálido. "Que desculpa deu o (capitão) Grant?", escreveu a Trowbridge. "Por que não foi à Costa? Ele sabia, antes de assumir o comando, que havia navios armados na Costa, e não apenas um, mas vários." Lamar ficou aborrecido. "Mande-o embora, e não lhe pague um tostão",[6] disse Lamar, indignado. "E faça votos, como eu faço, que ele vá, o mais rápido possível, para o diabo que o carregue."

A segunda tentativa não foi melhor. Em 26 de dezembro de 1857, Lamar mandou uma carta para L. Viana, da rua Pearl, número 158, o notório traficante de escravos de Manhattan. "Estou ansioso para despertar o seu interesse pela próxima expedição", escreveu Lamar, solicitamente, "e gostaria de saber que interesse teria nisso, e como acha que o assunto deve ser tratado."[7] Viana obviamente deu alguns conselhos, pois dessa vez o *Rawlins* partiu de Savannah sem provisões. Em vez disso, com o capitão C. W. Gilley no comando e o topógrafo William Postell a bordo como principal oficial de comércio, o navio foi diretamente para Mobile, Alabama. Ali, pagas as propinas de praxe, os suprimentos necessários foram adquiridos, junto com documentos falsos de autorização. Ao deixar Mobile, o *Rawlins* velejou diretamente para a ilha portuguesa de São Tomé, a cerca de 650 quilômetros do rio Congo.

Em 18 de junho, Gilley desembarcou com os documentos do navio para receber autorização das autoridades portuguesas.[8] Em terra — pelo menos de acordo com o relato posterior de Postell —, tentou vender não apenas as provisões, mas o próprio navio. Postell diz que descobriu a trama quando remou até à praia, discutiu com o capitão Gilley, e foi perseguido por Gilley e um bando de assassinos. Contendo-os com seu facão de caça, Postell pulou dentro de um bote, alcançou o *Rawlins,* ordenou que as velas fossem içadas e partiu — deixando para trás o capitão Gilley, alguns tripulantes e toda a documentação.

Enquanto isso acontecia, Cobb foi informado de que o *Rawlins* zarpara de Mobile com documentos falsos, estava a caminho da África e voltaria para a mesma região transportando escravos. Em 2 de março de 1858, ele mandou uma notificação urgente para o coletor de alfândega em Nova Orleans:

> *Senhor: Informei-o ontem, por telegrama, de que chegaram a este departamento informações de que um navio negreiro, com uma carga de africanos, tentará desembarcá-los dentro em breve na costa sudoeste da Louisiana ou na costa do Texas — provavelmente nesta última. Mande o cúter que está em seu porto investigar e instrua-o a fazer todo o esforço possível para impedir que a embarcação aporte. Telegrafei ao coletor de Mobile ordenando-lhe que ponha o cúter do porto dele à sua disposição, para que o senhor o use com o mesmo objetivo.*

> *O nome do navio suspeito é* E. A. Rawlins, *que partiu de Mobile em julho último. Comunique, da maneira mais expedita possível, a informação que lhe envio para o coletor de Galveston, e instrua-o a fazer tudo que estiver ao seu alcance para interceptar o barco. Consulte o promotor público sobre o procedimento legal apropriado em caso de apreensão do barco e informe o departamento, por telegrama e por carta, do resultado de seu esforço. Eu sou, & etc., Howell Cobb.*[9]

Três cúteres da Alfândega e um vapor naval foram despachados para interceptar o *Rawlins*.[10] Mas nunca o encontraram. Em vez disso, fazendo um trajeto de cinco meses que nunca se aproximou da costa dos escravos, o *Rawlins* apareceu inesperadamente em Tybee Island, a poucos quilômetros de Savannah, esfarrapado e exausto, e sem carimbos ou documentos de desembaraço.

Numa carta ao *New York Times*, um "viajante" informou o que aconteceu:

> *Quando se soube que o* Rawlins *tinha ancorado na barra de Tybee, rumores de todos os tipos começaram a circular. Uma versão dizia que ele tinha, na realidade, desembarcado seu carregamento de africanos; outra dizia que trazia 500 a bordo. Os donos estavam exultantes. Saltaram, de imediato, para um vapor menor, devidamente equipado com cestos de champanhe, garrafas de conhaque e uma grande quantidade de gelo, para comemorar com uma festança a sua boa sorte, quando, quem diria, descobriram que tinham sido "vendidos". O navio voltara vazio e o capitão improvisado chegara à cidade na frente do navio.*
>
> *Os proprietários procuraram e encontraram o capitão Postell. Estavam furiosos e o amaldiçoaram, chamando-o de estúpido por não ter atravessado para a costa da África e embarcado um carregamento de escravos, pois 700 deles aguardavam o navio; e seus xingamentos ultrapassaram todos os limites quando souberam que ele não tinha visto nenhum navio de guerra, de país algum, e poderia ter trazido os escravos, se tivesse tido a coragem de ir buscá-los.*[11]

Em seguida, o curioso missivista subira a bordo do navio:

A bordo do Rawlins *havia um sujeito alto e rijo, com um enorme chapéu de ponta e aba imensa. Diz que tinha ido à África simplesmente como passageiro mas se esqueceu de contar que é o principal funcionário de um dos maiores traficantes de negros de Nova Orleans. Imagino que o* Rawlins *voltará ao mar logo que possa reequipar-se, e resolver um pequeno assunto com Tio Sam sobre uma nova batelada de documentos, em processo de preparação.*

Finalmente, o viajante localizou o próprio Charles Lamar:

Um dos donos do E.A. Rawlins *jura que vai praticar o comércio de escravos abertamente, e não nega o objetivo da viagem do* Rawlins *à África. Esse senhor é filho de G.B.L., que antigamente morava em nossa cidade e era presidente de um banco. É considerado "um jovem dinâmico". Tem como sócios dois ou três traficantes de negros deste lugar, e vários outros participantes...*

Quando as notícias começaram a chegar em casa, sobre a viagem do *Rawlins*, a família Lamar achou que Charles Lamar tinha perdido o juízo. "Você se lembra das nossas conversas sobre os Lamars — e a possibilidade de alguns acabarem na penitenciária?",[12] confidenciou John B. Lamar, irmão de Gazaway, à irmã Caroline. "Do jeito que Charlie vai, acho que será o primeiro."

"Falando nisso, eu lhe digo que não estou com Charles nessa disputa com o sr. Cobb", escreveu Gazaway Lamar a seu irmão, John. "Já lhe disse, repetidas vezes, que está errado — mas é impulsivo demais e completamente obcecado com a questão dos negros —, e não tenho influência sobre ele."

Gazaway tentou enfiar algum juízo na cabeça do filho. Mas seus esforços foram repelidos com raiva. Escreveu Charles.

Fiquei perplexo com alguns comentários de sua carta; mostram que sua associação com o Norte e com a senhora ——— o imbuiu de algo mais do que "pânico". O senhor diz, por exemplo, que "uma expedição para a Lua seria igualmente insensata, e não mais contrária às leis da Providência. Que Deus o perdoe por todas as suas tentativas de contrariar Sua vontade e Suas leis". Seguindo esta linha de raciocínio, onde iria parar toda a comunidade sulista? Os negros não vieram todos, originariamente, da costa da África? Qual é a diferença entre ir à África ou ir à Virgínia buscar negros? E, se diferença existe, não é a favor de ir à África?[13]

Charles acrescentou:

Não se recrimine por não interferir com um poder maior — do que o do argumento e o da persuasão — para impedir a expedição. Não havia nada que o senhor ou o governo pudessem fazer para impedi-la. Deixe que toda a carga de pecado recaia sobre mim. Estou disposto a assumi-la sozinho...

De fato, Lamar estava decidido. Mesmo antes de o *Rawlins* ter reaparecido em Tybee Island naquele mês de agosto, ele já tinha um novo barco, o *Richard Cobden,* de 750 toneladas, preparado para percorrer a costa africana. Dessa vez tentou outro método: por intermédio de seu despachante, Lafitte & Co., pediu autorização "para embarcar *emigrantes* africanos, de acordo com as leis de passageiros dos Estados Unidos, e voltar com eles para um porto dos Estados Unidos".[14]

Cobb já estava cansado dos truques de Lamar. Lamar *não* planejava trazer africanos com todos os direitos e privilégios dos homens livres, respondeu Cobb, mas escravos ou pessoas detidas para servir ou trabalhar. E como nem escravos nem pessoas detidas para servir ou trabalhar poderiam ser trazidas para o país, o pedido foi negado. Lamar recuou e, modestamente, fez um segundo pedido, desta vez um pedido de autorização para embarcar um carregamento de *aprendizes* africanos, levando-os para um porto em Cuba. Isso, acrescentou Lamar, não violaria lei alguma, e na realidade era prática corrente na França, que recentemente começara a mandar "aprendizes" para ilhas de sua propriedade.[15]

A paciência de Cobb estava acabando. "Não hesito em dizer que a autorização *não* será concedida", respondeu ele, categoricamente. "Para acreditar, nessas circunstâncias, que existe boa-fé no propósito dos senhores Lafitte e Co., de trazer emigrantes africanos para este país, a fim de desfrutar dos direitos e privilégios de homens livres, seria necessário ter uma tal dose de credulidade que quem acreditasse estaria justificadamente sujeito à acusação de *imbecilidade mental*."

Ao ler isso, Lamar estremeceu. Cobb o chamara não apenas de mentiroso mas também de idiota! Finalmente conseguira o que lhe faltava. Um insulto! Recorrendo à sua prosa mais florida, despachou uma carta rancorosa, de sete páginas, para Cobb.

"Fui privado de meus legítimos direitos",[16] disse Lamar, furioso. "Era meu direito mandar o navio à África ou às profundezas do oceano, o que mais me agradasse; e um funcionário do governo, sem lei, impedir-me era tão errado e, acrescento, tão *afrontoso* para minha natureza de homem, como se ele pusesse o seu pé hostil na minha casa." Nas mais de mil palavras que se seguiram, Lamar acusou seu companheiro georgiano de "abarcar os poderes da legislação"; de ser "uma ferramenta" do Norte; de "ajudar a enfiar um tacão de ferro no *peito* da terra que o viu nascer!". Finalmente, nas palavras mais claras possíveis, Lamar lançou o desafio:

> ... *Em circunstâncias normais eu não violaria a lei... Mas esta lei que proíbe o comércio de escravos é um emblema de servidão, um ferrete de réprobo, e eu não só não a apóio mas, também, como já lhe disse francamente, desde o início, tenho a intenção de violá-la. Se essa for a única forma de o Sul fazer valer um direito nesta questão, eu retomarei o comércio de escravos com outros países — e que seus cruzadores me peguem, se puderem.*

Lamar sabia que isso atingiria Cobb. Afinal, Cobb tinha ambições presidenciais, e precisava de apoio do Sul para lançar sua candidatura na Convenção Nacional Democrata em Charleston. Agora Lamar o rotulara de ferramenta do Norte. "É um bestalhão que já não tem vez neste estado", escreveu Lamar, com maligna exultação, em carta a Spratt. "Sua chance de chegar à presidência acabou — com certeza."[17]

Lamar tinha um novo plano. Mais uma vez escreveu ao agente de escravos Viana. Sua carta previa, profeticamente, os próximos acontecimentos. "Posso mostrar-lhe, quando nos encontrarmos, o lugar ou os lugares onde proponho desembarcá-los, onde posso entrar e sair com a maré, a barra estreita e funda e ninguém à vista, e os homens, no que diz respeito a sua posição na comunidade e ao seu grau de confiabilidade, caso haja problemas, que controlam o lugar",[18] confidenciou Lamar. "Uma coisa é certa. Nada poderá ser feito em matéria de condenação. Na pior hipótese, perderemos a carga..."

Sim, Lamar tinha um novo plano. Mas, para obter êxito, seria obrigado a desaparecer nos bastidores. Também já dispunha de um novo barco para a missão, e seu nome era *Wanderer*.

6

O *Wanderer* de Johnson

AS MÃOS de William J. Rowland, desgastadas por 25 anos no ramo da construção naval, repousavam em seu colo, e o velho dormia numa poltrona amarelada perto da janela. Asas de gaivotas, adaptadas ao vento, e caudas de percas listradas, que desapareciam no mar, povoavam-lhe os sonhos.

Do lado de fora, um salgueiro, as pontas dos ramos desfolhadas e cobertas de gelo, batia suavemente na vidraça. Rowland despertou. Amanhecia no porto de East Setauket. Pela janela, viu os trabalhadores, embrulhados em seus sobretudos de lã e bonés achatados, arrastando-se em silêncio para os estaleiros.

Diante dele, em sua escrivaninha, havia uma faca de entalhar, uma lamparina de latão com o óleo quase todo consumido e a réplica de um casco de navio, esculpida em pinho. Rowland inclinou-se e com cuidado levantou da mesa o casco de navio. Examinou-o na claridade da janela.

A proa era fina e lançada, suas linhas fluindo em direção à meia-nau. Ali se abriam um pouco, e então corriam para trás para se erguerem abruptamente na popa. Rowland girou o modelo de madeira nas mãos, acariciando suas linhas com grave olhar paternal.[1]

Visualizou os cascos de todos os navios velozes que vira — desde que era rapaz: os barcos de praticagem que corriam 320 quilômetros mar afora, dispostos a tudo para conquistar o direito de conduzir os navios entrando no porto de Nova York; as escunas de pesca que desciam velozes das províncias marítimas do Canadá para levar rapidamente sua carga às docas; mesmo os cascos dos corsários que saqueavam navios mercantes britânicos e fugiam dos poderosos navios de guerra da Marinha Real. Esses eram os cascos mais velozes concebidos pelo homem, resvalando pelo mar sob uma nuvem de velas.

Rowland fechou os olhos. Correu os dedos pela linha-d'água a partir da proa. Abaixo da linha-d'água, o casco estreitava-se, como ser vivo que enchesse os pulmões de ar, e se alargasse suavemente à popa. Tocou a proa do modelo e, satisfeito, repetiu o movimento, como se as linhas do casco tivessem algo importante a dizer. Ouviu o assobio do casco cortando as águas, a turbulência e a ondulação deixadas para trás pelo leme. Divagando, de novo pôs-se a pensar nos peixes — principalmente na perca listrada e no atum gigante — e em seu jeito de avançar pela água sem esforço, deixando atrás de si apenas o mar verde e transparente.

Rowland tinha chegado a East Setauket 45 anos antes, ainda um menino de cabelos negros que observava os navios que passavam por Long Island desde que podia se lembrar.[2] Arranjara o primeiro emprego num estaleiro aos catorze anos, como serrador no fundo de um poço de um metro e oitenta centímetros de profundidade, segurando a parte de baixo do longo serrote, cujos dentes cinzelados entravam sete centímetros e meio em uma peça de madeira quadrada a cada movimento, reduzindo rapidamente um tronco de árvore a uma pilha de tábuas de cinco centímetros de espessura.

Três anos nisso, a serragem chovendo-lhe nos olhos e na boca, e ele foi promovido de aprendiz a operário. Depois aprendeu a aparar madeira com enxó, com uma precisão de três milímetros, a perfurar direto densas peças de carvalho com um trado manual, a chanfrar e sulcar com cinzel e marreta, a aplainar tábuas de carvalho até ficarem lisas como a pele humana, e a deixá-las mais lisas do que vidro com a lixa.

Mas o menino ia além da perseverança. O mestre construtor naval que administrava o estaleiro percebeu que Rowland tinha bom olho para o negócio. Não só reconhecia que a quilha, a roda de proa e a popa, as balizas e as pranchas precisavam estar perfeitamente dentro do esquadro e alinhadas, mas também que era necessário algo mais do que mecânica e medidas; era preciso ter olho para aparelhar as balizas e curvar as tábuas laterais do casco para que o barco ficasse bom. Rowland tinha esse talento, e mais uma vez foi promovido.

Em 1855, Rowland comprou, em East Setauket, um pequeno estaleiro de Isaiah Hand, um dos mais conceituados construtores navais de Long Island, dono de diversos estaleiros na baía Setauket. Rowland comprou um com poço de serrote para cortar tábuas, estufa e caldeira para amaciar madeira, tornando possível curvá-la, dois galpões de 15 x 7,6 metros para guardar madeira e ferramentas, e trilhos para deslizar o navio pelo declive até a água. Em seu estaleiro, Rowland tinha espaço para consertar dois barcos e construir outro a partir da quilha. Agora era um mestre construtor naval.[3]

Num dia de outono de 1857, um barão do açúcar de Louisiana, de nome John D. Johnson, chegou ao estaleiro, saltou de uma carruagem, pôs a cartola de seda na cabeça e olhou em volta com ar imperial. Era um homem grande, a impressionante barriga metida num colete de brocado com corrente de ouro. Cinco anos antes, Rowland construíra um iate de luxo para Johnson, o *Irene*. O *Irene* tinha 18,9 metros de comprimento, não muito grande pelos padrões posteriores, mas com uma distinta elegância na forma do casco. Com ele Johnson entrara para o prestigioso Iate Clube de Nova York, onde se deu muito bem: uma tarde, no litoral norte de Long Island, o barco competiu com dois dos iates mais velozes do clube, aos quais tinha desafiado, e venceu. Mais tarde, enquanto tomavam uns drinques, os perdedores insinuaram que aquilo fora apenas um "ensaio de velocidade", e não uma disputa sancionada pelo clube, mas Johnson não engoliu essa.

Agora, enquanto Rowland conduzia Johnson a uma cadeira em seu escritório abarrotado, Johnson manifestou sua admiração pelo *Irene*. Era certamente um dos melhores barcos de regata de médio porte e mastro único das primeiras frotas do clube, exclamou. Rowland respondeu com um humilde agradecimento, e conversaram alguns minutos sobre o iate. Depois Johnson empertigou-se e explicou que tinha vindo de Islip, onde acabara de construir uma nova casa, para ver Rowland e encomendar um iate muito especial. Seria muito mais barco do que o *Irene* — em todos os sentidos. Na verdade, Johnson queria uma máquina de regata maior, mais rápida e mais elegante do que qualquer outro iate. Ele observou o rosto de Rowland por um momento, as linhas do rosto delineadas pela luz cinzenta da janela. Na realidade, havia um iate que poderia servir de referência.

Mesmo antes de Johnson pronunciar o nome, Rowland sabia o que ele ia dizer. A imagem cruzou-lhe a mente. Era o *America*, o iate mais famoso do mundo. O *America* era criação de um jovem projetista de barcos de Nova York chamado George Steers. Steers começou a ser reconhecido por suas habilidades como construtor de barcos aos dezesseis anos, quando venceu uma competição com o *Martin Van Buren*, construído por ele. Ao entrar na casa dos trinta, já tinha fabricado o *Gimcrack*, para John Cox Stephens, fundador do Iate Clube de Nova York, assim como o *Una*, o *Cygnet*, o *Cornelia* e outros iates velozes. Seu lugar na história, entretanto, foi conquistado em 1851, quando projetou aquele que se tornaria o mais famoso iate do país — o *America*.

O *America* era de tamanho mediano — deslocamento de 170 toneladas, comprimento total de 30,78 metros, boca de 6,85 metros, e área de navegação de 489 metros quadrados. Os mastros tinham acentuado caimento para a popa, de 7,3 centímetros por pé, o que lhe dava um ar elegante e veloz. Também era luxuosamente construído: no interior, sua mobília era estofada em veludo verde, as paredes ricamente apaineladas e iluminadas por lustres de latão. Tinha uma cozinha com água doce fornecida por dois tanques, uma grande geladeira, e um conforto com que a maioria dos americanos não contava nem mesmo em casa: uma banheira. Sua maior glória, entretanto, era a velocidade.[4] Essa era a marca do gênio especial de Steers, pois ele a projetara com um casco de formato revolucionário, que rompia o mar com uma proa afiada, deslocava-se por entre as ondas e deixava-as para trás sem esforço com sua boca larga e chata.

Foi esse esplêndido iate que um grupo de investidores do Iate Clube de Nova York levou orgulhosamente para a Inglaterra. Seu momento mais memorável foi quando competiu com catorze escunas e cúteres britânicos num percurso de 82 quilômetros ao redor de Wight Island em agosto de 1851 e ganhou, levando de volta para Nova York uma rebuscada jarra de prata que logo recebeu o nome de "America's Cup". Num discurso na Câmara dos Representantes de Massachusetts, Daniel Webster tinha declarado, exultante: "Como Júpiter entre os deuses, *America* é o primeiro, e não há outro igual!" O nome de George Steers foi gravado na copa junto com o dos proprietários do *America,* e depois disso sua carreira foi um sucesso.

Rowland sabia que Johnson teria contratado o grande talento de George Steers, se pudesse. Era rico o suficiente para pagar o que ele cobrava, e teria todo o apoio do Iate Clube de Nova York para convencer Steers a aceitar. Mas havia um problema. Na tarde de 25 de setembro de 1856, a caminho de sua casa de veraneio em Little Neck, Steers caiu ou pulou de sua carruagem aberta. Foi encontrado no chão, inconsciente, na estrada pavimentada de pedra perto do Cemitério de Cyprus Hill. Sua carruagem e a parelha de cavalos estavam junto a um posto de pedágio, mais adiante. Não havia indícios de que os cavalos tivessem disparado ou de que a carruagem tivesse saído da estrada. O mistério nunca foi esclarecido. Mas o maior projetista de iates de sua época morreu aquela tarde, aos 35 anos.[5]

É claro, o próprio *America* já não era o mesmo: nove dias depois de vencer o que agora se chamava America's Cup, foi vendido para um lorde irlandês, John de Blaquiere, do Iate Clube Real Vitória. Voltou para os Estados Unidos anos depois, mas nunca recuperou a glória passada.

Os olhos de Rowland procuraram os de Johnson quando os dois se sentaram no escritório, na tarde já escura. O *America* se fora, explicou Johnson, e Steers estava morto. Mas poderia haver um novo *America,* e um novo George Steers, na pessoa do próprio Rowland.

Johnson pegou um pedaço de papel e começou a desenhar os detalhes. Ele queria que seu novo iate tivesse 238 toneladas, o que faria dele não apenas o maior da frota do Iate Clube de Nova York, mas também o maior barão de regata do país. Teria 34,7 metros de comprimento no convés, 28,96 metros de quilha, 3,20 metros de pontal, 8,5 metros de boca, com um calado vazio de 2,89 metros. Seria luxuosamente equipado — pau-rosa, veludo, seda, douradura, cristal. Seria dotado das melhores velas e do melhor equipamento existentes. Mas, acima de tudo, seria rápido — Rowland precisaria melhorar as linhas que criara para o *Irene* e superar também as linhas do *America*. Membros do Iate Clube de Nova York tinham pago US$ 20 mil para Steers construir o *America*. Johnson estava disposto a pagar US$ 25 mil. Daria ao barco o nome de *Wanderer*.[6]

Dois meses depois, com o vento gelado de janeiro castigando-lhe a barba, Rowland estava no meio do seu estaleiro. O modelo que esculpira à mão fora transformado em uma planta de navio. Uma série de blocos de madeira tinha sido fixada no chão do estaleiro, e agora a madeira da quilha — uma peça inteiriça de carvalho denso, com 29 metros de comprimento, e preparada com enxós — era aparafusada nos blocos.

A segunda peça tirada do mesmo carvalho maciço, para a estrutura da proa, estava pronta, e os operários gritavam uns com os outros enquanto, balançando, ela era posta no lugar, com o uso de talhas, e firmemente aparafusada à quilha de modo a projetar-se para a frente num ângulo de 45 graus. Em seguida veio a popa, com outra peça de carvalho maciço fixada na quilha de modo que se projetasse num ângulo agudo de 55 graus para trás. Com neve esvoaçando em torno de sua forma dourada, a espinha dorsal do *Wanderer*, escolhida a dedo por Rowland e trazida de um bosque próximo para East Setauket, fora armada.

Na semana seguinte, os operários montaram as cavernas que formariam a estrutura do *Wanderer*. Ao gemer da talha, içaram e puseram as cavernas no lugar, prendendo-as com armaduras de pinho dispostas horizontalmente ao redor do navio. Thomas Hawkins, que Johnson contratara para supervisionar a construção, observava atentamente.

O *Wanderer* começou a ganhar forma no berço. Seu longo e afilado gurupés erguia-se alto acima da cerca do estaleiro, espiando o quintal do vizinho. Enquanto o barco tomava forma, coroado por um mastro principal de 27,5 metros de altura, meninos e homens que trabalhavam na cidade reuniam-se do lado de fora, olhando para o alto, como operários olhavam para uma torre de igreja, ou como operários, poucas gerações depois, olhariam para a estrutura de metal dos primeiros arranha-céus dos Estados Unidos.

As longas tábuas de carvalho branco que lhe serviriam de casco foram retiradas da estufa, onde tinham sido preparadas num banho de óleo de linhaça quente e vapor. Suas extremidades foram encaixadas em fendas entalhadas nas peças da popa e da proa. As tábuas foram cuidadosamente aparelhadas e chanfradas para encaixar perfeitamente. Trados escarearam furos de 1,27 centímetro no carvalho; puas menores abriram furos através das tábuas de 7,6 centímetros; cavilhas e pinos de madeira encharcados de água do mar foram colocados. Em seguida, homens pegaram suas plainas e com longos movimentos alisaram as tábuas e lixaram-nas até brilharem. Quando o *Wanderer* teve seu forro dourado terminado, os calafates chegaram, pessoal rude e casmurro que enfiou longas tiras de cânhamo, embebidas em alcatrão, nas fendas entre as tábuas, usando cunhas de ferro e malhas de madeira.[7]

Agora já era o início de maio. O gelo do inverno dera lugar ao aguaceiro das chuvas de primavera. Os operários viviam em perpétua umidade, as camisas de sarja, as pesadas calças de lã e as botas de couro molhadas e sujas de lama. Os mais velhos iam para casa cambaleando, ao cair da noite, aleijados pelo reumatismo causado pela constante umidade e pelo trabalho duro; os mais jovens, exaustos, saíam para beber. Só os meninos e os muito jovens tinham a energia e a reserva de sonhos para olhar com carinho o produto de um dia de esforços.[8]

Com intervalos de poucas semanas, uma carruagem parava e Johnson e os amigos do Iate Clube de Nova York saltavam, abriam guarda-chuvas de oleado e andavam na chuva em volta do navio, ansiosos, pisando nos entulhos de cavacos e pedaços de madeira. Trocavam duas ou três palavras com Rowland, riam e conversavam entre si, e iam embora.

Rowland prometera entregar o navio a Johnson no fim de maio, e agora, quando o prazo chegava ao fim, ele se torturava com os detalhes finais.

Os mastros tinham sido levantados e estaiados. O trabalho estrutural interno estava em execução; as amuradas firmadas no lugar, os vans do convés fixados com ferro ou carvalho para ficarem mais fortes. As tábuas de abeto branco da decoração já tinham sido postas e os carpinteiros e marceneiros trabalhavam embaixo. Quando terminaram, um novo grupo chegou, guiando suas carroças e carruagens desde Nova York: eram vendedores de tapete com finos tapetes belgas; decoradores com veludos e sedas; um vendedor de canhões, com dois canhões de bronze "6-pounder" que foram montados no convés; e até um vendedor de livros, trazendo livros encadernados em couro para a biblioteca do navio.

Em 17 de junho, os homens do Iate Clube apareceram novamente, com seus vivos blazers e calças de flanela branca. Dessa vez o tempo era ensolarado e ameno, e levaram amigos, filhos e mulheres. Os operários se reuniram atrás deles, com suas roupas grosseiras, de chapéu na mão. Suas mulheres e seus filhos vieram também, e ficaram em pé, timidamente, atrás de todos. Uma mesa com comida e bebida foi posta, mas, é claro, estava reservada para o grupo de privilegiados.

Rowland também ficou em pé, atrás. Nem mesmo George Steers tinha sido convidado para a suntuosa comemoração oferecida pelo Iate Clube de Nova York no Hotel Astor depois da vitória do *America* (deslize do qual o clube se arrependeria durante anos). Projetistas de barco, apesar do seu gênio, eram simples comerciantes, assim como os capitães que capitaneavam os iates vitoriosos; a glória pertencia aos senhores proprietários. No decorrer da cerimônia, no entanto, Johnson teve a gentileza de mencionar o nome de Rowland e, sob aplausos, o respeitado construtor de navios deu um passo para a frente e tirou rapidamente o chapéu.[9]

A um aceno de Johnson, Rowland transmitiu uma ordem para o pessoal à beira-mar. Em seguida, a multidão ouviu o som de martelos na madeira. Os calços que mantinham o *Wanderer* em terra foram derrubados, e ele escorregou para a baía de East Setauket, estabelecendo-se em sua nova morada ao som do deslocamento de água provocado. Os repórteres dos jornais de Nova York tinham ido vê-lo. Como informou o *New York Times*:

Ele tem longos mastaréus, dos quais pendem grandes velas de caranguejo; também exibe um longo pau de giba. Seu calado é de 2,89 metros, a proa é côncava, seguindo o modelo de George Steers, e sua saída é tão limpa e lisa que é difícil dizer onde a água tocará o casco depois de passar a meia-nau. Os conveses, de tábuas estreitas, são tão escrupulosamente brancos que instintivamente procuramos um capacho para limpar os pés ao passar pela amurada. As laterais da escada do portaló apresentam ornamentos em latão representando harpas. Partes do aparelho do leme também são feitas desse material, e tudo é perfeitamente polido. Nenhum dinheiro foi economizado para fazer da cabine e dos camarotes tudo que se possa desejar em matéria de conforto e luxo.[10]

"O interior", observou a revista *Harper's Weekly*, "é decorado com grande elegância. A cabine e o camarote do capitão chegam a ser luxuosos: espelhos, móveis de ratã, cortinas de damasco e renda, gravuras elegantemente emolduradas, tapetes de Bruxelas, uma biblioteca de títulos selecionados, caros instrumentos náuticos — são as atraentes características do iate."[11]

Debaixo de aplausos, o *Wanderer* começou sua vida de regalias. Em 4 de agosto, acompanhou a esquadra do Iate Clube de Nova York numa excursão de três dias de festas em Newport.[12] Johnson, rodeado no convés pela família e por amigos, estava em êxtase. Radiante de felicidade, observava seus vinte tripulantes, na maioria adolescentes de uniforme azul, com botões brilhantes como moedas de prata (e olhos quase do mesmo tamanho, de pura excitação), que corriam para cima e para baixo, enquanto ele, na cabine do piloto, o capitão olhando solicitamente, tomava a roda do leme e mantinha sua nova aquisição aproada na direção do vento.

O *America*, como disse Johnson aos convidados, quase perdera a gavetope em suas provas de mar, tendo de voltar capengando para reparos. Mas o *Wanderer*, mesmo quando o tempo piorou e ele adernou ao ponto de fazer o mar espumar violento nos conveses e escorrer pelos embornais, nunca estremeceu ou hesitou. Era um magnífico barco de regata.

À medida que o grupo de iates se aproximava de Newport, as pessoas se acotovelavam em terra, agitando bandeiras e chapéus. Mulheres que brincavam nas ondas, usando seus vestidos de banho de flanela vermelha, gritaram de alegria ao ver os barcos. Mas a chegada dos barcos do Iate Clube ao porto não transcorreu sem incidentes: ao entrar no porto, uma das chalupas enfiou o gurupés na janela da cozinha do pequeno vapor *Water Lily*, atirando o cozinheiro e as louças do outro lado. Isso, é claro, foi tema de conversas no jantar daquela noite na mansão do sr. Wetmore, onde as mesmas damas reapareceram, resplandecentes em seus vestidos de seda, o sol ainda refulgindo em suas faces rosadas.

Já perto de Newport, Johnson e seus amigos desceram para a sala de fumar do *Wanderer* e voltaram com grandes charutos cubanos entre os dentes, brindando uns aos outros e cumprimentando Johnson. Ao se aproximarem, viram a prefeitura de Newport, enfeitada de vermelho, branco e azul, e o grande Ocean House, o maior hotel da cidade, com bandeiras desfraldadas no topo da cúpula de cobre. O Ocean House, na verdade, tinha construído um arco, de arame e musselina azul, no centro de seu pórtico, com os dizeres em letras douradas: "Iate Clube de Nova York, seja bem-vindo!"

"A esquadra do Iate esteve três ou quatro dias conosco", escreveu o correspondente do *New York Times* em Newport, "e ancorados no porto os barcos ofereciam esplêndido espetáculo. É claro que visitantes não faltaram. Entre tantos navios bonitos, é quase impossível decidir qual deles em particular leva a palma da beleza de modelo e acabamento. O *Favorito*, o *Mystery* e o *Wanderer* eram os favoritos dos velhos marujos daqui... Acho que 600* damas e cavalheiros visitaram o *Wanderer*. Não chega a ser um destino triste e solitário para um 'andarilho'."

Dois dias depois, exatamente às nove da manhã, com uma fresca brisa de noroeste, o comodoro Edgar deu o tiro de largada e os iates partiram, *en masse*, refazendo o trajeto por Newport, New Haven e Glen Cove, de volta para Manhattan. Conforme os barcos velejavam pelo East River, passando pelas fábricas, casas arruinadas e barracos do Lower East Side, crianças de roupa rasgada e suja, muitas provenientes das favelas de Five-Points e Little Dublin, esperavam nos píeres e corriam pelas margens, e quando os iates passavam zunindo e com suas velas estalando a poucas centenas de metros, a imagem dos barcos lhes enchia os olhos arregalados.

Mais ao longe, nas docas da rua South, os brigues e escunas mercantes eram uma floresta de mastros, e ainda mais adiante, em frente a Wall

Street, ficavam os clíperes — o *Flying Cloud,* o *David Crockett,* e o *Sovereing of the Seas,* entre muitos — que traziam tesouros de longínquos portos do mundo. Apesar disso, quando entraram majestosamente no porto, bandeiras tremulando, o sol refulgindo nas mastreações e nos cascos envernizados, os proprietários com suas famílias olhando serenamente de braços cruzados nas amuradas, os iates do Iate Clube de Nova York chamavam mais atenção do que qualquer outro veleiro. Afinal, os navios mercantes, mesmo os mais elegantes e velozes, não passavam de ferramenta do comércio. Mas aqueles barcos de regata tinham sido construídos para proporcionar prazer — eram brinquedos inimaginavelmente caros, equipados para uma vida de opulência e conforto.

Por mais que Johnson tenha sido adulado pela sociedade ianque e se deleitado com a hospitalidade de seus convidados nortistas, sua cabeça logo se voltou para o sul. Lembrou-se das magnólias que ladeavam a entrada de sua fazenda na Louisiana, com suas folhas laqueadas, dos amigos de que sentia falta, do musgo espanhol que drapejava nos carvalhos. Chegar ali seria a verdadeira volta para casa do *Wanderer.* Portanto, deu ordens para que o iate fosse abastecido de provisões, com todas as guloseimas que Nova York pudesse oferecer. Havia mariscos, caranguejos e camarões dos riachos que atravessavam os pântanos salgados de Staten Island; e, da baía do Hudson, cestas de ostras, mariscos e lagostas. Tudo foi cuidadosamente arrumado no frigorífico do iate. Dos clíperes que se alinhavam na rua South vieram gengibre, café, tâmaras, queijos e, é claro, chá. Ele escolheu um conjunto de croqué para levar, um telescópio da Alemanha e, numa loja de brinquedos em Maiden Lane, uma locomotiva de lata e ferro fundido que lhe despertara a atenção.

O *Wanderer* embarcaria numa jornada para o sul até Charleston, depois Savannah, Brunswick, Key West e Nova Orleans, e de lá até Havana, e finalmente de volta a Manhattan.[13]

Um quarto crescente pendia sobre Nova York quando a tripulação do *Wanderer* se preparava para a ambiciosa jornada. Um grupo de amigos de Johnson, que iria acompanhá-lo em suas viagens, estava lá embaixo, jogando cartas ruidosamente. Mas Johnson declinara a aposta e saíra do jogo, e pegando uma garrafa de conhaque francês e um copo, subira para o convés. Conversou um pouco com o capitão, calmamente, e ficou observando enquanto a tripulação içava velas. O *Wanderer*, que parecia cochilar ao sol de verão com as velas recolhidas, espichou-se e acordou no frio ar do anoitecer, as velas infladas farfalhando. Na brisa fresca, ele logo adernou levemente e começou a deslizar rumo ao oceano, aproveitando a maré vazante.

Johnson jogou-se numa cadeira e olhou para a vela reluzente, emoldurada de estrelas e algumas nuvens que deslizavam suavemente. Virou a garrafa, encheu o copo até a metade e bebeu lentamente. Deve ter cochilado, pois quando voltou a olhar para Manhattan a ilha diminuíra de tamanho, os lampiões de gás ao longo da orla não mais do que um lampejo incandescente. Levou o conhaque aos lábios e bebeu outro trago. O *Wanderer* ganhava velocidade. Ao passar por Narrows, entre Staten Island e a costa arredondada do Brooklyn, olhou novamente para a cidade lá atrás. A ponta de Manhattan era uma simples mancha luminosa. Esvaziou o copo e, sem falar com os amigos, desceu pela escada para sua cabine e foi dormir.

Na manhã seguinte, quando acordaram e olharam para o Hudson, os moradores mais atentos de Manhattan perceberam que o *Wanderer* não estava mais lá. Passou-se mais de uma semana sem notícias. Oito dias depois, o *New York Times* informou que seu correspondente em Charleston vira o *Wanderer* chegar à cidade.

A recepção foi tumultuada. O canhão do campo de paradas foi disparado ao primeiro sinal de sua vela de traquete no horizonte. Seguiram-se ruídos de cascos e gritos quando a multidão correu rumo a Battery, para vê-lo. Durante dias, os dignitários da cidade foram transportados em barcos a remo para examinar o veleiro, e, em retribuição, Johnson e seus amigos foram recebidos nas melhores casas de Charleston.

Em Savannah, a próxima escala, a recepção foi igualmente calorosa. Os Republican Blues, umas das milícias da cidade, saudaram com disparos. Johnson foi convidado para assistir a corridas de cavalos no hipódromo de Ten Broeck, a tempo de ver o vencedor da prova dos 6.400 metros receber o prêmio de US$ 3.600. Assistiu a uma apresentação de *O barbeiro de Sevilha*. Em seguida, o *Wanderer* fez escala em Brunswick, perto de Jekyll Island, onde participou de uma regata, e venceu a escuna mais rápida por uma impressionante vantagem de 300 metros. Seguiu para Nova Orleans, onde a recepção foi a maior de todas. Entre os muitos convidados estava William Walker, mercenário do Tennessee famoso por ter invadido a Nicarágua com um exército de "flibusteiros" maltrapilhos e se declarado presidente.

O *Wanderer* disputou outras regatas, chamando a atenção dos amantes da velocidade. Finalmente, Johnson levou o iate para Cuba, onde recebeu dignitários e demonstrou a agilidade e elegância do barco. "A admiração despertada nesses lugares por suas belas proporções e por seu velejar rápido era anunciada de tempos em tempos pela imprensa", comentou o *New York Times,* "e foi motivo de orgulho dos iatistas."[14]

Em 11 de abril, depois de uma viagem de quatro meses, Johnson e o *Wanderer* voltaram para Nova York. Suas velas foram recolhidas, e Johnson, queimado de sol e um tanto cansado da última etapa da jornada, entrou na canoa do iate e foi levado para terra firme. Tudo estava em ordem — ou pelo menos parecia.

7

O *Wanderer* de Corrie

WILLIAM EDGAR estava em casa, em Manhattan, servindo-se de conhaque na biblioteca, quando o mordomo apareceu e anunciou a chegada de um sr. Johnson no vestíbulo. Edgar era um dos mais importantes membros do Iate Clube de Nova York — um dos fundadores do clube, em 30 de julho de 1844, e freqüente competidor de regatas, geralmente a bordo da sua escuna *Cygnet*, de 45 toneladas.[1]

Johnson estava acompanhado de outro homem, magro, de ombros largos, cabelo cor de trigo e envolventes olhos azuis. Johnson apresentou-o como capitão Corrie, William C. Corrie, para ser preciso. Edgar já ouvira aquele nome. Corrie não era o conhecido cidadão da Carolina do Sul freqüentador dos melhores jantares de Washington e Manhattan, como anunciavam os jornais em suas colunas sociais? Ele mesmo, respondeu Corrie com um bonito sorriso.

Quando o mordomo lhes tirou os sobretudos e chapéus, Edgar os conduziu para a sala de estar. Depois de uma troca de palavras triviais, que exigiram charutos e um pouco mais de conhaque, Johnson tocou no assunto. Decidira vender o *Wanderer*, disse a Edgar. O iate era maravilhoso, é claro, mas sua mulher estava cansada de marés vazantes e montantes, rajadas de vento e calmarias. Agora tinha os olhos voltados para, ousava dizê-lo, um *vapor* — que, como se sabe, é firme, estável. Os olhos de Edgar se fecharam, em sinal de desapontamento. Isso mesmo, admitiu Johnson com uma risada lamentável, um iate a vapor, e muito, muito chato.

Mas a boa notícia, prosseguiu Johnson, era que o sr. Corrie tinha manifestado interesse no *Wanderer*. Na realidade, eles tinham acabado de combinar o preço em US$ 25 mil. Corrie queria manter o iate em Nova York. Na realidade, se o Iate Clube de Nova York fosse convencido a aceitar o sr. Corrie como membro, o *Wanderer* não precisaria sequer sair do ancoradouro. A simples sugestão fez os dentes de Edgar apertarem o charuto. O Iate Clube de Nova York era um grupo muito seleto. Acabava de rejeitar a filiação de ninguém menos que um magnata do porte do "comodoro" Cornelius Vanderbilt — rico e poderoso, sem dúvida, mas sem os modos e o *pedigree* que o clube exigia. Edgar ia mencionar isso quando o mordomo reapareceu, chamando-os para jantar.

A louça e a prata tinham sido postas na sala de jantar formal, onde um quadro a óleo da escuna *Cygnet* ocupava lugar de destaque. A pintura mostrava o barco com todas as velas infladas, e a flâmula do Iate Clube de Nova York tremulando, ostentosamente, no mastro principal. Era o momento em que ia vencer o *Northern Light,* que estava a barlavento, explicou Edgar. O *Northern Light* pertencia ao coronel William P. Winchester, de Boston, e era bem maior do que o *Cygnet* — 18,8 metros contra os 12,8 metros do *Cygnet* —, observou Edgar, de pé embaixo da pintura e olhando para cima. E tinha saído na frente, acrescentou ele, mas o *Cygnet* se impusera.

Corrie ouvia com grande entusiasmo, bombardeando Edgar com perguntas às quais ele mesmo respondia, demonstrando grande conhecimento de barcos, regatas e corridas. "E você voltou a disputar com o *Northern Light*?", perguntou. Edgar riu. "Depois disso, o coronel Winchester *suplicou* para ser aceito em nosso clube", exclamou Edgar. "Aceitamos o velho camarada, e ele é membro até hoje!"

Quando se sentaram para jantar, a conversa fluiu sem esforço, indo da política internacional às artes. Edgar sentiu-se bem à vontade com

Corrie, atraído, na realidade, por seu brilhantismo e inteligência. De sua parte, Johnson fez o possível para insuflar a chama, comentando que Corrie vinha de uma das melhores famílias do Sul, morara cinco anos em Washington e era muitíssimo bem relacionado com os congressistas, com membros do governo e até mesmo com o presidente Buchanan. Recentemente, Corrie obtivera do Congresso uma subvenção de US$ 200 mil, comentou Johnson, em reconhecimento de títulos de propriedade que remontavam à Guerra Revolucionária.[2] Quando o jantar foi consumido e os homens voltaram para a biblioteca levando conhaque e charutos, Edgar já tinha sido conquistado.

No dia seguinte Edgar falou com Edwin Stevens, o filho do fundador do clube (e vice-comodoro), e com o tesoureiro Robert S. Hone, o capitão Irving Grinnell e os membros do comitê de regatas Charles H. Haswell, J. Howard Wainwright e Robert O. Colt. Ao discutir a situação, todos admitiram seu desejo de manter o *Wanderer* no clube. O modelo de pinho, em escala, do casco do navio, esculpido por Rowland, estava exposto no saguão do clube. Seria bom ver a flâmula do clube no alto do *Wanderer*, quando ele cruzasse as águas de Nova York e da Nova Inglaterra. E Corrie tinha méritos. Um cavalheiro sulista com educação, inteligência e boas relações poderia ser de grande utilidade para o clube. Feita a votação, Corrie foi aceito.

A imprensa de Nova York deliciou-se quando soube da decisão. "Um digno cavalheiro sulista, e um dos mais liberais patronos dos esportes, de todo e qualquer tipo, no Sul",[3] comentou o *Spirit of the Times*, de Porter, o principal jornal de esportes de Nova York. "Queremos cumprimentá-lo por sua aquisição, e o público pelo fato de que o *Wanderer* está nas mãos de um cavalheiro, que lhe preservará o nome e a fama." O *New York Times* acrescentou: "O capitão Corrie pertence a uma das melhores famílias de Charleston, Carolina do Sul. Seus modos são os de um cavalheiro bem nascido e criado... Foi recentemente admitido como membro do Iate Clube de Nova York, e ontem vestiu o uniforme da fraternidade."[4]

Era hora de Johnson voltar para a sombra, e de Corrie, como novo dono do *Wanderer*, exibir pela cidade sua posição de probidade.[5] Corrie já encabeçava a lista de convidados nos jantares de Manhattan; e o *Wanderer* e sua condição de sócio do clube levantaram ainda mais sua estrela. Corrie era visto nas melhores festas, cercado de admiradores. Ora explicava a composição do 35º Congresso, ora descrevia as festas dadas em Washington pelos empresários que transportavam a correspondência do governo federal — de sapatos de pelica cor de alfazema, calças de seda listradas e bengalas com incrustação de pérola. Poderia estar explicando que o sr. Appleton, secretário de Estado assistente, ia passar o verão em Portland, Maine; que o diretor-geral dos correios, Brown, faria uma viagem ao Tennessee; que o secretário do Tesouro, Howell Cobb, voltaria para casa em Savannah, ou que o presidente visitaria o asilo dos soldados veteranos em Washington — não que o quisesse — a cidade é abafada, e desagradavelmente quente — e depois faria uma visita em agosto a Bedford Springs, cuja água muito apreciava.

"Capitão Corrie", deixou escapar uma admiradora, ela mesma um belo pacote de rendas e sedas, babados e corpete, "pelo que entendo o senhor conhece *cada* movimento de *cada* membro do Congresso."[6] Corrie recuou um passo e riu. Depois, aproximando-se dela a tal ponto que seus lábios lhe roçaram a face, sussurrou, numa voz arrastada de sulista: "E o *preço* de cada um deles, minha querida!"

Nas festas Corrie aparecia freqüentemente com outra celebridade: J. Egbert Farnum. Farnum era um vistoso aventureiro de cabelos negros, que contemplava o mundo com um par de olhos semicerrados e penetrantes. Como ele mesmo diria a quem quisesse ouvir, Farnum tinha atravessado selvas, descido rios em balsas e vivido aventuras de todos os tipos, a maioria como comandante no exército mercenário de William Walker, o mercenário que invadira e conquistara partes do México, de Honduras e da Nicarágua.[7]

Farnum era um dos mais famosos da turma. O *Albany Statesman,* jornal de Nova York, descreveu-o como "o renomado viajante terrestre, cuja brilhante carreira no Texas, na Califórnia e na Nicarágua é conhecida de tantos compatriotas".[8] Em 23 de maio de 1858, a *Harper's Weekly* publicou uma xilogravura de Farnum e Walker com o título "Homens de Destino".[9]

Na realidade, Farnum bebia além da conta. Mas isso fazia parte do seu encanto peculiar. "Pergunto a todos os oficiais e soldados do exército que me conhecem, nesta cidade e em outra parte", escreveu Farnum em carta ao editor do *New York Daily News,* "se eu algum dia fui acusado — se foi demonstrado que *alguma vez* me embriaguei em serviço — ou mais do que duas ou três vezes, no máximo — quando estava no comando de uma companhia."[10] Quanto mais Farnum se metia em confusões, mais o público parecia amá-lo.

Na realidade, Farnum era a parceria perfeita para o ultra-suave Corrie. Juntos eles encabeçaram as listas de festas de Nova York naquele verão, e quando embarcaram no *Wanderer* e atravessaram o porto de Nova York, acompanhados de admiradores e convidados, ninguém duvidava que o glorioso *Wanderer* caíra nas mãos certas.

Uma noite, entretanto, sem que houvesse ao menos uma fina fatia de lua para iluminar o porto, o *Wanderer* deslizou do seu ancoradouro e subiu lentamente o East River, cavalgando a maré montante por Roosevelt Island, passando por Hell Gate e saindo pelo estreito de Long Island. Continuou rumando para o leste por 80 quilômetros até chegar a Port Jefferson, onde aproximou-se da costa, e lançou âncora perto do estaleiro de J. J. Harris.[11] Ao amanhecer, operários subiram a bordo, junto com a figura descarnada de Thomas Hawkins, que supervisionara a construção do *Wanderer* sob o comando de Joseph Rowland. Agora, com Hawkins berrando ordens, algumas tábuas do convés do *Wanderer* foram retiradas, além de partes da estrutura interna.

No dia seguinte, tanques de água em ferro galvanizado foram içados com talha acima do *Wanderer*, e colocados cuidadosamente por onde as tábuas tinham sido removidas — Hawkins mostrando aos trabalhadores onde baixar os tanques por entre vaus e abertonas, para que assentassem no piso da cabine. Era um acréscimo inusitado ao *Wanderer*, ou a qualquer iate de passeio.

A notícia da chegada do *Wanderer* a Port Jefferson não pôde ser abafada, é claro, e logo a notícia se espalhou. Entre os que ouviram os rumores estava Sydney S. Norton, o inspetor de Port Jefferson. Aquilo lhe pareceu esquisito. Por que o *Wanderer*, ou qualquer iate de passeio, precisava de tanta água potável? Cinquenta e sete mil litros seriam suficientes para que os doze tripulantes e oito passageiros do *Wanderer* tivessem água para beber — fez o cálculo rapidamente, de cabeça — por mais de dois anos no mar!

O que quer que estivesse acontecendo, decidiu Norton, era preciso investigar. Hospedando-se num albergue perto do estaleiro de Harris, ele viu Hawkins baixar o último dos enormes tanques no iate. Enquanto observava, convenceu-se de que os tanques não estavam sendo instalados para um cruzeiro de lazer, nem mesmo para fazer lastro. Não, o *Wanderer* estava sendo preparado para um crime quase inimaginável.

Levando em conta que o Congresso dos EUA proibira o comércio de escravos africanos em 1820, tornando-o crime sujeito à pena de morte, parecia improvável que navios americanos fossem descaradamente preparados para essa pirataria em 1858, menos ainda no porto nortista de Nova York. Mas esse era, sem dúvida, o caso. O tráfico de escravos africanos não só prosperava nos anos de 1850, como o epicentro da atividade era a cidade de Nova York.[12]

Ali, nos cais do sul de Manhattan, dezenas de navios negreiros eram abastecidos e mandados para a África todos os anos, enquanto que, num labirinto de ruas que partiam de Wall Street, capitães de navios negreiros andavam ousadamente, visitando escritórios dos agentes que administravam seus sórdidos negócios. Na realidade, esses capitães não iam à África buscar cargas humanas para a *América*. Iam à África para mandar suas cargas humanas para os florescentes mercados de escravos de *Cuba*. Ainda assim, ao abastecer e equipar os navios para o tráfico em águas americanas, os proprietários e capitães de navios violavam lei federal.

De dia podia-se topar com um traficante de escravos nas ruas Pearl ou Front, em visita ao escritório do seu agente. De noite, no entanto, podiam ser encontrados gravitando no norte da cidade, freqüentemente atendendo a clientes no Astor House, o melhor hotel de Nova York. Ali, um investidor potencial — talvez um negociante fracassado com um resto de economias para investir — podia subir cambaleando os degraus debaixo do portal grego do grande hotel e atravessar os tapetes florais em direção a uma sala de jantar. Naquele lugar isolado, era apresentado a dois novos traficantes de escravos sentados a uma mesa. A cortina de veludo vermelha seria bem fechada, e, à luz sibilante do gás, ele se viraria para encarar os novos sócios comerciais. Um deles poderia ser um homem de pele escura, de terno escuro. Envolvido outrora no negócio de azeite-de-dendê e marfim, ele fora atraído para o tráfico de escravos pelos imensos lucros do negócio. Conhecia bem as costas e os rios da África, assim como a miséria humana que deixava na sua esteira. Era opaco e isento de emoções como um lagarto.

O outro podia ser uma pessoa escorregadia, elegantemente vestida, um agradável cubano com dedos carregados de anéis. É o homem do dinheiro, ou capitalista, que anda pela cidade em busca de investidores. Conhece os figurões do negócio, homens como José da Costa Lima Viana, com escritório na rua Pearl, número 158 (e agentes localizados em Ponta da Lenha e Banana Point, no rio Congo): C. H. S. de la Figaniere, o cônsul-geral português, que dirige uma empresa com o irmão na rua Front, 81; e até John Albert Machado, natural dos Açores, dono de navios negreiros que dirige seus negócios de um escritório na rua Pearl, 165.[13]

Enquanto vozes e risadas continuam fora da alcova, o capitalista enche de vinho as taças de cristal, depois se inclina para explicar o investimento. Primeiro, dirá ele, é uma decisão muito sábia. A possibilidade de dar tudo magnificamente certo é de sete casos em dez. Outros homens ganharam milhares de dólares com esses investimentos, e de forma rápida. Não só homens, é claro, perceberam a sabedoria disso tudo. Duas senhoras, que agora despertam admiração numa estação de águas da moda, investiram numa pequena aventura comercial desse tipo não faz muito tempo e aumentaram suas contas bancárias, uma delas em US$ 23 mil e a outra em US$ 16 mil.

Segundo, explicará ele, o lado econômico é muito sólido. Leve-se em conta que a colheita da cana-de-açúcar em Cuba é estimada em 600 mil toneladas, ou US$ 60 milhões. Cada negro importado significa uma tonelada a mais de açúcar. Com os preços atuais do açúcar, um agricultor pode gastar mil dólares em cada negro e ainda assim obter um lucro líquido de 60%. É um lucro muito bom, pois pode-se comprar um negro na costa por US$ 50. Tenha em mente essa margem e imagine 400 almas levadas para a costa de Cuba e trocadas por uma sacola cheia de dobrões de ouro!

O investidor, pensando na sua desesperada necessidade de dinheiro, talvez fique curioso. Como fazer?, pergunta. Facílimo! é a resposta. Bons capitães estão sempre regressando de viagem e seus navios estão quase sempre disponíveis. Na realidade, o cubano talvez comente, um dos melhores capitães de navios negreiros acaba de regressar de viagem. Ele e seu navio estão disponíveis.

É claro que alguém precisa ficar encarregado de conseguir os itens do negócio: pipas de rum, carne-seca, carradas de pão, fumo, pólvora, pistolas baratas feitas na Inglaterra especificamente para o tráfico de escravos — o que for necessário para convencer um chefe africano a ceder escravos de qualidade. Também é preciso conseguir um aparelho para refinar azeite-de-dendê. Não que alguém vá refinar azeite-de-dendê! É só um artifício! O aparelho é lançado ao mar. Só a caldeira é conservada, para cozinhar o mingau dos cativos durante a travessia do oceano.

Tripulação também é algo necessário. Felizmente, há senhores que guardam listas de marujos disponíveis e "agentes" que percorrerão os bares da costa, as casas de pensão, os bordéis do porto, e até a cadeia da rua Eldridge para recrutar homens. Esses marujos aceitarão trabalhar por US$ 50, mais US$ 1,50 por negro desembarcado em Cuba. O mais importante tripulante, entretanto, é o encarregado da carga, alguém que conhece os mercados africanos, e o contramestre, que sabe como embarcar os cativos com seu chicote e, francamente, como aplicar uma dose de disciplina, até mesmo de brutalidade, durante a viagem.

Chega o jantar, e o cubano come com apetite. Depois de refletir um pouco, e de limpar cuidadosamente a gordura do rosto, ele continua.

Quando o navio estiver pronto, precisará de autorização da Alfândega. Parece difícil, mas não é! O cubano coça a palma da mão com a ponta do dedo sugerindo suborno, e sorri. Todos os cantos da legislação foram projetados para proteger o negócio, explica, piscando o olho. Traficantes de escravos contribuem generosamente para o caixa de organizações políticas. Muito generosamente. Quando as eleições terminam em Nova Jersey, Pensilvânia e Connecticut, diz ele rindo, suas contas bancárias estão bem reduzidas.[14]

O cubano talvez tire do bolso um desgastado recorte de jornal e ajuste o monóculo no olho. "Isto é do *Journal of Commerce* de Nova York", dirá em tom solene. "Poucos leitores sabem que esse maldito tráfico é praticado por navios que saem de Nova York, e em estreita aliança com nosso comércio legítimo, e que comerciantes do centro da cidade, ricos e respeitáveis, estão profundamente envolvidos na compra e venda de negros africanos, e que isso ocorre, com pequenas interrupções, há muitos e muitos anos."[15] O cubano dá uma olhada em torno, olha nos olhos do investidor e continua a ler. "Fomos informados pelo vice-chefe de polícia que pelo menos quinze embarcações negreiras saíram do porto nos últimos doze meses. Ano passado houve apenas *cinco* processos e *uma* condenação."[16]

Ele dobra o recorte e guarda-o de volta no bolso. "Quase não temos problemas", dirá em tom tranqüilizador, "e há quem cuide até de nossas pequenas preocupações. Já ouviram falar na empresa de Beebe, Dean e Donohue, em Wall Street, 76? São excelentes advogados atuantes nos tribunais marítimos, e muito bem relacionados."

Assim o comerciante fracassado é induzido a entrar no esquema. Naturalmente o capitalista está coberto de razão — o pobre homem tem mais chance de ganhar dinheiro com o tráfico de escravos do que com qualquer outro investimento em Nova York.

Mas um nome foi omitido na conversa. É o do juiz regional dos EUA Samuel Rossiter Betts, que presidia o distrito meridional de Nova York, que incluía toda Manhattan. Em anos posteriores, o juiz Betts seria chamado de "pai da legislação marítima nos Estados Unidos", um tributo a suas realizações como juiz federal. Mas o que se divulgava menos sobre Betts era a sua participação no tráfico de escravos, não diretamente, é claro, mas desmembrando a lei marítima a tal ponto que era quase impossível condenar alguém. Nos tribunais da Manhattan de Betts, nenhuma quantidade de provas era suficiente para condenar um traficante de escravos. Um chefe de polícia americano podia rebocar um notório brigue até o porto de Nova York, tirar do seu porão grilhões, correntes, colares de ferro e imensos tanques de água potável para matar a sede de 600 africanos, e mesmo assim o juiz Betts mandava o caso e o promotor escada abaixo de volta para a rua. Isso ocorreu inúmeras vezes.[17]

Certa vez o *Catherine* foi parado no porto de Nova York. A bordo, agentes federais encontraram uma grande caldeira para cozinhar alimento, 450 metros de tábuas de pinho, barris que continham 26.500 litros de água, 570 colheres de pau e 36 pratos de metal. Seus trigueiros tripulantes eram conhecidos traficantes de escravos. Papéis encontrados a bordo os aconselhavam a serem "cuidadosos num interrogatório cruzado, e... contem sempre a mesma história..." Betts fez um exame preliminar do caso e, como sempre, decidiu que os indícios eram apenas circunstanciais. Todos foram soltos. Betts presidiu o tribunal regional dos EUA em Nova York de 1823 até ser forçado a sair, 44 anos depois.

Betts não era o único: a corrupção infestava toda a zona portuária de Nova York. Além disso, os jornais nova-iorquinos eram notavelmente tímidos em matéria de investigação. Na realidade, só quando a eleição de um presidente republicano parecia garantida, e a Guerra Civil iminente, alguns jornais de Nova York demonstraram coragem. Comentou o *New York Daily Tribune*:

> *Os participantes desse tráfico são conhecidos; os homens que fornecem suprimentos para seus navios, que os equipam com velas, que lhes fornecem marujos também são conhecidos. Esse conhecimento, e muitas outras questões curiosas e interessantes a esse respeito, estão à espera do governo, se e quando o governo resolver agir. Mas o governo prefere ignorar esse conhecimento. Não nos agradecerá por sugerir que pode ser adquirido, ou por lhe fornecer uma pequena amostra dele.*[18]

E foi por isso que o inspetor Norton, de Port Jefferson, suspeitou que o *Wanderer* ia juntar-se a outros traficantes de escravos que partiram de Nova York com destino à África, e a Cuba.

Ao amanhecer, Norton deixou seu quarto no albergue e desceu a suave colina até o local onde o *Wanderer* estava ancorado, a cerca de 150 metros de distância. O navio era um casco negro na água cinzenta, com apenas uma luz de fundeio pendurada no cordame de proa. Escondendo-se atrás de um barril, Norton viu três homens se aproximarem, dois falando baixo numa língua que supôs ser espanhol. Quando passaram, Norton deu uma espiada por cima da borda. Todos carregavam bolsas de lona nos ombros. Um tinha um lenço verde ao redor da cabeça e uma longa barba ruiva. Minutos depois, subiram num escaler e remaram para o *Wanderer*.[19]

Quando os três subiram a bordo do *Wanderer*, ele viu algo mais. Era o vulto atarracado da *Charter Oak*, uma chata que freqüentemente levava suprimentos para navios atracados no porto de Nova York. Ela flutuava lentamente na luz matinal rumo ao *Wanderer*. Continha carga pesada. Caixas e barris espalhavam-se pelo convés, e ela afundava na água até quase a altura dos embornais. Quando a *Charter Oak* chegou perto, um homem magro de cabelos ruivos foi até o convés do *Wanderer*, acompanhado de um sujeito forte com cabelos escuros ondulados. Norton reconheceu o homem de cabelos escuros: era Thomas Hawkins. Mas nunca tinha visto o outro.

Quando recuou novamente para trás do barril, ficou perturbado com o que achava que estivesse acontecendo. Tráfico de escravos! Port Jefferson e Setauket sempre foram lugares de indisciplina. Durante a Revolução as cidades tinham travado uma guerra de guerrilha contra os britânicos, e depois o próprio Washington esteve em Setauket para agradecer, ficando no Roe's Inn e escrevendo em seu diário que era um lugar "toleravelmente decente, com uma gente amável".[20]

Mas aquilo era diferente. O tráfico de escravos envenenara a comunidade. Todo construtor de navios que tivesse ajudado, todo comerciante que vendesse correntes, alimento e armas também deveria ser igualmente culpado. Norton não aceitaria aquilo. Voltou para o albergue. Chamou um mensageiro e mandou-o tomar a próxima diligência para Manhattan, para ir aos escritórios do chefe de polícia Isaiah Rynders.

Ao amanhecer do dia seguinte Rynders e o vice-chefe de polícia Maurice O'Keefe tomaram o vapor para Port Jefferson partindo de Manhattan a bordo do cúter *Harriet Lane*. Àquela altura a *Charter Oak* já fora avisada de que os federais estavam no seu encalço, e atravessara o estreito de Long Island, perto do lado de Connecticut. O *Harriet Lane* aproximou-se e chamou. A *Charter Oak* voltou-se na direção do vento e, com as velas panejando ruidosamente, foi atada a um cabo e rebocada de volta pelo estreito, baixa e oscilante, para Long Island.

Espiões de Nova York já tinham informado a Corrie e Farnum que o *Harriet Lane* estava em seu encalço. De início Farnum sugeriu que fugissem — uma saída rápida, passando por Montauk Point, para o mar. Mas com a fumaça do *Harriet Lane* já aparecendo no horizonte, Corrie preferiu o subterfúgio: quando a âncora e as velas foram levantadas, Corrie ordenou ao *Wanderer* que voltasse para Manhattan, como se já estivesse seguindo nessa direção. Ao chamado do *Harriet Lane,* o *Wanderer* manteve o curso, mas quando o cruzador chegou perto, e talvez depois de avistar os formidáveis canhões Dahlgren de 25 centímetros, Corrie mandou a tripulação obedecer. O vice-chefe de polícia O'Keefe debruçou-se na amurada e apresentou um mandado. Corrie berrou algumas palavras, mas acabou concordando em baixar as velas do *Wanderer.* Quando a tarde caiu, o *Wanderer* e a *Charter Oak* foram ignominiosamente rebocados para Manhattan. A imprensa de Nova York, é claro, não poderia desejar história mais suculenta, e logo estava empoleirada no cais de Battery para ver a inusitada procissão.[21]

Na manhã seguinte, o chefe de polícia Rynders, o vice-chefe Maurice O'Keefe e o promotor distrital William Dwight subiram a bordo do *Wanderer.* Corrie já tinha recuperado a compostura. Recebeu-os com grande cordialidade, como se fossem convidados para um jantar. Podiam contar com a sua total colaboração, afirmou. Primeiro, mostrou à comitiva o esplêndido convés do iate, com seu entabuamento branco e seus enfeites de latão. Depois desceram as escadas.[22]

Logo à direita ficava a biblioteca, disse ele, tirando das prateleiras alguns volumes encadernados em couro. As paredes desse enclave masculino eram forradas de cerejeira, os entalhes crenulados, as poltronas forradas de couro espanhol. Um pouco à ré ficava o que Corrie chamou de "camarote das damas", um lugar mais claro, com papel de parede de textura dourada e uma confortável cama-beliche. Dos dois lados do camarote havia sofás iguais, forrados de tecido azul brilhante. Farnum, ao lado de Corrie durante a inspeção, abriu as gavetas e os armários, convidando Rynders e seu pessoal a olharem o que havia dentro.

Saindo do camarote das damas e seguindo em frente, Corrie abriu a porta da despensa traseira, num exagerado convite para que seus quatro cantos fossem investigados. Rynders sorriu e entrou para dar uma espiada. Poucos passos adiante ficavam dois pequenos camarotes de luxo, cada um com sofás e armários. Do outro lado e ligeiramente à ré localizava-se o chamado camarote do proprietário. Maior do que a biblioteca, tinha uma cama de casal, um par de poltronas de couro, uma pequena mesa redonda, uma escrivaninha embutida com estantes de portas de vidro e — *voilà* — a banheira de porcelana. "Não é bem um navio negreiro, é?", comentou Corrie. O chefe de polícia Rynders riu e o jovem promotor federal ao lado dele corou. Mas ainda havia muito a ser visto, insistiu Corrie. À frente ficava o camarote principal, de cerca de 3 por 4,5 metros, com clarabóias no alto, tapetes belgas cor de pêssego e pontos de iluminação em latão brilhante ao redor; adiante, a cozinha, a copa, a padaria, a confeitaria e a geladeira.

Quando inspecionavam a copa, amigos de Corrie, o capitão Murray do vapor dos EUA *Bibb* e o capitão Marriatt, do Exército dos EUA, chegaram. Durante as apresentações, Corrie sugeriu conhaque e charutos.

Logo a fumaça azul encheu a cabine, as taças de conhaque foram enchidas pela terceira vez, e Corrie reunira todos à sua volta, divertindo-os com casos obscenos sobre membros do Congresso. Por fim, Corrie disse que não queria repisar o assunto, mas sentia-se obrigado a dar uma explicação completa. Rynders protestou, mas Corrie disse, enfaticamente, que precisava limpar seu nome. Os tanques de água, afirmou ele, tinham sido instalados apenas para servir de lastro. Até o enaltecido *America* pusera 40 toneladas de ferro no porão para manter a estabilidade, e quando suas provas de mar mostraram que precisava de mais peso, George Steers mandou colocar oito toneladas adicionais de lastro no *America*. Da mesma forma, o *Wanderer* tinha uma tendência a adernar, afundando a amurada de sotavento. Os tanques forneceriam água, certamente, mas lastro também.

E por que precisara abastecer o *Wanderer* em Port Jefferson, levando-o para o mar pela ponta de Long Island e não diretamente? Só para evitar as vicissitudes de Hell Gate, e particularmente o risco de atravessar a barra em Sandy Hook, com o iate pesadamente carregado de provisões. E, disse Corrie animadamente, para que as provisões? Simplesmente para atender ao extenso menu de que um grupo de cavalheiros necessitaria durante uma longa viagem, disse rindo, além daquelas coisas que poderiam ser úteis, comercialmente, quando o iate fizesse sua viagem de lazer pela costa africana.

Rynders ensaiou outro pedido de desculpas, mas Corrie graciosamente impediu. Os "aldeões" de Port Jefferson, disse ele, tinham espalhado boatos tão sinistros e fantásticos sobre o *Wanderer* que ele já sabia da necessidade de voltar a Manhattan de qualquer forma para submeter-se a um exame, por mais inconveniente que fosse, e limpar o seu nome. Teria preferido *não* ser rebocado na ponta de um cabo do *Harriet Lane*, disse ele, gracejando, mas o que tinha de ser, tinha de ser.

Quando Rynders saiu do iate e pisou no cais, foi imediatamente cercado por repórteres. "Meus caros, em resumo, essa é a história", berrou ele.[23] "Sobre o assunto, eu diria que o capitão Corrie nunca, em momento algum, duvidou do resultado de uma inspeção, e na verdade ficou satisfeito com o rumo que as coisas tomaram; pois uma suspeita crescente, engendrada na mente dos aldeões, poderia, se não fosse refutada, adquirir grandes proporções e ser aceita como fato." No dia seguinte, a imprenssa de Nova York divulgou a notícia. O *New York Times* publicou a história em letras garrafais.

O MISTÉRIO DO IATE *WANDERER*

Apreendido em Port Jefferson, L. I. — Trazido para Nova York e vistoriado — Curioso aparelhamento — É uma viagem de lazer? Uma caçada de escravos ou uma expedição pirata?

Uma inspeção do iate pelo promotor federal assistente dos EUA, sr. Dwight, e pelo chefe de polícia foi realizada ontem de manhã, mas nada se descobriu que implicasse o barco no tráfico de escravos. O exame da carga do iate, no entanto, mostrou que uma viagem extraordinária está planejada. Havia uma quantidade enorme de barris, caixas, sacos e cestos, com carne de gado e de porco, presunto, vinagre, batata, pão, arroz, champanhe, conhaque e outras bebidas, em abundância; azeitonas e azeite de oliva em quande quantidade, charutos, carnes em conserva e condimentos — numa palavra, a mais curiosa mistura já vista a bordo de uma embarcação; em resumo, suprimento para manter por um ano a tripulação média de um barco. Informou-se que quatro grandes tanques de água foram postos a bordo, e outros três ou quatro foram encontrados a bordo da chata.[24]

O *Times* também dizia que um dos camarotes abaixo do convés do *Wanderer* fora transformado em arsenal, com mosquetes, pistolas, lanças e pesados sabres de abordagem — armas para um exército de trinta homens.

Para quê? O melhor que o *Times* pôde sugerir — com base no fato de que havia muitas armas e o "grande aventureiro" Farnum estava a bordo — foi que o *Wanderer* talvez tivesse por destino Tampico ou quem sabe Santo Domingo, como parte de um esforço independente de invasão. "Apesar de não ser formidável como navio de guerra, o iate seria um excelente apoio logístico para uma pequena esquadra, e cheio de combatentes seria páreo duro para um barco maior", opinou o jornal. De qualquer maneira, seria uma viagem gloriosa, sem relação com o tráfico de escravos.

Na manhã seguinte, o *Wanderer* foi levado para um ancoradouro em Hoboken, defronte à sede do Iate Clube de Nova York. A *Charter Oak* teve permissão para aproximar-se e descarregar sua mercadoria. A certa altura da operação, começou a chover, cada vez mais forte. Para Corrie, era uma oportunidade de convidar todo o grupo — incluindo um repórter do *New York Times* sentado melancolicamente no cais — para ir lá embaixo, onde um suntuoso jantar foi servido. Ao ocupar seu lugar à cabeceira da mesa, Corrie disse, rindo, que agora se cumpriria a prescrição bíblica que afirma: "Se o teu inimigo tiver fome, dá-lhe de comer, se tiver sede, dá-lhe de beber."25 Disse o *Times* no dia seguinte: "Todos gostaram da piada, e mais ainda do jantar. Comentou-se o episódio da apreensão. Os funcionários se declararam inteiramente satisfeitos, e saíram do iate debaixo da chuva torrencial."

Em 18 de junho, o *Wanderer* mais uma vez partiu do porto de Nova York, esta vez cruzando a barra em Sandy Hook e rumando para o Atlântico. Mas Farnum não saiu da cidade sem se envolver noutro incidente. Informou o *New York Times* que o distúrbio foi provocado pelo "que se descreveu como interferência inescusável de um cavalheiro na demonstração de um truque de cartas por uma terceira pessoa". Farnum disse ao outro cavalheiro que se não estivesse satisfeito com a demonstração que se retirasse. Prosseguiu o *Times*: "Houve troca de palavras rudes, seguida de golpes e, segundo consta, Farnum agarrou o homem de letras pela cabeça e castigou-o severamente. O homem foi levado para casa de carruagem e seu médico convocado. É provável que se recupere."26

Depois de velejar por sete dias difíceis, o *Wanderer* chegou a Charleston. Quando passava por Sullivan Island, um disparo de canhão deu-lhe boas-vindas, e crianças correram pela praia. Dobrando a península, o iate foi recebido pelo cúter alfandegário *Aiken*, lotado de dignitários que acenavam com chapéus e lenços. A recepção a Corrie ultrapassou até mesmo a oferecida a Johnson no ano anterior. Afinal, Corrie não era apenas um sulista, mas também um cidadão de Charleston — e, além disso, famoso.[27]

As festas duraram até tarde, mas de manhã cedo o *Wanderer* já estava sendo carregado com mais suprimentos. Dessa vez as provisões não eram apenas alimentos inocentes e bugigangas para comércio. Incluíam trinta panelas de 5,5 litros, 20 panelas de 4,7 litros, 50 xícaras de metal de meio litro — além de pinho georgiano cortado no grosso em quantidade suficiente para construir um segundo convés embaixo do principal. Com os tanques reabastecidos, o *Wanderer* ia viajar com 57 mil litros de água potável.[28]

Supervisionava o embarque de carga um marinheiro de barba ruiva, olhos negros no fundo das órbitas, e cabelo preso por bandana verde. Seu nome era Nicholas Dennis Brown, ou Briggs, ou qualquer outro pseudônimo. Enfiara-se a bordo do *Wanderer* quando o iate saía do porto de Nova York, ajudado por Farnum. Brown seria o capitão do *Wanderer* a partir daquele momento — e ele conhecia a costa da África como a palma de sua mão calosa.

Corrie e Farnum não ficaram muito tempo em Charleston. Na tarde de Quatro de Julho o *Wanderer* levantou âncora — "sob os aplausos da multidão amontoada nas praias, acenos de bandeiras e adeuses de belas mulheres", comentou um repórter que testemunhou a saída.[29] Dezoito dias depois o iate chegou à rochosa ilha de Trinidad, no mar do Caribe, próxima à costa da Venezuela. Mais uma vez, Corrie estava cheio de disposição, oferecendo uma grande festa para o cônsul americano, o governador da ilha, oficiais britânicos e muitas mulheres que, segundo rumores, ficaram para o jantar e lá permaneceram.[30] Mais suprimentos foram embarcados — incluindo mais 4.500 litros de água.

Então o *Wanderer* partiu novamente, desta vez ostensivamente rumo a Santa Helena: Corrie tinha dito que queria visitar a pequenina ilha da costa africana, última residência de Napoleão Bonaparte. Mas nem Corrie nem o *Wanderer* passaram por lá. Em vez disso, o iate cruzou direto o Atlântico para a costa ocidental da África — e para o rio Congo.

Do outro lado do Atlântico, à foz do Congo, o tenente Hogkinson da Marinha Real Britânica tirou seu telescópio da caixa de couro e vasculhou o horizonte. Estava em pé no convés de proa do HMS *Viper*, vapor de 300 toneladas que cruzava lentamente a costa da África, à procura de navios negreiros. Ao seu lado estava um canhão giratório chamado "caçador", porque numa perseguição era capaz de arremessar uma bala de oito libras a 900 metros de distância na mastreação de outro navio. Também exibia quatro canhões com projéteis de 20 centímetros e dezoito canhões de 32 libras.

O *Viper* era um dos dezenove navios ingleses que, com mais nove cruzadores americanos, compunham a chamada Esquadra Africana.[31] Estabelecida em 1842 por um acordo entre Estados Unidos e Grã-Bretanha, a esquadra tinha como tarefa vasculhar a costa em busca de negreiros. Pelas leis americanas, um traficante de escravos, se apanhado, estava sujeito a morrer na forca. Os britânicos tinham uma solução menos severa mas mais conveniente: se obtivessem amplas provas de que um navio era negreiro — fossem portinholas trancadas com correntes e um convés inferior para escravos, os oficiais tinham o direito de confiscar a embarcação no ato e levá-la para um porto, ou, no caso de ter o casco avariado, simplesmente mandar a tripulação para terra, disparar bombas incendiárias na mastreação, e vê-la desaparecer em chamas nas águas.[32]

Com todo esse poder, a Esquadra Africana era menos formidável do que parecia.[33] A costa dos escravos tinha cerca de 4.800 quilômetros. Era muita costa para fiscalizar com cerca de trinta navios. Além disso, o serviço na Esquadra Africana era considerado muito baixo na hierarquia militar. "Talvez não exista nada mais árido, desfolhado e calcinado do que essa mísera cidadezinha portuguesa com seus picos vulcânicos", escreveu o repórter de um jornal ao visitar um dos portos que os americanos usavam para abastecer. "Quem passasse o tempo aqui, física e mentalmente, precisaria, sob risco de insolação, procurar um bosque de coqueiros; ou, por ruas pavimentadas com os restos do jantar de ontem, sair em busca das piores mesas de bilhar do mundo."[34]

Navios ruins e homens desmoralizados. Ainda assim, a Esquadra Africana estava sempre em algum lugar da costa rondando com seus canhões. E era rumo a esse reino de ilícitas possibilidades que o *Wanderer* se preparava para velejar.

8

Rumo à África

EM 16 de setembro de 1858, o *Wanderer* aproximou-se da foz lamacenta do Congo. Hasteou a flâmula triangular do Iate Clube de Nova York no topo do mastro principal — uma brilhante cruz vermelha sobre fundo azul, com uma fulgente estrela branca no centro. Atrás, no brandal, tremulava a bandeira americana. Os dois emblemas representavam o poder e o prestígio do mundo ocidental.[1]

Debaixo desses emblemas, em pé na balaustrada de vante, resplandecentes nos uniformes do clube e seus bonés de iatismo, estavam Corrie e Farnum.[2] Atrás deles, ia o mestre de cabotagem Nicholas D. Brown, também conhecido como "Dennis Brown", ou "Seth Briggs", a barba ruiva esvoaçando ao vento. E em volta dele a tripulação, um rude grupo de portugueses e gregos endurecidos na vida do mar, que se penduravam nos estais e andavam atarefados de um lado para outro.

Quando se aproximavam do continente, Corrie e Farnum tinham visto a linha cinzenta da África tornar-se verde e tomar forma, revelando as montanhas baixas e as praias estreitas. Agora, ao entrarem pelo rio, um cheiro de terra inundava-os, com o perfume de inumeráveis flores vivamente coloridas, pendendo, em cachos, das ramas enroladas nas árvores, misturado ao odor inequívoco de decomposição — a carga acumulada de material orgânico arrastado para a superfície do rio por caudas de crocodilo e patas de hipopótamos.

Navegando pelo Congo nas águas da maré cheia, o *Wanderer* atraiu as crianças nativas, que se aproximavam correndo, da mesma forma que atraíra as crianças irlandesas nas docas de Manhattan. Essas crianças africanas, entretanto, não eram sujas nem andrajosas, mas brilhantes como gotas de alcatrão. Entrando no rio, corriam com água pelos joelhos atrás do iate, numa dança alegre, com gritos de excitação. As mães, alertadas pela algazarra, depositavam seus cestos no chão e observavam, enquanto os homens, que escarafunchavam nos jardins atrás das choupanas, soltavam suas varas e também corriam rumo à bilhante aparição.

Um marujo português chamado Miguel Arguirir estava ao leme do *Wanderer*. Tinha estado antes na costa africana e conhecia bem o rio Congo, tanto quanto um homem branco poderia conhecê-lo. Mas, ao seu lado, iam dois negros musculosos, com tatuagens cruzando o rosto como aranhas azuis, e dentes afiados, de pontas temíveis. Juntaram-se ao *Wanderer* quando o iate entrou no rio, trazendo suas canoas suavemente para as laterais, escorregando pelas balaustradas sem fazer ruído. Arguirir conhecia-os, e com um sorriso lhes entregou a roda do leme. Os dois krus, como eram chamados os de sua tribo, conduziriam o *Wanderer* pelo resto da viagem rio acima.[3]

A primeira aldeia por onde passaram foi logo seguida de outra aldeia, com mais crianças chapinhando no rio, mais pequenas choupanas, mais fogueiras fumacentas, mais cabras e galinhas. E depois veio outra aldeia, e mais outra. Horas depois, o *Wanderer* chegou a um ponto em que as margens desapareciam, tomadas por mangues, os galhos cheios de garças e as raízes dobradas sobre a água como joelhos, e remoinhos. Ali, onde o rio escorria em fiapos nos bancos de areia, o *Wanderer* passou por destroços de navios — na maioria escunas e vapores encalhados. Tudo que restava eram seus esqueletos enegrecidos, projetando-se na lama amarelenta, ou mais raramente um gurupés, enfeitado de aves grasnadoras.

Por fim, o iate alcançou um grupo de edificações numa clareira à margem do rio. Tinham sido construídas sobre estacas, e com o passar dos anos as estacas afundaram de forma desigual na lama, e as edificações pendiam de qualquer jeito, umas contra as outras, como reflexos nas águas ondulantes. Era Ponta da Lenha, o entreposto comercial. Fora construído há quase cem anos, uma encruzilhada à beira-rio onde europeus adquiriam presas de elefante, marfim, cera de abelha, ouro em pó e, é claro, o principal produto de exportação da África, escravos. Como os comerciantes eram chamados de "feitores", o complexo era conhecido como "feitoria".[4] Quando o *Wanderer* se aproximava, Corrie escreveu no diário de bordo: "Chegada a Ponta da Lenha. Ancorado perto da feitoria."[5]

Ainda a poucas centenas de metros de distância, Corrie abriu seu telescópio de cobre e perscrutou a feitoria. À claridade forte da tarde quente, não se via vivalma, no cais ou nos edifícios. Mas quando o *Wanderer* chegou mais perto, um comerciante negro apareceu no cais, acompanhado de outro e então, como formigas que descobrissem uma presa, chegaram mais dez ou doze. Logo o cais se encheu de vendedores africanos. Alguns seguravam colares de pêlo de elefante para serem examinados; outros ofereciam penas vermelhas de papagaio, chifres de antílope e braceletes de marfim. Papagaios e macacos, gritando na ponta de suas coleiras, eram mostrados e examinados também, assim como galinhas, leitões e cabras.[6]

Corrie e Farnum mal tinham acabado de absorver aquela comoção quando um bando de homens se aproximou, do outro lado da feitoria. Eram o mais desesperado grupo de réprobos que Corrie já vira, sujos, barba por fazer e vestidos com roupas grosseiras de marujos. Enquanto invadiam o cais, empurrando os comerciantes, saudaram o *Wanderer* numa profusão de sotaques — português, espanhol, chinês, inglês, holandês. Corrie descobriria que aqueles homens eram marinheiros deixados em terra quando seus navios negreiros encalharam — ou, mais provavelmente, foram afundados pela Esquadra Africana britânica.

Agora esse capitães, pilotos, navegantes, condutores de escravos — todos eles piratas, e especialistas no tráfico de escravos — correram para um lado do píer, oferecendo-se para participar de qualquer aventura que o *Wanderer* quisesse tentar. Com os gritos dos comerciantes, os berros dos piratas, os latidos dos cães, os guinchos dos papagaios e leitões, os acenos e as grotescas expressões faciais de todos os tipos, o que momentos antes tinha sido uma aquarela bucólica transformara-se numa balbúrdia.

Enquanto Corrie contemplava a cena, um homem de aparência distinta, num terno de linho, foi visto abrindo caminho na multidão. Arguirir o reconheceu e mandou providenciar uma canoa. Quando o homem subiu a bordo, Arquirir apresentou-o a Corrie como o sr. Harrington, chefe da feitoria. Com uma rápida troca de palavras, os dois desceram para a sala de estar. Só depois de uma hora de tensas negociações Harrington reapareceu e foi levado numa canoa de volta para terra firme.

Pelas dez da noite, Corrie, Farnum e Arguirir foram conduzidos de canoa para o cais. O lugar não só recuperara o sossego, mas tinha qualquer coisa de fantasmagórico ao luar, tão claro que permitia que Corrie enxergasse os ponteiros do relógio de bolso de prata. Minutos depois, Harrington saiu da sombra e cumprimentou-os com um fino sorriso. Depois os conduziu do cais à feitoria. Andando sob a luz da lua, Harrington explicou que a feitoria era cercada de duras paredes de barro, com dois metros de altura. Dentro dos muros havia vinte e poucas casas e mais ou menos o mesmo número de armazéns. Os armazéns continham presas de elefante, ébano, e até ouro em pó, prontos para serem embarcados, assim como as mercadorias que seriam trocadas por escravos — espelhos, chita, rum e as mais apreciadas de todas, mosquetes e pólvora.

Antigamente, continuou ele, os escravos eram mantidos dentro dos muros da feitoria também. Ficavam confinados em barracões, currais feitos com troncos das árvores mais resistentes, fincados 1,5 metro no chão e presos uns aos outros por cintas duplas de ferro. Os tetos eram de madeira dura também, colmados de grossa camada de capim longo e cerdoso. Era impossível fugir e, em todo caso, homens armados guardavam os barracões.

As primeiras feitorias foram construídas cem anos antes por ingleses, holandeses, portugueses e dinamarqueses, prosseguiu Harrington. Todo monarca europeu queria participar do negócio. Por isso as feitorias eram tão fortificadas, com grossos muros: os europeus viviam atacando uns aos outros. Em todo caso, quando o tráfico de escravos foi proscrito em quase todas as formas, por volta de 1800, cerca de 30 milhões de africanos já tinham sido embarcados acorrentados.* Mas quando os europeus baniram o tráfico, os barracões tiveram de ser retirados das feitorias e transportados rio acima. Quando vinha uma ordem de embarque, o número combinado era posto em pequenos barcos e levado rio abaixo. Finalmente, em remotos trechos de praia, eram novamente arrebanhados em barracões provisórios, geralmente simples postes fincados na areia, e dali conduzidos aos navios. Enquanto isso, os britânicos patrulhavam a costa, para surpreender os navios que tentavam escapar.[7]

"Tudo virou um jogo muito elaborado", disse Harrington, parando numa clareira.[8] E apontou para o rio onde um vapor da Marinha Real estava atracado a um cais. A menos de 500 metros, os britânicos tinham uma estação de abastecimento de carvão, explicou ele. Sim, e a Marinha Real com grande freqüência remava até o cais. Conheciam os traficantes de escravos pelo nome, e alguns traficantes se gabavam abertamente do negócio. Mas o jogo tinha regras, disse ele. Um navio vazio — ou equipado com os implementos do tráfico — não tinha valor algum. Jamais seria julgado num tribunal de Nova York. Não, isso não seria suficiente. Se fosse um jogo de gato e rato, e era, garantiu ele, alguém tinha de pegar o rato plenamente carregado. A barriga do navio precisava estar repleta de escravos.

Havia outro fator a ser considerado. As tripulações britânicas recebiam um prêmio para cada africano que resgatassem das mãos de traficantes. Portanto, não havia razão para correrem atrás de um navio vazio. Era preciso dar tempo, de modo que, quando um navio fugisse para alto-mar, podia-se ter razoável certeza de que quatrocentos corpos, ou mais, estariam trancados embaixo das escotilhas. "É por isso que vivemos nesta proximidade cordial", disse ele, rindo com ironia. "Aguardamos o momento exato em que o jogo começa."

Dito isso, Harrington acenou para que o grupo o seguisse por uma trilha estreita. Logo chegaram a uma casa, de aparência tão doméstica como uma casa de campo em Cotswolds. A cobertura de palha projetava-se para a frente de forma graciosa, e havia duas jardineiras cheias de flores

---

*Trata-se de um provável equívoco do autor. Menos de 15 milhões de escravos foram embarcados para a América entre os séculos XVI e XIX. (*N. do R.T.*)

nas janelas e uma porta pintada de vermelho vivo. Harrington bateu, e uma jovem africana, com um flutuante vestido de musselina, abriu a porta e os convidou a entrar. Ela os conduziu, em silêncio, para a sala principal e, sem dizer palavra, desapareceu.

Eles ficaram sozinhos, com o luar entrando pela clarabóia do teto. Examinando mais atentamente, Corrie percebeu que a clarabóia era de navio e que outrora tinha iluminado o salão. A pesada viga longitudinal do teto também era de navio, notou ele. Marcas de enxó e buracos de parafuso apareciam na densa madeira de carvalho. O esqueleto do navio tinha sido adaptado para descer dramaticamente pelas paredes até o friso. Uma figura de proa, de alguma embarcação havia muito desaparecida, fora parar num canto. À luz pálida via-se que era uma jovem dama levemente vestida, com cachos flutuantes e um ligeiro sorriso nos lábios pintados, os olhos para sempre fixos no horizonte.

Só depois de alguns instantes os homens viram uma figura sentada a uma mesa num canto, escrevendo. Um grande lampião de cobre, retirado, sem dúvida, de alguma escuna ou brigue destroçado, iluminava seus papéis. Ao perceber, com alguma satisfação, que fora descoberto em seu quarto escuro, o homem se levantou, empertigado, e deu a volta à mesa, manquitolando. Seu sobretudo era de um corte antiquado, vermelho, guarnecido de prata e ouro. Usava também uma touca noturna de veludo, da qual os cabelos lhe caíam direto nos ombros. Um olho era azul, e o outro, como notou Corrie com espanto, era branco e frio como mármore. Apresentou-se como o capitão Snelgrave, estendendo a mão. Representava a grande empresa de comércio de escravos de José Costa Lima Viana, localizada na rua Pearl, número 158, Manhattan.[9]

Percebendo o interesse das visitas pela casa, Snelgrave explicou que a madeira era proveniente de diversos navios veleiros, naufragados nas barras ou confiscados e afundados pelos britânicos. Parte da madeira era pinho duro da Geórgia, disse ele, acariciando a figura de proa. Havia também *hackamatack* do condado de Aroostook, Maine, disse ele, apontando para a viga do teto, e carvalho do norte do estado de Nova York. Snelgrave conduziu seus convidados por uma porta para o pátio atrás da casa. Ali, mostrou com orgulho várias banheiras de cobre onde cultivava lírios eucarísticos. Levantou as flores, como quem vai acariciar o queixo de gatinhos, para que as visitas as admirassem.

"É preciso viver plenamente cada dia nos trópicos", disse ele com uma risada inexpressiva, convidando as visitas, com um gesto, a se sentarem nas cadeiras arrumadas em círculo debaixo de uma árvore florida. "Do contrário, as febres africanas acabam com nossa festa." Quando um dos visitantes riu, Snelgrave virou a cabeça com desagrado. "Sim, é verdade!", disse ele com rispidez. "Quando chegam, a maioria adoece. Os que vão morrer, morrem em oito dias. Se sobreviverem, podem viver mais alguns anos." O destempero venéreo mata devagar, explicou Snelgrave. A cólica, mais depressa. A febre amarela demora dez dias. Snelgrave hesitou, depois desabotoou a camisa. "Um cinto de lebre", declarou, esfregando a pele escura apertada contra sua carne. "Uso-o sobre o estômago para melhorar a digestão." Três colheres de cal viva nos tonéis de água matam as filárias, disse ele. Salsaparrilha mata as doenças venéreas. "É claro", disse ele, com uma pitada de autocomiseração, "nada poderia ter salvado meu olho."

"Eu estava a bordo de um brigue, cujo nome não digo", disse ele, com o olho bom piscando.[10] "Tinha uma carga de duzentas toneladas, e chegamos a Bonny Town. Fica no rio Bonny, na costa. Tínhamos embarcado 160 negros e íamos para Guadalupe." Snelgrave explicou que o capitão mandara levar os africanos ao castelo de proa para respirar. Mal chegaram ao convés alguns começaram a pular no mar. A tripulação tentou impedir que outros tivessem o mesmo destino, empurrando-os com espeques e espadas de abordagem. Como castigo, o capitão matou três a tiros e mandou enforcar outros três. Depois confinou o resto no porão inferior. Mas isso criaria um problema ainda maior. Sufocados no porão, os negros começaram a sofrer de uma doença chamada oftalmia, que enfraquece a vista e causa cegueira temporária ou completa.

Quando a doença foi identificada, o capitão ordenou que os negros em pior estado fossem levados para o convés e tratados pelo cirurgião. Mas a doença agravou-se. No terceiro dia, todos os escravos, o capitão, o imediato e o cirurgião estavam cegos. Dos 22 tripulantes, restou apenas um com visão suficiente para conduzir o navio. Ele dava ordens e os outros cumpriam, cambaleando, da melhor maneira possível. Até que, quando uma tempestade desabou, fazendo o navio rodopiar e jogar violentamente, a visão dele também escureceu. Enquanto as velas eram reduzidas a farrapos e o navio se espatifava nas ondas retumbantes, alguns homens amaldiçoavam, outros rezavam, e alguns, enlouquecidos, cantavam.

"Continuamos velejando e, um dia, com mar calmo, ouvimos uma voz humana gritar ao longe", continuou Snelgrave. "Era outro navio. Ele aproximou-se e de lá gritaram que precisavam, desesperadamente, de provisão. Respondemos que tínhamos muita comida e água, e dólares também. Mas precisávamos de homens. Todo o navio fora contaminado pela oftalmia e estávamos completamente cegos. Fez-se silêncio. Apuramos os ouvidos. Nada." Seu olho bom procurou o dos convidados. "O outro navio tinha ido embora."

O desamparo que se abateu sobre a tripulação cega quase matou todo mundo, explicou ele. Passaram mais uma semana, mais ou menos, à deriva. Alguns homens acabaram recuperando a visão, e conseguiram levar o navio para Guadalupe. O cirurgião e outros onze tripulantes estavam irrecuperavelmente cegos. Cinco conseguiam ver, mas muito mal. Snelgrave e outros quatro tinham perdido um olho. Dos negros, 39 ficaram cegos, e o capitão ordenou que fossem atirados ao mar.

Quando Snelgrave acabou de contar a história, o sangue lhe subira à face, talvez em reação à dolorosa narrativa, talvez atingido por um toque da febre africana que tanto temia. Olhou para o chão, e quando ergueu de novo a vista, tinha recuperado parte de sua compostura. "Em todo caso, *senhores,* vieram aqui para um negócio que precisamos discutir."

Ao fim da reunião, Corrie encomendou quinhentos africanos a Snelgrave, a serem levados dos barracões rio Congo acima até as praias. Depois de algum regateio, o preço foi estabelecido em US$ 50 por escravo, a ser pago com rum, pólvora, cutelos e mosquetes. Depois que esse material tivesse sido discretamente retirado do *Wanderer,* disse Snelgrave, seria bom que Corrie fizesse uma viagem de uma semana, enquanto os cativos eram apanhados e despachados rio abaixo. Outra coisa, avisou Snelgrave, levando as visitas até a porta. Seria bom que seu nome não fosse mencionado diante de outras pessoas. Na realidade, seria bom que eles nunca mais se encontrassem.

No dia seguinte, Corrie mandou o *Wanderer* de volta para o mar. Da foz do Congo, velejou para o norte, ao longo da costa africana. No terceiro dia, chegou à laguna Nkomi, cerca de 480 quilômetros ao norte do Congo, e lançou âncora. Os krus desembarcaram. Logo duas longas canoas se aproximaram, cada qual com quatro musculosos krus aos remos. Corrie, Farnum e Arguirir entraram nas canoas, ajeitando-se nas esteiras de junco, e foram levados dali.

Pelos próximos três dias, o grupo subiu o Ogowe, um rio coleante que banha a África por 250 quilômetros e termina em corredeiras e cachoeiras. A cada remada dos krus, a canoa avançava balançando suavemente as moitas de papiros das margens. Os krus trabalhavam cantando cantigas tão ricas em ritmos quanto eram as águas barrentas que atravessavam.

Nos dias seguintes, o grupo visitou aldeias. Numa delas, os nativos não andavam apenas nus, mas pintados de vermelho vivo. Noutra, o chefe apareceu de manto branco, com um chapéu de algodão azul e seda dourada. Sentou-se num trono de madeira. Guarda-chuvas de veludo com cabos compridos faziam sombra, e bandeiras de seda tremulavam no alto. O chefe explicou que tinha vendido milhares de escravos para os europeus, e, de fato, quando acabava de falar, uma caravana de escravos acorrentados chegou para ser inspecionada. Ele ia ficar com alguns, explicou, e vender os demais para traficantes rio abaixo.[11]

O mais notável de todos, no entanto, era o chefe da tribo dos achangos. Seu trono era de pele de leopardo e espelhos. Usava a sobrecasaca de um oficial naval britânico, faltando botões. Trazia no peito um colar com dezesseis dentes de gorila. A comitiva trajava-se de modo semelhante. Na reunião, Corrie usava culotes, paletó creme, e por cima de tudo um chapéu duro de palha. Farnum vestia calças de couro e franjas. Houve um instante de hesitação, de ambos os lados, enquanto uns examinavam os trajes dos outros.

Depois de uma semana de explorações, o *Wanderer* voltou pela costa. Quando ainda estava a quilômetros da foz do Congo, um dos krus nos estais avisou que um navio aparecia no horizonte. Mais perto, o kru acrescentou que ele ostentava a bandeira da Marinha Real britânica. Na realidade, era o HMS *Medusa,* o mesmo cruzador que estivera do outro lado do rio quando o *Wanderer* ancorara na feitoria. Agora estava parado quase na entrada do Congo, num lugar chamado Enseada Medora, atento a qualquer atividade suspeita.

Quando o *Wanderer* se aproximou, Corrie subiu nos estais e abriu a luneta. Viu os eriçados canhões e até as brilhantes dragonas douradas do comandante britânico. O comandante também olhava por uma luneta, examinando com curiosidade o elegante iate, com a flâmula triangular do Iate Clube de Nova York no alto. Enquanto os dois navios convergiam, Corrie pôs o porta-voz do capitão nos lábios e fez uma saudação. Depois ordenou a Brown, que retomara o leme, que descrevesse um arco em volta do *Medusa*. Feito isso, ele alinhou o iate com o vento e lançou âncora a menos de trinta metros. A corrente da âncora ainda não tinha acabado de desenrolar-se pelo escovém quando Corrie convidou o comandante britânico para subir a bordo.[12]

Depois de meses de tedioso serviço na África, era uma satisfação para os britânicos explorar o luxuoso iate, e o entusiasmo aumentou quando subiram para gozar da hospitalidade oferecida por Corrie e Farnum. Após alguns drinques iniciais no convés, onde cadeiras de vime foram arranjadas e coquetéis servidos debaixo do toldo listrado de branco e vermelho, Corrie perguntou aos britânicos se eles lhe dariam a honra de voltar à noite para jantar. O convite, é claro, foi aceito com satisfação.

Logo que anoiteceu, quando o severo sol equatorial finalmente desaparecera, o primeiro dos dois barcos cheios de oficiais britânicos seguiu para o *Wanderer*. Àquela altura, os leitões tinham sido mortos, regados e preparados, os vegetais cozidos e, o mais importante, os vinhos foram selecionados e decantados para respirarem adequadamente. Tudo fora arrumado no salão de baixo, sobre as toalhas de linho branco mais limpas que os oficiais britânicos tinham visto nos últimos anos. Mais tarde, quando os embevecidos convivas subiram as escadas, champanhe e charutos foram oferecidos no convés.

Àquela altura, já eram velhos camaradas, a tal ponto que, em dado momento, Farnum sugeriu, num lance de audácia, que eles talvez devessem inspecionar o *Wanderer*, para ter certeza de que não era um navio negreiro. Por um instante suas palavras pairaram no ar — e todo mundo rompeu em gargalhadas.

Em 15 de setembro de 1858, o comandante do *Medusa* mandou uma sucinta nota ao secretário britânico do Almirantado, que, por razões óbvias, não revelava o tamanho da farra de que participaram:

> *Em obediência à Seção 6 das Instruções sobre Escravos, tenho a honra de informar que, na tarde deste dia, enquanto estávamos ancorados perto da Enseada Medora, no rio Congo, vi uma jeitosa escuna subir o rio com as cores americanas e, achando-a suspeita, aproximei-me para que o tenente Nott pudesse subir a bordo; descobrimos que era o iate* Wanderer, *e, como seus documentos estavam em ordem, não interferi na sua viagem rio acima. Os documentos foram espontaneamente mostrados, e não havia queixa a fazer com relação à visita.*[13]

Depois de entreter os oficiais britânicos por uma semana, o *Wanderer* avançou rio adentro, para mais diversão. O diário de bordo do *Wanderer*, a 18 de setembro de 1858, registra uma festa para a qual "todos os moradores brancos do lugar" foram convidados. De fato, todos os expatriados apareceram para um pouco de diversão e uma refeição fina: cidadãos britânicos que tinham recebido licença para realizar diversas operações comerciais, negociantes portugueses de azeite-de-dendê, comerciantes americanos, alemães, russos, franceses, holandeses, dinamarqueses, portugueses e espanhóis — uma numerosa comunidade internacional que, necessitada de diversão nos tristes trópicos, remou, ansiosa, para as luzes brilhantes do *Wanderer*.

E lá estava ele, ancorado a poucas centenas de metros no Congo, repousando serenamente sob o céu do anoitecer, luminoso como um farol, a tripulação mandada à cidade para embriagar-se, empregados domésticos trazidos da cidade para servir canapés e champanhe, canoas fazendo a viagem de ida e volta, trazendo as damas, vestidas de seda e cetim, abanando-se com leques, aproveitando uma pausa na monotonia e no vazio da vida. Para os convidados, Farnum era a grande atração, ruidoso, fanfarrão, cheio de histórias de guerras de guerrilha e aventuras do Oeste Selvagem. Mas Corrie era o mais atraente, uma celebridade no meio deles, o orbe dourado em torno do qual adejavam como mariposas.

Poucos dias depois, ancorados outra vez ao lado do *Medusa,* Corrie e Farnum tiveram a surpresa de ver aproximar-se um iate de regata, muito parecido com o *Wanderer* no casco e na vela. Era o *Margate,* iate de 18 metros, com linhas limpas, proa pontuda, e cadaste bem inclinado para reduzir a tonelagem.[14] O proprietário do barco era um conhecido do marquês de Anglesey, que, como depois se descobriria, fundara a Esquadra Real de Iates em 1815. Enquanto pilotava o *Margate* em direção ao *Wanderer,* o dono maliciosamente propôs uma regata entre os dois iates — uma disputa que poderia ajudar a desfazer a falsa idéia de que a derrota dos britânicos seis anos antes para o *America* fora algo mais que um golpe de puro azar. Os oficiais do *Medusa* ofereceram-se para ajudar, e Corrie topou; a regata entre o *Wanderer* e o desafiante britânico começaria às 10 da manhã.

Na manhã seguinte, dez convidados se juntaram ao *Wanderer* para a contenda, e o *Margate* ficou com dois oficiais do *Medusa*. Enquanto a brisa fresca soprava do oeste, os dois iates viraram a proa na direção do vento, as grandes velas panejando ruidosamente. Debaixo delas, os convidados falavam, agitados, enquanto os marujos, prontos para levantar âncora e puxar vela, se preparavam para a regata. Com o estrondo de um dos canhões do *Medusa,* a disputa começou. O *Wanderer* rapidamente velejou rumo à âncora. Então Brown, que estava ao leme, rapidamente girou a roda. O *Wanderer* arribou, a bujarrona inflada, e, como uma mola que se solta, saltou para a frente. Adernando 15 graus a sotavento, a fina proa cortou as águas sem esforço, comportando-se exatamente da forma para a qual fora projetado por Rowland. O *Margate* também arrancara bem, mas quando o *Wanderer* percorreu os primeiros 500 metros de vento em popa, sua vantagem sobre o iate britânico aumentou seis metros. Outros 600 metros e o *Wanderer* pareceu ganhar ainda mais velocidade e aumentar a distância. Olhando pelo telescópio, o capitão do *Medusa* rosnou. Entendeu por que o *Wanderer* estava na frente: ele agüentava o vento, equilibrado e forte; o *Margate* adernava nervosamente a cada rajada, expondo seu brilhante casco forrado de cobre como uma constrangedora roupa de baixo.

Quando os dois iates cambaram, mudando de direção e rumando para a linha de chegada, os aplausos dos marujos ingleses cessaram, suplantados pelos visitantes a bordo, que aplaudiam o *Wanderer*. Aquela noite, Corrie, exultante com os acontecimentos do dia, rabiscou no diário de bordo: "26 de setembro: Dei uma oportunidade à escuna *Margate*, e passei por ela como o vento."[15]

9

FORA DA ÁFRICA

NO FIM da tarde na ensolarada cidade portuguesa de Luanda, 480 quilômetros ao sul do Congo, Thomas J. Conover reclinou-se na varanda dos fundos de sua casa, usando roupas de baixo, sacudindo pedaços de laranja diante de um papagaio cinza, que, como um pirata, balançava de uma lado para o outro no assoalho de madeira, dobrando os joelhos com dificuldade para catar pedaços de fruta fresca. O papagaio era idoso, e boa parte da plumagem cedera à pele nua.

E se poderia dizer o mesmo de Conover. Sua carreira na Marinha dos EUA começara aos dezesseis anos. No ano seguinte, 1812, ele estava a bordo do USS *Constitution* numa batalha contra o navio de guerra britânico *Garrette* — as duas embarcações destruindo-se reciprocamente aos estampidos de canhão, e tão próximas que os homens puseram-se a atirar à queima-roupa com seus mosquetões, a fumaça ardendo-lhes nos olhos e o sangue lustrando os conveses. Aquilo era a guerra! Aquilo era uma batalha![1]

E isso fora muito tempo atrás. Conover, agora um homem artrítico de 61 anos, rejeitava a aposentadoria; e por isso ganhara a espécie de sinecura que um homem teimoso, com a sua patente, poderia esperar. Foi nomeado comandante da Esquadra Africana da América. O cargo não trazia glória nem reconhecimento — apenas a certeza de que, depois de passar por ele, sua carreira estaria irremediavelmente terminada.

O navio por ele comandado, o *Cumberland,* também estava à beira da obsolescência. Construído em 1825, fora um belo navio de velas redondas em sua juventude, que serviu no Mediterrâneo e na costa do México durante a guerra mexicana. Em reconhecimento pelos serviços prestados, foi designado a capitânia da Esquadra Nacional em 1846-48, e comandado por ninguém menos que o famoso comodoro Matthew Perry. Mas em 1855, velho, fazendo água e superado por uma nova geração de navios de guerra a vapor, foi convertido de fragata relativamente rápida a corveta. Para isso o equiparam com cinquenta canhões pesados e o mandaram para a costa da África, como capitânia da Esquadra Africana da América.[2]

Uma coisa era certa: com 1.700 toneladas e um calado de 6,4 metros — um volumoso navio-mãe —, estava mal preparado para apreender traficantes de escravos. Tinha tanto calado que não podia navegar próximo à costa ou entrar nos rios. Era vagaroso demais. Além disso, não havia razão para que carregasse cinquenta canhões — nenhum navio negreiro em fuga precisaria de tantos canhões para ser afundado — a não ser cumprir o que fora estipulado no acordo da Esquadra Africana com a Grã-Bretanha (pelo menos oitenta canhões rondando a costa por país) com o mínimo de esforço e o menor número possível de cruzadores. Imagine-se um ninho de vespas de cruzadores rápidos, de quilha rasa, dotados de canhões de forte ferroada para deter traficantes. Mas não foi isso que o governo americano mandou para a costa da África na forma do *Cumberland.*

Juntos, o velho navio e o velho comandante percorriam cuidadosamente a costa da região de escravos. Entre agosto de 1858 e meados de agosto de 1859, quando o tráfico de escravos se expandia, Conover ordenou que o *Cumberland* fizesse apenas uma viagem, lentamente, pela costa africana, um trajeto de 4.800 quilômetros de Porto da Praia (capital de Cabo Verde, no hemisfério norte) a Luanda, no hemisfério sul.

Depois de descansar algumas semanas em sua vila italianizada em Luanda (com seu papagaio cinzento), Conover ordenou um rápido retorno para Cabo Verde e, de lá, uma viagem igualmente rápida de volta para casa em Portsmouth, New Hampshire. Além de ter sido uma viagem célere, Conover ordenou que o *Cumberland* ficasse a vários quilômetros da costa durante a maior parte do percurso, para evitar contato com febres africanas. No período de mais de um ano, o *Cumberland* patrulhara a ativa costa da região de escravos por 26 dias.[3]

Naquele fim de tarde de 24 de setembro de 1857, o navio mercante *Sea View* chegou a Luanda, depois de velejar nove dias, proveniente do Congo.[4] Logo que atracou, o capitão saltou numa canoa e foi para os alojamentos de Conover. Batendo, agitado, à porta, que Conover custou a abrir, o capitão disse que tinha visto dois navios suspeitos rondando furtivamente a foz do Congo, um deles era o *Kate Helen*, supostamente um negreiro, e o outro um iate chamado *Wanderer*. Conover ouviu com fingido interesse, agradeceu ao capitão e voltou para o seu papagaio. Só uma semana depois escreveu um bilhete a um dos seus subordinados, Benjamin J. Totten, comandante do USS *Vincennes,* ordenando-lhe que verificasse.

Se havia um navio menos preparado do que o *Cumberland* para capturar um negreiro, esse navio era o venerável *Vincennes*. Construído no Estaleiro da Marinha no Brooklyn em 1826, fizera um carreira e tanto. Mandado de Nova York ao Pacífico em 1833, prosseguiu viagem e tornou-se o primeiro navio da Marinha dos EUA a completar a circunavegação do globo. Em 1840, participou de uma exploração científica na Antártica. Depois, visitou o Pacífico Sul, o Havaí, o rio Colúmbia, no Oregon, a costa da Califórnia, Wake Island, Filipinas e África do Sul.[5]

Àquela altura, ele já tinha dado a volta ao mundo três vezes. Depois foi até a baía de Tóquio, tentar uma visita diplomática aos reclusos japoneses em 1846 — o primeiro navio da Marinha dos EUA a velejar em águas japonesas —, e terminou suas viagens velejando no Pacífico Sul, antes de voltar para Nova York. Já fazia água, rangia, e as velas eram tão frouxas que precisou ser aposentado. E assim, em 1858, esse barco idoso e distinto, com 150 homens e dezoito desgastados canhões a bordo, foi despachado para a Esquadra da África.

Mas ali o esperava um destino ainda pior. Caiu nas mãos do comandante Benjamin J. Totten, um dos mais fracos comandantes da Marinha dos EUA na época, com seu temperamento instável e nariz inchado. Comandante era um termo impróprio para definir as virtudes de Totten: ele era um tiranete.[6] Certa vez, mandou um de seus subordinados à corte marcial devido a um pequeno delito. Quando os superiores de Totten absolveram o homem, Totten o pôs a ferros assim mesmo. Noutro incidente, ele discutiu com seu oficial de artilharia a propósito da maneira correta de bombardear. Na mesma viagem, dois outros oficiais foram suspensos por "insubordinação". Os superiores de Totten o repreenderam por "insensibilidade", mas a repreensão foi inútil. Ele desconfiava da tripulação, e a tripulação o odiava.

Totten odiava os britânicos também, especialmente quando comandantes da Marinha Real tinham o topete de lhe dar instruções sobre como combater o tráfico de escravos. Uma ocasião, Totten aproveitava sua folga em Luanda quando o comodoro britânico ordenou-lhe que tomasse providências imediatas contra quatro possíveis navios negreiros em Ambriz. Totten recusou-se a agir, e o escritório britânico do exterior apresentou um protesto formal à Marinha americana contra ele, o único oficial de Marinha dos Estados Unidos a ser denunciado formalmente pelo governo britânico por negligência intencional na contenção do tráfico de escravos.

Foi à duvidosa equipe de Totten e do *Vincennes,* portanto, que Conover transferiu a tarefa de cuidar do *Kate Helen* e do *Wanderer.* "Tão logo seu navio esteja preparado para o mar", escreveu Conover a Totten, "o senhor deverá cruzar essa costa, conferindo a si próprio, tanto quanto o permita o serviço de que está incumbido, a parte compreendida entre o Equador e São Paulo de Luanda. Dali irá a Ambriz, subindo a linha da costa, aportando em cada mercado de escravos e em cada centro comercial nos limites acima mencionados, procurando cuidadosamente embarcações americanas envolvidas no tráfico de escravos, examinando de perto o rio Congo e suas imediações e, patrulhando ida e volta, buscando enganar os traficantes de escravos e escapar da vigilância de seus agentes e sentinelas."[7]

Totten respondeu à mensagem com grande boa vontade. Somente sete dias depois — nesse meio-tempo a tripulação do *Vincennes* passava o tempo ociosamente no convés, fabricando facas com pedaços de metal — o *Vincennes* deixou o porto. Velejou poucos quilômetros para o norte, até a Baía de Ambriz, esquadrinhou a costa em busca de traficantes, depois seguiu mais alguns quilômetros até a foz do Congo. Não encontrando nada que lhe despertasse o interesse, prosseguiu cerca de 40 quilômetros para o norte, chegando a Cabinda em 14 de outubro.

Mas antes que pudesse achar o *Wanderer* ou o *Kate Helen*, Totten recebeu notícias perturbadoras: marinheiros britânicos do HMS *Viper* tinham abordado o *Kate Helen*, apesar de o navio ostentar a bandeira americana.[8] Na realidade, os britânicos se limitaram a verificar a documentação e a dar uma olhada rápida; não mandaram a tripulação abrir as escotilhas, nem inspecionaram embaixo do convés. Mas à simples menção da "visita" a um navio americano, o rosto de Totten ficou rubro. Afinal, a guerra de 1812 fora travada para impedir que os britânicos inspecionassem, arbitrariamente, navios americanos em alto-mar. Em vez de continuar a busca do *Kate Helen* ou do *Wanderer,* Totten decidiu fazer uma pequena visita ao capitão do *Viper.*

Na manhã de 14 de outubro, Totten se encontrou com o navio britânico. Subindo a bordo, depois que seu pedido para fazê-lo foi atendido, trocou secas saudações com o comandante, o tenente Hodgkinson, e perguntou-lhe se tinha alguma notícia especial para dar. Hodgkinson respondeu que não havia nada importante a informar. Totten pediu para ver o diário de bordo e foi conduzida à cabine onde Hodgkinson lhe mostrou os livros. O diário confirmava que o *Viper* de fato "visitara" o *Kate Helen,* mas não entrava em detalhes. Satisfeito com o fato de que o britânico "visitara" o navio americano, o que era permitido pelos acordos britânico-americanos, mas não o inspecionara, o que não era, Totten voltou para o seu navio.

Quando a tarde declinava, Totten deve ter sentido grande satisfação. Cobrara e recebera respeito do comandante britânico. Mas quando se regozijava com sua pequena vitória, o vigia no alto da mastreação avisou que havia homens na praia, aparentemente abandonados. Totten pegou sua pequena luneta, e vendo que agitavam os braços freneticamente, ordenou que um barco fosse baixado para resgatá-los. Quando os réprobos foram levados a bordo, a história que contaram deixou Totten furioso.

De acordo com os maltrapilhos sobreviventes, eles eram tripulantes do brigue americano *Rufus Soule*. Dois dias antes, disseram, seu navio fora abordado por marinheiros britânicos do *Viper*. O comandante, um tal de Hodgkinson, disse ter sido informado por seus espiões em terra de que o *Rufus Soule* aguardava um carregamento de escravos mantidos num barracão perto de um promontório chamado Banda Point. Os americanos negaram, mas o comandante britânico não se comoveu: deu-lhes meia hora para decidir se mantinham a bandeira americana hasteada, podendo com isso serem entregues à Esquadra Americana e, possivelmente, enforcados — ou tiravam a bandeira e se submetiam à justiça britânica, que nesse caso significava o confisco imediato do navio.

O capitão do *Rufus Soule* sabia que tinha sido apanhado. Jogou seus documentos americanos ao mar, atados com ferro, e mandou baixar a bandeira americana. Com isso, os marinheiros britânicos subiram a bordo e abriram as escotilhas. Embaixo, encontraram o que suspeitavam: correntes, panelas, vasilhas de madeira e grandes tanques de água. Como o *Rufus Soule* era velho e sem condições de navegar, o tenente Hodgkinson decidiu que não valia a pena arrastá-lo até o porto. Ordenou que fosse rebocado por algumas centenas de metros, entregando-o aos cuidados dos seus artilheiros. A tripulação foi abandonada na praia, de onde viu o navio expelir chamas e fumaça negra, e afundar, numa nuvem de vapor.[9]

Ao ouvir a história, Totten bateu com sua luneta na murada do convés, derrubando as lentes no mar, e correu para sua escrivaninha. Todos os pensamentos sobre o *Kate Helen* e o *Wanderer* foram obscurecidos na fervura reaquecida de uma justa indignação. "Senhor", escreveu Totten a Conover, a pena arranhando furiosamente o papel, "tenho a honra de lhe enviar os documentos em anexo relativos à captura e destruição, pelo fogo, de um brigue americano, o *Rufus Soule*, na noite de 11 e na manhã de 12."[10] Totten explicou que o comandante do *Viper* não apenas profanara a bandeira americana ao subir a bordo do *Rufus Soule* mas também insultara um colega oficial da Esquadra Africana — ele próprio — com suas malditas mentiras.

Mergulhou a pena novamente no tinteiro. "Isso representa, em meu entendimento, tamanha afronta à bandeira americana, uma conduta tão irregular do comando do cruzador inglês", prosseguiu Totten, "que sinto ser de meu dever voltar imediatamente para Luanda, na esperança de encontrar-me com o senhor, ou topar com o vapor *Viper* (o comandante me informou que estava indo diretamente para aquele lugar) para lhe pedir uma declaração explanatória."

Que direito tinha o britânico de queimar um navio sem a respectiva condenação de um tribunal? disse Totten confusamente. Que direito tinha o *Viper* de abandonar uma tripulação americana numa "cidade nativa, em condições de privação, expondo-a a todos os horrores das febres e da inanição"? Fossem quais fossem as respostas, concluiu Totten, aquele incidente tinha implicações internacionais. Seu primeiro dever, portanto, era caçar o *Viper*.

Enquanto Totten cuidava do *Viper*, Corrie e Farnum ainda recebiam os britânicos do HMS *Medusa*. Depois de semanas de jantares e bebidas, Corrie começava a se perguntar se o navio britânico os deixaria em paz — a eles e a suas bebidas. Mas, certa noite, sem aviso, o *Medusa* partiu a serviço. Aliviado, Corrie imediatamente ordenou a Brown que içasse velas e dirigisse o *Wanderer* pela costa para a cidade de Benguela. "Depois de oito dias açoitados pelos ventos e pelas correntes", dizia o diário de bordo em 4 de outubro, "chegamos a Benguela." Aquela seria a última anotação do diário.

Em Benguela, sinais foram trocados com a terra, e poucos dias depois o *Wanderer* viajou mais 48 quilômetros para o sul, até um lugar chamado Mangue Grande. Era região de águas traiçoeiras, não mapeadas, e infestadas de bancos de areia. Corrie mandou lançar âncora a vinte braças. Pegando uma luneta, Farnum subiu à gávea do traquete e vasculhou a densa mata a cerca de duzentos metros da praia amarelo-tostada. Brown, enquanto isso, acendeu a lâmpada de óleo e agitou-a, três vezes para bombordo, três vezes para estibordo.

Em poucos segundos avistou-se uma luz na beira da praia, emitindo o mesmo sinal. A luz cinzenta da manhã logo revelou movimento em terra. Uma longa canoa era lançada às ondas. Ela se ergueu, quase verticalmente, no topo da primeira grande onda, mas, graças a um milagre qualquer, subiu a crista dessa, depois de uma segunda, e de uma terceira, e prosseguiu em direção ao *Wanderer*. Farnum pegou uma bandeira verde e entregou-a ao imediato, que a ergueu na adriça. Na praia, uma bandeira verde respondeu com um aceno.[11]

Durante o período em que o *Wanderer* recebia os visitantes, e enquanto Corrie e Farnum visitavam as tribos africanas, Arguirir trabalhara intensamente. Depois do encontro com o capitão Snelgrave, Arguirir e o médico da feitoria penetraram o Congo 50 quilômetros rio acima num vapor, depois seguiram de canoa por um tributário para dentro da mata. Ali, numa ilha, milhares de africanos tinham sido reunidos num mercado. Alguns pertenciam a tribos congolesas das áreas vizinhas. Outros tinham descido 650 quilômetros pelo Congo. Uns eram de Bangui, a 1.600 quilômetros de distância. Outros eram prisioneiros de guerra.[12]

Com suas guerras internas, os daomeanos, os axântis, os fulas, os mandingas e os bambarras tinham contribuído para manter os mercados bem supridos. Os chokwe também eram prolíficos traficantes de escravos, usando cera de abelha e marfim para comprar armas, e armas para obter escravos em suas freqüentes batalhas com o império lundês. Nem todos os escravos eram troféus de guerras. Muitos eram apenas seqüestrados por gampsias, caçadores de escravos, que iam de aldeia em aldeia ou trabalhavam no campo. Os vai, kissi, kruy, bassa e glebo eram particularmente conhecidos por essa atividade.

Chegando à ilha, Arguirir e seu grupo foram levados para os barracões.[13] Cativos pendiam pelos pulsos de estacas de bambu enfiadas no chão. Alguns gemiam de dor, uns poucos urravam, enlouquecidos. Mas, quase sempre, havia um silêncio perplexo. Quando se dizia alguma coisa era geralmente em português. Em algumas partes da África, os traficantes árabes dominavam. Mas ali, na bacia do Congo, onde traficavam escravos desde meados do século XV, os portugueses eram donos do comércio.

Uma hora depois, a feira de escravos começou. Outros traficantes tinham chegado, entre eles um holandês, um espanhol magro e chefes africanos. Os escravos eram conduzidos, completamente nus, os olhos desolados postos no chão. Sob o comando de um manejador, pulavam, agachavam-se e prendiam a respiração. Arguirir, com seus olhos treinados, rejeitou a maioria imediatamente. Mas quando via um que lhe interessava, acenava com a cabeça para o médico, que dava um passo à frente e passava a mão experiente pelo corpo do escravo, apertando juntas e músculos, torcendo-lhe braços e pernas, investigando-lhe as partes íntimas com um objeto de madeira. A boca e os dentes eram os itens mais importantes, no entanto, pois revelavam não só o estado de saúde mas também a idade.

Primeiro o traficante português mostrou os piores. Uns tinham escrófula, outros disenteria, alguns estavam doidos. Ele tentara embelezá-los, raspando-lhes o corpo para eliminar os pêlos brancos, aplicando-lhes azeite-de-dendê para dar aos corpos o brilho da boa saúde. Arguirir balançava a cabeça diante de cada um e, com olhar zangado e estalos de língua, rejeitou dezenas. Finalmente, o traficante foi obrigado a exibir os outros. Agora Aguirir via a juventude, os músculos firmes, os olhos claros e firmes, que lhe davam vontade de comprar.

Os quinhentos que Arguirir escolheu foram levados para junto de uma fogueira, onde se deitaram de costas. Um ferro de marcar com a letra *W* foi aquecido e pressionado em suas carnes logo abaixo dos ombros. As cabeças foram raspadas e os corpos esfregados com areia e água. Depois foram levados rio abaixo numa pequena escuna, alguns acorrentados a um mastro e outros amontoados debaixo do convés. Cinco dias depois, os cativos sobreviventes alcançaram o mar.

Quando a canoa que saiu da praia se aproximava do *Wanderer*, Corrie viu que ela tinha cerca de 7,5 metros de comprimento, com uma boca de 1,80 metro.[14] Fora construída para navegar no oceano, com travas de bambu para impedir que as laterais quebrassem quando a proa mergulhasse fundo nas ondas. Seis negros fortes — krus, como aqueles que tinham guiado o *Wanderer* até a feitoria — equilibravam-se nas bordas, fazendo a canoa avançar com poderosos golpes dos remos. Na proa ia um africano menor, agitando um pedaço de tecido ritmicamente, para que os krus remassem juntos. Outro africano sentado na popa manobrava um remo comprido e instruía os remadores a pegarem uma determinada onda — ou a repousarem os remos enquanto a onda passava.

Os krus não eram apenas pilotos e barqueiros. As Marinhas britânica e americana consideravam-nos soberbos trabalhadores a bordo de navios de todos os tipos, especialmente no calor sufocante dos trópicos.[15] E os traficantes de escravos, igualmente, descobriram que eles gostavam de cuidar de escravos a caminho dos navios, e mesmo depois, nas viagens para terras estrangeiras. O krus se aproximaram do *Wanderer* e subiram aos pulos as escadas laterais. Primeiro exigiram biscoitos e rum. Depois de consumirem isso, desceram alegres para baixo do convés.

Os finos tapetes belgas já tinham sido enrolados e guardados; as finas louças e pratas, e os livros encadernados em couro tinham sido cuidadosamente empacotados. Agora os krus e os portugueses rapidamente firmaram travessas de madeira no cavername do navio e puseram um segundo convés debaixo do convés principal do *Wanderer*. O convés para escravos tinha sido habilmente previsto, pois as pranchas se ajustavam perfeitamente. Corrie desceu e, examinando a nova configuração, comentou com Farnum que seu elegante *Wanderer* era, finalmente, um verdadeiro navio negreiro.

Quando voltaram ao convés, Corrie abriu sua luneta. Emergindo do mato, uma fina fila de africanos serpenteava pelas grandes ondas rumo aos barcos, remados por krus que brandiam açoites e porretes. Era preciso uma imensa dose de força e habilidade para manter as canoas de frente para as vagas e evitar que virassem de banda, cheias de passageiros, e afundassem de repente.

Quando a primeira canoa de cativos alcançou o *Wanderer*, eles foram arrastados por marujos portugueses e levados às pressas pela passagem. O primeiro cativo a entrar foi obrigado a deitar-se de lado nas pranchas, a cabeça virada para a proa contra o vento, os joelhos dobrados ligeiramente em direção ao queixo. Outro foi posto junto, o peito tocando nas costas do primeiro, com os joelhos no mesmo ângulo. E assim por diante, um depois do outro.

Alguns traficantes eram "empacotadores espaçosos", que preferiam dar mais espaço aos cativos, para que um número maior sobrevivesse e fosse vendido com lucro no fim da viagem. Outros eram "empacotadores apertados", que argumentavam que, apesar do número maior de mortos, mais corpos empacotados dariam mais lucro.[16] Nos melhores navios negreiros, cada cativo recebia o espaço que teria num caixão — cerca de 40 centímetros de largura, 81 centímetros de altura e 1,80 metro de comprimento.

Mas os conspiradores do *Wanderer* eram gananciosos. Arrumaram no espaço disponível em uma gaveta os 487 como colheres, concedendo 30,4 centímetros de largura, 46 centímetros de altura e menos de 1,5 metro de comprimento por pessoa. Como podiam escolher, resolveram ser os mais cruéis entre os cruéis.

A última canoa cheia de cativos ainda não alcançara o *Wanderer* quando um dos krus avistou no horizonte um navio que se aproximava rapidamente. Corrie apontou sua luneta e viu as velas de joanete. Era uma espécie de brigue. Corrie não queria correr riscos. Ordenou a Brown que empurrasse de volta a última canoa, levantasse âncora e partisse. O navio que se aproximava era o *Vincennes,* não mais à procura do *Wanderer* ou do *Kate Helen,* mas atrás do *Viper*.[17]

Totten também ficou surpreso. Eis ali um iate de lazer, com a flâmula do Iate Clube de Nova York, todas as velas içadas, velejando apressado para o alto-mar. Não apenas isso: ele vira uma canoa afastar-se rapidamente, de volta para a praia. Fechando a luneta com um movimento rápido, Totten ordenou a seus homens que içassem mais velas. Depois se virou para o artilheiro-mor e lhe disse que preparasse os canhões de 32 libras para disparar.

A bordo do *Wanderer,* Corrie e Farnum viam, horrorizados, o *Vincennes* se aproximar, bloqueando a rota de fuga do *Wanderer*. Puseram-se a imaginar que talvez estivessem sendo seguidos o tempo todo pelos britânicos, que tinham alertado os americanos. Fosse qual fosse o caso, a tesa barriga do *Wanderer* estava cheia de contrabando. Pela lei de 1820, eram piratas. Impossível voltar ou render-se.

Apesar da incompetência generalizada da Esquadra Africana da América, Corrie sabia que eles tinham tido alguns êxitos espantosos. Poucos anos antes, o USS *Porpoise,* um bem armado brigue de 130 toneladas, carregando peças de artilharia de 24 libras e dois canhões de cano longo, viajava pela costa da Libéria quando recebeu informação — em troca de uma garrafa de rum e algumas contas para alguns nativos em terra — de que dois navios negreiros estavam ancorados no rio Little Bonny e prontos para zarpar.[18] De posse dessa informação, o comandante do *Porpoise* pôs os barcos em posição a poucos quilômetros da terra, para que os traficantes não tivessem a oportunidade de virar e voltar para a costa.

No dia seguinte, ao amanhecer, um kru no estriamento do cruzador americano avistou as velas de joanete do navio negreiro. O capitão do *Porpoise* imediatamente fixou seu curso para interceptar os piratas. Mas a essa altura os traficantes já tinham visto também o *Porpoise,* e começaram a empreender uma ação de fuga. O navio negreiro, sendo mais rápido, distanciou-se. Mas os ventos amainaram de repente, e o *Porpoise* conseguiu diminuir a distância.

O capitão ordenou aos artilheiros que disparassem o canhão de cano longo de 14 libras. Tiros atravessaram as velas do navio negreiro, mas nenhuma verga ou corda foi cortada. Quando tudo parecia perdido, um longo tiro partiu as adriças do negreiro. A carangueja e a gafetope tombaram no convés. Finalmente, os americanos puderam subir a bordo do navio e apontar uma pistola para a cabeça do capitão. Rendido, o capitão pediu permissão para ir lá embaixo buscar seus documentos. O pedido foi negado, felizmente: num armário lá dentro os oficiais encontraram dois barriletes de pólvora abertos, com os quais, sem dúvida, o espanhol teria explodido o barco com todos a bordo.

Enquanto o *Vincennes* avançava em direção ao *Wanderer*, Corrie pensava se teria o mesmo destino. Decidiu que, para sobreviver, precisava realizar uma manobra desesperada — orçar ao máximo e passar rente à proa do *Vincennes,* ou, com um toque de última hora no leme, passar por sua popa.

O *Wanderer* voava para barlavento, as velas tesas, a amurada próxima da água.[19] Em resposta, Totten ordenou que os canhões de 32 libras fossem recolhidos e as portinholas fechadas, para que pudesse dar ao *Vincennes* melhor equilíbrio. Os dois agora estavam em rota de colisão. Totten já não precisava da luneta para ver Corrie e Farnum agarrados à amurada de sotavento. A distância diminuiu para 150 metros.

A 90 metros do impacto, Brown, ao leme, apontou a proa do *Wanderer* mais ainda para o vento, orçando ainda mais. Num ponto em que qualquer outro iate teria parado na água, o equivalente náutico de um colapso nervoso, com as velas sem vento panejando ruidosamente e a retranca cruzando violentamente o convés, o *Wanderer* seguiu em frente. A colisão era iminente. Totten estava boquiaberto. Corrie fechou os olhos. Mas nesse instante o *Wanderer* passou pela proa espumante do *Vincennes,* a uma distância de não mais de 15 metros.[20]

Um dos oficiais a bordo do *Vincennes* contou depois ao *New York Times* que um tiro de canhão do *Vincennes* poderia ter "detido o perseguido em sua precipitada fuga", mas que os homens "ficaram tão espantados com o que viram que não puderam reagir". De fato, um dos velhos marujos do *Vincennes* repetiria a história pelo resto da vida: a tarde em que o misterioso iate — com a flâmula do Iate Clube de Nova York — evitou, por uma questão de segundos, uma colisão com o navio de guerra de 703 toneladas.[21] "Aquele maldito sujeito deve ter se colocado a dois graus do eixo do vento", contou ele aos jornais. "Nem o capeta seria capaz de velejar daquele jeito!"

Mesmo que Totten percebesse que o iate era um negreiro, não o teria perseguido: tinha missão mais importante a cumprir — encontrar o *Viper* e dar uma lição àquele tenente Hodgkinson.

O sol se punha quando o *Wanderer* finalmente escapou do *Vincennes*. A tripulação, exausta, fechou as escotilhas. Aquela noite ouviram os africanos gemer em seu caixão superlotado. De manhã, dois tripulantes portugueses desceram ao convés dos escravos. As escotilhas de suspiro tinham sido equipadas com tubos ventiladores, que dirigiam o vento para os cativos. Mas foram incapazes de compensar o calor dos 487 corpos. Seis estavam mortos, e os corpos tiveram de ser levados para cima e jogados no mar.

Depois disso, os cativos foram levados para cima em grupos de cinqüenta, para comer. Os homens foram para o convés principal e o castelo de proa. As mulheres iam comer na tolda, e os meninos e meninas no convés do tombadilho. Cada um recebeu um tigela de mingau de milho quente e dois biscoitos de marinheiro. Ficaram no convés durante cerca de uma hora, depois foram levados de novo para baixo. À tarde, repetiu-se o procedimento.

No terceiro dia, um toldo foi colocado no convés principal, e os escravos tiveram permissão para permanecer debaixo dele várias horas. Um tamborim e um tambor foram trazidos também, e os cativos encorajados a estirar os membros e dançar. Na manhã do quarto dia, a tripulação pôs uma bomba no convés e deixou os africanos se lavarem, da cabeça aos pés, com água salgada fresca. Essa rotina continuou, e por vários dias tinha-se a impressão de que a travessia do Atlântico transcorreria inusitadamente bem.

Mas, no décimo dia, a brisa regular parou completamente. No alto do céu, cirros se espalharam, prenunciando tempestades. Brown mandou a tripulação enrolar as velas de joanete e rizar as velas grandes e as velas de proa. A chuva chegou, caindo pesada como balas de mosquete. Relâmpagos rasgavam o céu em três direções simultaneamente, trovões ribombavam, e um vento frio de estibordo varreu o navio. A noite inteira ele jogou sobre as ondas, o mar cobrindo o convés de espuma. Brown mandou fechar com cuidado as escotilhas e até as gelosias cobertas de lona. Em sua cabine, com a lanterna balançando diante dos olhos, Corrie escutava os gritos dos africanos, angustiados com a falta de ar. Na manhã seguinte, mandou abrir as escotilhas. A miséria e o fedor eram indescritíveis. Embaixo, numa massa confusa, estavam os corpos. O movimento do barco tinha escoriado a pele dos membros. Os mortos estavam acorrentados aos vivos. Mais corpos foram atirados pela amurada.

A partir daí, aumentou a tensão a bordo. Corrie disse que queria deixar as escotilhas abertas. Arguirir argumentou que era perigoso. Um dia, um dos tripulantes encontrou um pedaço de ferro que tinha sido arrancado da porta do castelo de proa. Quando o culpado foi descoberto, trouxeram-no para o convés e amarraram-no a argolas no convés de rosto para baixo.

Um dos portugueses pegou um chicote e açoitou o homem até cansar. Depois o chicote foi entregue a outro marujo, que também bateu até ficar exausto. O infrator não soltou um gemido. O português, com o rosto anuviado, tirou uma navalha do bolso e, com cuidado de cirurgião, lanhou as costas do homem, até o sangue escorrer em faixas. Depois mandou banhá-lo com um balde de salmoura. Quando a água salgada escorreu, o africano deu um grito pungente, horrível. As costas se curvaram como um arco, esticando as cordas das argolas. E o silêncio tomou conta do navio, onde tudo que se ouvia era o gemido do vento.[22]

Durante 42 dias, o *Wanderer* percorreu o Atlântico. Passou pelas zonas de calmaria nas quais, durante dias, os ventos morriam e o mar se acalmava como um espelho; e seguiu em frente, para o porto de destino. Deixou atrás de si uma esteira de 80 corpos, atirados ao mar.

Já perto de Jekyll Island, um anúncio muito estranho apareceu no *Saturday Daily Morning News,* colocado por Henry e John du Bignon, cuja família era dona da ilha. Dizia:

AVISO

Adverte-se a todas as pessoas que evitem desembarcar em Jekyll Island para caçar, cortar madeira, remover destroços, ou entrar sem permissão por qualquer motivo. Processos serão abertos imediatamente contra qualquer um que seja encontrado na praia de posse de espingardas. Capitães de barcos costeiros estarão particularmente atentos.[23]

Era um anúncio inocente, diria depois depois no tribunal o advogado dos du Bignons — um desses avisos que proprietários costumam colocar em suas terras. Mas nesse caso era diferente, pressagiando acontecimentos com repercussão em todo o país.

10

JEKYLL ISLAND

POUCO ANTES do amanhecer de 28 de novembro de 1858, o *Wanderer* apareceu na costa da Geórgia, uma forma espectral com velas pendendo das vergas quebradas. O iate atravessou lentamente o estreito de St. Andrew, seguindo o feixe de luz do farol de Cumberland Island.[1]

As águas são rasas no estreito de St. Andrew, com bancos de areia escondidos logo abaixo da superfície. Em vez de arriscar-se a ficar encalhado, Brown determinou que o navio ancorasse a centenas de metros da praia. Agora, quando o pálido sol brilhava por cima deles, Corrie e Farnum se debruçavam na amurada, perscrutando a praia para ver se algo se movia. Antes de iniciarem a viagem, tinham mandado contratar um prático — alguém que esperasse a volta do *Wanderer* para guiá-los pelos bancos de areia rumo à terra. Mas por mais que vasculhassem a praia, ninguém apareceu.

Enquanto isso, as condições a bordo do *Wanderer* pioravam. Oitenta africanos tinham morrido. Muitos outros adoeceram. A água estava acabando, e a comida também. Multiplicavam-se as baratas que tinham entrado na África, e nenhum canto estava livre delas. Além disso, Brown percebera que a leste o mar espumava, revolto, prenúncio de uma tempestade que poderia atirá-los em direção à costa.

Depois de esperar o dia inteiro, Corrie decidiu não se atrasar mais. Pouco depois do pôr-do-sol, ele e Brown entraram na canoa e remaram pelas águas encrespadas para o farol de Cumberland. Em terra, empurraram o barco para a areia. Era estranho pisar no chão firme depois de 42 dias no mar. Andavam cambaleando. A certa altura, Corrie caiu de joelhos; Brown levantou-o. Continuaram, abrindo caminho no rijo capim-dos-pampas até, finalmente, acharem um vestígio de trilha — que conduzia a uma casa coberta de cedro, cercada de pau-a-pique. Perto dali, a torre do farol erguia-se em espiral, dezoito metros noite adentro, espalhando sua luz sobre o mar.

Ao chegarem à porta da frente, Corrie passou os dedos pelos cabelos queimados de sol e desempoeirou as calças, compondo-se para o que acreditava ser a etapa final da longa viagem. Depois, bateu com força. E esperou. Em breve a porta se abriu e a cabeça de um jovem, de costeletas que desciam até o queixo, apareceu. "Olá, jovem", disse Corrie da maneira mais casual que pôde, "você é o encarregado do farol?"

Quando a luz amarela do lampião caiu sobre Corrie e Brown, os olhos do moço arregalaram-se de surpresa. Os dois estavam imundos, castigados de sol, os cabelos embaraçados pelo vento. A barba de um era ruiva e manchada de tabaco; a do outro crespa e branca. Tinham as mangas esfarrapadas. Reagindo ao espanto do rapaz, Corrie pôs-se a recitar um monólogo, que esperava recompor a situação: disse que seu nome era capitão Cook e que o outro cavalheiro era o sr. Brookstone. O iate deles tinha sido colhido por um vendaval, depois perderam o rumo e caíram numa calmaria. Agora iam trazer o iate para Jekyll, mas, é claro, precisavam de um piloto que os guiasse pela barra.

Recompondo-se, o jovem, que se apresentou como Horatio Harris, explicou que não era piloto, apenas ajudante do encarregado do farol. Havia um piloto, James Clubb — o encarregado —, que certamente poderia ajudá-los. Mas Clubb não estava em Cumberland naquele momento. Fora cuidar do farol de Jekyll Island. Poderiam ir buscá-lo de manhã numa canoa? Corrie balançou a cabeça. Não podiam esperar. As provisões do navio estavam no fim, e formava-se uma tempestade. Harris respondeu que seu bote só podia levar dois. Ótimo, disse Corrie. Brown voltaria para o *Wanderer*, e ele acompanharia Harris até Jekyll Island.

E assim, sob as estrelas que se espalhavam sobre o estreito de St. Andrew, Harris mergulhou os remos na água, rumo a Jekyll. Harris fizera perguntas a Corrie sobre as adversidades enfrentadas, e as respostas evasivas de Corrie acenderam-lhe a imaginação. Finalmente, já perto da costa, Harris não pôde mais reprimir a curiosidade. "Só espero que o barco de vocês não seja um negreiro", desembuchou. Corrie, sentado à popa, respondeu com um olhar inexpressivo. "Lamento muito", disse ele, secamente. "Mas não é." Os remos voltaram a impulsionar o barco sobre as águas. "Eu bem que gostaria de ter desembarcado quarenta mil escravos!", exclamou Corrie. Harris riu, e por um instante o assunto foi deixado de lado.

Chegando a Jekyll, empurraram o barco para a praia. A lua surgia por cima dos pequenos carvalhos, e logo iluminou o caminho de areia pelo qual seguiram. Andaram por uma hora, do extremo sul para o extremo norte da ilha, e finalmente chegaram a uma velha casa, de paredes rebocadas com uma mistura de areia, pedra calcária e conchas. Harris bateu à porta, que foi aberta por John du Bignon. Corrie e Du Bignon reconheceram-se imediatamente, mas mesmo assim deixaram Harris fazer as apresentações. Dentro de casa, Du Bignon pediu a Harris que se sentasse perto do fogo. Depois levou Corrie para conversar num quarto contíguo.

Quando os dois voltaram, Du Bignon explicou que o capitão Cook era na verdade o coronel Corrie, velho conhecido seu. Então Corrie falou, explicando que o nome do navio era *Wanderer*, e que levava escravos... ou seja, *aprendizes*... a bordo. Harris, voltando a arregalar os olhos, perguntou quantos e Corrie respondeu que no começo eram 487 e restavam 407.

Às oito da noite acharam Clubb sentado numa cabana perto do farol de Jekyll Island. Corrie contou-lhe a mesma história que contara a Harris, mas quando mencionou o *Wanderer* os olhos de Clubb se iluminaram. Ele ouvira boatos. "Um maldito negreiro, não tente tapar meus olhos", disse Clubb asperamente, virando o rosto gordo para o outro lado. Corrie segurou-o pelo ombro. Era um negreiro, sim, confessou. Mas estava sem comida e água, e se não entrasse pela barra, para chegar a Jekyll, teria de velejar até Port Royal, na Carolina do Sul, o que poderia ter um resultado trágico. O debate foi demorado. Finalmente Clubb concordou, desde que lhe pagassem US$ 500, em vez dos US$ 50 de praxe. Corrie protestou, mas Du Bignon intercedeu: ele pagaria, o que interessava agora era chegar a Jekyll.

Às cinco da manhã, Clubb tomou uma canoa para o *Wanderer*. O cheiro era repulsivo e, no escuro, ele julgou ter visto pessoas se arrastarem lentamente. Em vez de olhar para o que não queria ver, tentou olhar para a frente. As velas e a âncora foram levantadas, e o *Wanderer* passou em segurança pela barra. Ao raiar do dia, Clubb olhou em redor e pela primeira vez se deu conta plenamente de que estava cercado por um grupo de africanos macilentos.

O *Wanderer* estava agora na extremidade sul de Jekyll, a cerca de cem metros de terra firme. Os marujos começaram a levar os africanos, em grupos, para a praia, usando os dois botes do *Wanderer* e um terceiro providenciado pelos Du Bignons. Ao atingirem a praia, os africanos caíram de joelhos, chorando. Um deles, que sobrevivera à provação, morreu minutos depois. Encontrou o seu fim em Jekyll, numa cova rasa.

Os africanos reagiram com surpresa ao verem os escravos de Du Bignons. Esses africanos, pensaram eles, usavam camisas e calças de pano, como homens brancos. Falavam a língua dos brancos também. Quando alguns recém-chegados tentaram comunicar-se com os escravos de Du Bignon, tudo que conseguiram foi provocar olhares confusos. Mas um velho escravo os compreendia. Seu nome era Jack. Ele se ajoelhou ao lado de um dos africanos e disse algumas palavras serenas no dialeto africano. O africano virou a cabeça lentamente e respondeu. Jack não ouvia tais palavras há setenta anos. Elas o levaram de volta à África através de um longo túnel até uma mãe, um menino, gritos, uma sombria viagem pelo mar. Sentou-se, perplexo. "Algum problema, Jack?", perguntou-lhe John du Bignon. Jack limitou-se a olhar para seu senhor, os olhos inundados de lágrimas, e sacudiu a cabeça.

Uma fogueira foi acesa na praia. A gamela de ferro para cozinhar foi trazida do *Wanderer* e enchida de fubá. O sol já ia alto, derramando sua luz quente em colunas entre as árvores. Depois da refeição, muitos africanos caíram no sono. Agachado junto à fogueira, Harris conversava com Brown, o de barba ruiva. Brown estava feliz de poder falar, e contou sobre a viagem ao Congo, os oficiais britânicos a bordo do *Medusa*, a disputa com o iate inglês, a longa viagem de volta. Eles eram selvagens, disse Brown. Havia 487 no começo. Oitenta tinham morrido, disse ele, e serviram de comida para os tubarões.

Aquela noite, quando o vapor costeiro *St. Johns* subiu o riacho Jekyll em sua viagem regular para Savannah, dois homens num barco a remo interceptaram-lhe o caminho. Um era um marujo de barba ruiva. Subindo a bordo, registrou-se por escrito como "sr. Wilson". Quando o navio chegou a Savannah no dia seguinte, o "sr. Wilson" correu imediatamente à casa de Charles Lamar na rua East Broughton. Ao abrir a porta, os olhos de Lamar se arregalaram. Diante dele estava Brown, o rosto castigado pelas intempéries, as calças esfarrapadas, a barba ruiva imunda — os olhos inflamados. Trazia a notícia de que o esquema funcionara.

Luke Christie, capitão do vapor de casco de ferro *Lamar*, estava dando uma olhada no armazém Claghorn and Cunningham na rua Drayton aquela tarde quando seu chefe, o capitão Stevenson, entrou às pressas trazendo novidades. O *Lamar* fora reservado para uma viagem a Fernandina Beach, no sul, aquela noite, contou-lhe Stevenson, mas a presença de Christie não seria necessária; os clientes tinham decidido contratar seu próprio capitão. Christie conformou-se, mas resolveu ir ao cais de qualquer forma, para ter certeza de que o *Lamar* estava bem equipado para a viagem.

No cais, Christie surpreendeu-se com a presença das personalidades mais conhecidas de Savannah no convés do barco. Lá estavam Nelson Trowbridge, o traficante de escravos domésticos; John F. Tucker, da Câmara de Vereadores de Savannah; e, é claro, Charles Lamar. Estava lá também um marinheiro de barba ruiva que Christie nunca tinha visto. Os homens demonstravam ânsia de partir, as caldeiras já acesas e o vapor preparado. Mas o novo capitão não apareceu. Sem outra escolha, Christie recebeu ordem para assumir a roda do leme e seguir 95 quilômetros rumo sul para Jekyll. A grande roda de pá começou a girar, e pouco depois da uma da manhã o *Lamar* deixou Savannah, passando por Tybee Island e seguindo pela costa.

Por volta das sete da noite, o *Lamar* chegou a Jekyll Island. Ao aproximar-se Christie viu um pequeno barco vindo em sua direção. Na praia estava Henry du Bignon, irmão mais velho de John. Henry indicou o lugar para onde queria que o *Lamar* se dirigisse. Christie seguiu as instruções e jogou a prancha de desembarque sobre a margem. Mal acabou de colocá-la, Charles Lamar e seus amigos desembarcaram às pressas. Christie recebeu ordem para esperar a bordo, sem que soubesse bem o quê.

Enquanto o *Lamar* viajava de Savannah, os marinheiros portugueses de Jekyll reuniram os africanos e os levaram da praia para as densas florestas da extremidade ocidental. Outra fogueira foi acesa, e mais comida trazida para os africanos. Mais tarde, um médico chegou de Brunswick para cuidar dos cativos doentes. Alguns africanos sorriram pela primeira vez. A comida era abundante. Tinham cobertores e estranhas roupas para usar. Alguém providenciara um tamborim e um tambor. Meninos africanos equilibraram-se nos membros doloridos e, à batida familiar do tambor, começaram a dançar.

Christie passou a noite sozinho no *Lamar*. Viu as garças pescarem na beira do canal; viu pica-paus perfurarem a casca dos pinheiros. Os homens que trouxera de Savannah voltavam ao barco de vez em quando, mas, como de outras vezes, nada diziam. Finalmente, de manhã cedo ele ouviu o barulho de homens que se aproximavam, e o distinto tilintar de correntes. A cena que viu era espantosa: um grupo de africanos, acorrentados em subgrupos de seis, conduzidos para a passarela do vapor por homens sujos e barbados.

Ao meio-dia o barco estava cheio, a grande roda de pá voltou a girar, e o *Lamar* partiu de volta para Savannah. À tarde passou por St. Simon's Island, atravessou o estreito de Altamaha e chegou a Sapelo Island. Ancorou ali para passar a noite e na manhã seguinte prosseguiu, passando por St. Catherine Island, Ossabaw e, finalmente, Tybee Island.

Quando entrou no rio Savannah já tinha escurecido. Passou despercebido pelas luzes da cidade e continuou rio acima por mais 22 quilômetros, atracou no lado da Carolina do Sul, perto da plantation de John Montmollin, e os africanos foram desembarcados.[2]

Os conspiradores também dispersaram. Lamar saltara do vapor cerca de onze quilômetros abaixo da plantation de Montmollin e já devia estar em casa. Tucker retirara-se para sua plantation à beira do rio Savannah. Trowbridge ajudou a dispersar os últimos africanos de Jekyll e voltou também para Savannah. Farnum tomou o paquete para Nova York. O barba ruiva Brown, juntamente com Arguirir e o tripulante Juan Rajesta, rumou para Savannah, onde se encafuou temporariamente no City Hotel, aguardando um navio que o levasse para Nova York.

Corrie ainda tinha um assunto para tratar. Pouco depois que os africanos desembarcaram do *Wanderer*, mandou o iate subir o rio Little Satilla. O convés dos escravos já tinha sido removido e descartado, e o iate, parcialmente protegido por altos pinheiros, foi esfregado com barrela e vinagre. Depois, um marujo recebeu US$ 100 para conduzi-lo ao porto de Brunswick, a cerca de 15 quilômetros.

Em 5 de dezembro, com o *Wanderer* atracado no porto de Brunswick, Corrie entrou no escritório de Woodford Mabry, o inspetor do Porto de Brunswick. Com a indiferença de hábito, Corrie explicou que o iate tinha sido colhido por uma ventania, e que ele gostaria de obter autorização para levá-lo de volta a Charleston. Entregou a Mabry os documentos do *Wanderer* e sentou-se. Mabry não demorou a olhar por cima dos óculos. Os documentos do *Wanderer*, disse ele, não mostravam o carimbo de autorização de Santa Helena, que, de acordo com o diário de bordo, tinha sido o último porto da viagem. Corrie respondeu que o cônsul dos EUA, que deveria ter carimbado os documentos, estava ausente quando passaram por lá, assim como o vice-cônsul. Corrie, é claro, exibiu o seu sorriso mais confiante e radioso. Mabry foi seduzido, e, sem mais perguntas, carimbou os documentos. O *Wanderer* estava livre para velejar até Charleston — e com isso Corrie ganhava um bilhete para a liberdade.

Tivesse partido imediatamente para Charleston, Corrie não teria tido dificuldades. Mas, no dia seguinte, boatos perturbadores chegaram aos ouvidos de Mabry. Contaram-lhe que africanos recém-importados tinham sido vistos perto de Jekyll Island. Seriam verdadeiros os rumores de que o *Wanderer* era um navio negreiro? Mabry achava que não, mas resolveu remar até o *Wanderer* e dar uma espiada. Um exame superficial não revelou nada suspeito. Ainda assim, algo parecia errado. Mabry puxou os documentos do *Wanderer*. Dessa vez examinou-os com lente de aumento. E de repente viu: o selo de Trinidad era forjado!

Em 8 de dezembro, Mabry mandou uma mensagem urgente para o procurador-geral assistente dos EUA, Joseph Ganahl, em Savannah, descrevendo os acontecimentos, os rumores e o fato de que o *Wanderer* andava com autorizações falsas. No momento em que ia postar a carta, Mabry ouviu o som de um apito de vapor. Era o *Lamar*, chapinhando rumo ao porto para rebocar o *Wanderer*.

Alarmado, Mabry recusou-se a deixar o iate partir. Corrie, observando de longe, viu que o jogo acabara. Deixou a cena, rápido — tão rápido que abandonou, no iate, os diários de bordo do *Wanderer*, seus cadernos e até um baú com anéis, cartas e outros objetos pessoais.[3]

Quando recebeu a mensagem de Mabry, Joseph Ganahl ficou inquieto. Também ouvira rumores do desembarque de africanos, e tinha, na realidade, despachado intimações para qualquer um que, na sua opinião, pudesse oferecer um testemunho do fato. Ganahl até providenciara uma audiência com o juiz Abraham Henry, na qual pretendia apresentar as provas que já reunira. A presença do *Wanderer* no porto de Brunswick era uma bela notícia, uma peça do quebra-cabeça que poderia vir a ser essencial.

Ganahl era filho de um imigrante alemão bem-sucedido no comércio de algodão. A mãe era tida como uma "das mais belas mulheres da Geórgia". Nas palavras de um jornal de Augusta, "ela era dotada de grande força e firmeza de caráter... conhecida pela bondade, pela liberalidade e pela caridade". Ganahl também tinha beleza física e força de caráter. Inicialmente, queria ser cirurgião, mas o direito acabou prendendo-lhe a atenção. O que o atraía na profissão não era o dinheiro que poderia ganhar — eram as batalhas a serem travadas, a justiça a ser imposta.[4]

Agora, com a tenra idade de 27 anos, era o promotor federal assistente em Savannah. Trabalhava com afinco em seu escritório na Alfândega, na esquina das ruas Bull e Bay. Muitas noites, depois de fazer os três filhos dormirem e de se despedir da mulher com um beijo de boa-noite, saía de casa, na esquina das ruas Lincoln e Charlton, e voltava para o trabalho, a figura delgada projetando uma sombra solitária ao passar pelas lâmpadas da rua.

Ganahl respondeu imediatamente à carta de Mabry.

> *Prezado senhor, recebi sua comunicação do dia 8. Acho que o senhor cometeu um erro ao conceder autorização de partida ao iate* Wanderer, *mas se o iate ainda estiver na sua área de atuação apreenda-o imediatamente, em nome dos Estados Unidos, e me informe oficialmente de suas providências.*
>
> *Pelo que o senhor me escreveu, e pelo que já ouvi, não há dúvida de que o* Wanderer *é culpado, e se agirmos com energia poderemos conseguir as provas necessárias. O problema é obter provas, e estas são minhas ordens. É certo que o* Wanderer *transportou cem escravos para algum lugar aí em sua região, e alguém sabe ou deveria saber alguma coisa sobre isso. Veja o que consegue descobrir.*
>
> *Enviarei um vice-chefe de polícia com intimações em branco para serem apresentadas ao juiz Henry nessa cidade no sábado. Preencha-as com o nome das partes que, na sua opinião, seriam suspeitas de ter conhecimento do assunto. Uma das intimações é para o senhor, que virá a Savannah, para conversarmos. Faça portanto tudo que estiver ao seu alcance — consiga todas as informações que puder em Brunswick, Satilla e arredores e traga as partes com o senhor. P.S. Os Estados Unidos pagarão a viagem e as diárias.*[4]

Na tarde de 12 de dezembro, um mensageiro da empresa de telegrafia Morse correu para os escritórios do *New York Herald*, em Manhattan, e entregou um telegrama a um adolescente que se dirigia à mesa do editor e fundador do *Herald*, James Gordon Bennett.

Bennett pegou o telegrama e ajustou os óculos para ler. Quando as letras regulares apareceram em foco, ele soltou um assobio. Seis meses antes, o *New York Times* informara que o *Wanderer* obviamente não era um negreiro, e que, com Farnum a bordo, provavelmente rumava para uma aventura qualquer. O *Herald* manifestara a mesma opinião. Mas aquele telegrama negava isso.

Erguendo-se rapidamente da mesa, foi à sala da redação. Ali, aproximou-se de uma das estrelas do jornal — um repórter que tinha os pés na mesa e um palito pendurado nos lábios. "Leia isto, O'Sullivan", disse ele. O repórter pegou o telegrama e, depois de ler a primeira frase tirou os pés da mesa. "Se for verdade, Corrie nos pregou uma peça e tanto", comentou, com ar de surpresa. "Você acha que fomos enrolados?"

O *New York Herald* era o jornal de maior tiragem diária. Bennett fundara-o vinte anos antes, com uma animada mistura de política, escândalo, desmascaramento, crime e notícias internacionais. Ele gostava de mostrar a roupa suja dos políticos; de redigir editoriais contra radicais; de provocar arrepios nos leitores com relatos sobre o lado oculto de Nova York; e de furar seus maiores rivais jornalísticos, Horace Greeley, editor do *New York Tribune*, e Henry Raymond, editor do *New York Times*. Era disso que gostava. Mas odiava certas coisas, e a coisa que mais odiava era ser ludibriado.

"Não sei, não", disse Bennett, passando a mão pela barba. "Mas é melhor você ir correndo para o porto. E arrancar algumas respostas de Rynders — precisamos estar respaldados." Foi o que fez o repórter. Depois de ir à zona portuária e ao prédio do governo federal, encontrou o chefe de polícia Rynders, ou capitão Rynders, como às vezes também era chamado, e bombardeou-o com perguntas.

Na manhã seguinte os nova-iorquinos pegaram o *Herald* para ler esta notícia dada em primeira mão:

O TRÁFICO DE ESCRAVOS FOI REABERTO?

Será o IATE *Wanderer* um navio negreiro? — Curiosas Respostas Conflitantes sobre o *Wanderer* — Rumores sobre Desembarque de um CARREGAMENTO de Escravos Perto de Brunswick, Geórgia. — Detalhes sobre Sua Apreensão em Nova York em Junho Último — Profecia de um Repórter do *Herald* — Fracasso do Chefe de Polícia Rynders — O Que o Secretário da Marinha Acha do Tráfico de Escravos na Costa.

> *O iate* Wanderer, *cuja detenção neste porto em junho último por suspeita de tratar-se de navio negreiro provocou certa comoção, reapareceu perto de Brunswick, Geórgia. Partiu daqui levando a bordo seu dono, o capitão Corrie, que contava com a simpatia de muita gente simpática, que achava que ele tinha sido vítima de abusos quando estragaram sua festa.*
>
> *Ontem, um pouco mais de luz e muito mais mistério foram jogados sobre o assunto, com o recebimento do seguinte telegrama:*
>
> *O* Savannah Republican *desta manhã soube, de fonte segura, que o iate* Wanderer *conseguiu escapar da vigilância dos cruzadores e desembarcou um carregamento de escravos na vizinhança do estreito de St. Andrew, perto de Brunswick, Geórgia, e essa parte de sua carga foi encaminhada pelo rio Satilla a bordo de um vapor.*
>
> *Se for verdade, isso não contribuirá para aumentar a credibilidade de nossas autoridades, que em junho passado estiveram de posse do* Wanderer, *suspeito de envolvimento no tráfico de escravos. Convém lembrar que a denúncia fora feita pelo inspetor de Port Jefferson, sr. S. S. Norton, que declarou que suas suspeitas começaram quando viu o barco passar por reformas, recebendo novos tanques de água potável de tamanho inusitado, marujos estrangeiros e, acima de tudo, autorização para ir de Port Jefferson a Charleston, e comprando provisões trazidas numa chata de Nova York, quando teria sido mais rápido o próprio iate fazer escala em Nova York e economizar as despesas de carregamento. Esses fatos contribuíram para fortalecer as suspeitas do sr. Norton, e ele imediatamente mandou mensagem a Nova York e tomou providências para a apreensão do barco.*[5]

O *Herald* explicou que os chefes de polícia Rynders e O'Keefe tinham subido a bordo "dando-se por satisfeitos com relação ao inocente objetivo da viagem e mostrando-se indignados com o fato de um cavalheiro que se preparava para começar uma viagem de recreio ser perturbado de modo tão atrevido". O *Herald* acrescentou:

> *Depois dessa inspeção superficial do promotor público, o barco teve licença para partir, e o inspetor de Port Jefferson ficou na expectativa de medidas legais definitivas, até finalmente ir para casa, aborrecido. A*

declaração que fez àquela época foi mantida fora do alcance dos repórteres e, acreditamos, nunca publicada. A seguinte conversa entre um dos repórteres do Herald *e o chefe de polícia mostra o quanto duas pessoas podem divergir em relação ao assunto. O repórter encontrou-se com o capitão Rynders e o sr. O'Keefe a bordo do* Harriet Lane, *na noite da chegada do* Wanderer *a Nova York, quando este diálogo foi travado:*

Repórter: Capitão Rynders, eu gostaria de acompanhá-lo a bordo do Wanderer, *se o senhor não se importar.*

Sr. O'Keefe: Sim, eu me importo; não permitimos que ninguém suba.

Repórter: Repórteres são exceção à regra geral.

Sr. O'Keefe: Mas não queremos repórteres a bordo.

Repórter: Por que não?

Sr. O'Keefe: A idéia de o iate ser um negreiro é absurda. É um navio suntuoso.

Repórter: O senhor não sabe que eles podem se dar ao luxo de jogar fora um barco desse tipo a cada viagem...?

Sr. O'Keefe: Não, ele é muito pequeno, e seus camarotes estão lindamente equipados.

Repórter: Um carpinteiro poderia transformá-lo em poucas horas, e criar mais espaço.

No dia seguinte, a história do *Wanderer* explodiu na primeira página dos outros grandes jornais do país. O *New York Times*, o *New York Journal of Commerce*, o *New York Post*, o *New York Courier*, o *Brooklyn Eagle*, o *Washington Union*, o *Washington Post*, o *Boston Advertiser* e o *Boston Traveller* publicaram reportagens sobre o assunto. Enquanto isso, a história zumbia através do recém-instalado cabo telegráfico transatlântico, ganhando as páginas do *Times* de Londres e da imprensa européia.

A cobertura pelos jornais do Sul foi, é claro, ampla. O *Savannah Republican* comentou: "O sr. Ganahl, ajudado pelo chefe de polícia D. H. Stewart, está fazendo o possível para obter todas as provas do caso, e enviou alguém a Brunswick para conseguir informações sobre a transação a tempo de serem examinadas, o que provavelmente ocorrerá na próxima quinta-feira." No dia seguinte, o jornal informou: "Temos certeza de que o sr. Ganahl não medirá esforços para que se faça justiça; e se forem considerados culpados num julgamento, eles servirão como exemplo para acabar com o tráfico de escravos, pelo menos neste distrito..."⁶

Mas a história do *Wanderer*, ao começar a esquentar, recebeu um balde de água fria. Escravos tinham mesmo sido trazidos para a costa americana pelo *Wanderer*? Ou tudo não passava de uma peça pregada por Corrie e Farnum? Advertiu o *New York Times*:

> *O* Tribune *e o* Post *trataram o assunto como se tivesse tremenda importância política, e como se fosse fato comprovado que, enquanto o resto do mundo discute a moralidade do comércio de escravos, o Sul o restabeleceu, e é apoiado na manutenção desse comércio pelo governo geral.*
>
> *Observe-se que a história sofreu sérias modificações desde que surgiu. Primeiro se disse que o iate tinha trazido 350 ou 400 negros para a costa da Geórgia — mas o absurdo disso logo ficou evidente, e o número foi reduzido para 80. Isso, entretanto, como a outra própria história, é inteiramente conjetural — e não ficaríamos nem um pouco surpresos se ouvíssemos que todo o relato é uma fraude, preparado pelos personagens esportivos a bordo do iate com o objetivo de criar um clímax para os trabalhos que tiveram neste porto na época da partida original.*⁷

O *Brooklyn Eagle* parecia concordar. "A história... foi aos poucos diminuindo de tamanho, e sem dúvida vai desaparecer quando for examinada de perto. No começo o *Wanderer* tinha trazido 400 homens e mulheres para a Geórgia, que agora são apenas 80... Um fato, no entanto, está suficientemente claro nesta história; o de que a ilusão da retomada do tráfico de escravos é ridícula demais para ser aceita por qualquer velhinha ingênua neste país."⁸

A possibilidade de uma brincadeira parecia definitivamente confirmada por uma reportagem publicada pelo *Albany Statesman*.⁹ Um repórter do jornal, descobriu-se, viajava de Charleston para o norte a bordo de um vapor quando avistou na amurada Egbert Farnum, um dos supostos conspiradores. Farnum parecia um tanto bronzeado pelo sol e pouco à vontade dentro de um terno novo. Mas, depois de alguns drinques no salão, o "renomado aventureiro" ficou mais que feliz de poder esclarecer os fatos, de forma categórica. Logo que desembarcou em Nova York, o repórter divulgou a *verdadeira* história:

> *O* Wanderer, *como todos sabem, é um belo e veloz iate. Velejou em julho último para o rio Congo e passou algum tempo agradavelmente na costa, se podemos confiar no relato da expedição que nos fez um falante oficial que acompanhou o capitão Corrie na viagem, e cujo nome está associado a feitos de audácia e aventura. Referimo-nos ao capitão Farnum, o renomado "aventureiro", cuja brilhante carreira no Texas, na Califórnia e na Nicarágua é conhecida de tantos patrícios seus.*
>
> *A fragata britânica* Medusa *estava na costa à época da visita do* Wanderer, *e numerosas foram as visitas de amizade, e gratas as horas de convívio entre os oficiais dos dois países. O pessoal do* Wanderer *foi recebido e festejado pelos britânicos, e os britânicos, por sua vez, foram recebidos e festejados pelo pessoal do iate americano. Tão completa era a confiança nestes últimos, e tão seguros estavam os galantes John Bulls de que seus amigos ianques faziam apenas uma viagem de lazer e obtenção de informações, que a idéia de inspecionar o* Wanderer, *para ver se poderia estar equipado como navio negreiro, provocou risadas quando proposta pelo capitão Farnum, como "ótima piada"...*
>
> *O* Wanderer *ficou algum tempo na costa. Seu pessoal desceu em vários pontos de interesse e contemplou a natureza africana em toda a sua originalidade e beleza. A descrição dos hábitos e da aparência do povo feita pelo capitão Farnum um dia ainda haverá de despertar o interesse de milhares de leitores...*
>
> *Lá eles participaram de uma regata contra um iate britânico, que se gabava de ser especialmente veloz, e derrotaram-no com a facilidade com que um cavalo de corrida venceria um cavalo estradeiro. Depois de permanecerem na costa por tempo suficiente, uma noite os americanos se afastaram e voltaram os olhos para casa...*

Isso foi tudo, nada de tráfico de escravos! De volta a seu escritório no *Herald*, Bennett sorriu. Ele e os outros jornais *tinham sido* ludibriados.

Aquele lobista louro, Corrie, agora em sua casa em Charleston, festejado e celebrado, e muito provavelmente rindo a bandeiras despregadas, enganara-os a todos.

De fato, Corrie talvez risse naquele momento. Mas a verdade sobre o *Wanderer* ainda estava para ser contada.

11

PROVA INICIAL

NO COMEÇO de janeiro, uma locomotiva a vapor entrou na estação de Montgomery, Alabama, e parou assobiando. Os agricultores e comerciantes que se juntaram na estação ferroviária com suas carroças, frutas e vegetais olharam com espanto. Ali, apertadas de encontro às janelas dos vagões, estavam as faces de três dúzias de africanos — com tatuagens na testa e dentes afiados aparecendo entre os lábios entreabertos —, os olhos escuros tão arregalados e incrédulos quanto os dos agricultores e comerciantes que olhavam de fora.[1]

A porta do vagão foi aberta. Ouviu-se o tilintar e o arrastar de correntes quando os cativos eram reunidos em grupos de cinco ou seis e conduzidos pelas escadas para a plataforma. Duas carroças de feno se aproximaram, puxadas por mulas, e os africanos embarcaram. A última pessoa a sair do vagão foi Thack Brodnax, o traficante de escravos. Ele apareceu alongando-se sensualmente, o rosto rosado radiante. Examinou sua carga com satisfação — seis homens, três mulheres, cinco meninas e 22 meninos, todos descalços, vestidos com calças de pano grosso e camisas de algodão, comprados na África a US$ 50 cada, recém-adquiridos no *Wanderer* a US$ 500 e na iminência de serem vendidos a mais ou menos US$ 1.000 — e, com um aceno, fez sinal aos carroceiros para que levassem a carga.

No fim da tarde de inverno, com as sombras se alongando grotescamente pela rua, as carroças passaram lentamente, rangendo, pelo coração de Montgomery. Alguns africanos enfiavam a cabeça debaixo dos mantos. Outros, sobretudo os mais jovens, olhavam com curiosidade. Alguns, hábeis na pantomima, punham ambas as mãos na boca e jogavam a cabeça para trás, indicando que queriam algo para beber.[2]

Velhos agricultores e sérios comerciantes aproximavam-se da estrada para observar em silêncio a procissão. Apesar de africanos não serem levados diretamente para os Estados Unidos há quase quarenta anos, a escravidão fazia parte da vida no Sul há duzentos anos. Como numa montanha, os picos e ângulos duros tinham se desgastado. A escravidão era coisa sabida e consabida. Obedecia a regras estabelecidas. Até a igreja a tolerava. Mas a chegada desses africanos, ainda inexperientes e sangrando da viagem, era um espectro perturbador.

Algumas mulheres brancas viraram o rosto, protegendo os olhos dos filhos. Os homens olharam diretamente, preocupados. Temiam que o tráfico de escravos africanos, banido por seus pais e avós, voltasse com força, trazendo selvagens africanos para suas vilas e cidades. Temiam que os novos escravos provocassem uma rebelião. Temiam que o resto do país reagisse indignado. Temiam que aquilo fosse a última gota, o ato que levaria o país à desunião.

Alguns dos escravos domésticos de Montgomery também observavam as carroças. Como os agricultores e comerciantes, eles também nasceram dentro da instituição da escravatura. Aquilo lhes era familiar. Conheciam as regras. A montanha da escravidão tinha se desgastado para muitos deles também. Um homem negro podia obter um naco de fumo para seu cachimbo. Uma mulher podia comprar um lenço grande e colorido ou um pano para ir a um casamento. Era possível mexer os pauzinhos e conseguir licença para ver um amigo. Um patrão fraco poderia ser manipulado, e usado; a diminuição geral do ritmo de trabalho poderia acabar com um capataz abusado. A filha da sinhá, com seus cachos dourados rolando sobre os ombros, esperava todas as manhãs para brincar com a filhinha dos negros — com suas tranças esticadas e presas com fitas vermelhas. Aquela procissão era uma janela sobre o passado, fazia lembrar a forma como seus pais e avós tinham sido trazidos para esta terra, nus e acorrentados. E pensar no que deveriam fazer, por si e por aquelas almas nas carroças — e essa imagem sangrenta infundiu-lhes medo. Haveria rebelião? Haveria represálias? O pouco que tinham conseguido seria tomado? Não sabiam.

As carroças atravessaram a cidade até a rua Perry, onde ficava um alojamento de escravos chamado Brown's Speculator House. À luz de tochas os africanos foram tirados das carroças, uns apoiados nos outros, e levados para dentro. Depois de alimentados, deixaram-nos soltos para encontrar um lugar no chão onde passar a noite. Os agricultores e comerciantes foram para casa comentar, em tom preocupado, o que tinham visto.

Logo depois, no entanto, outra multidão, essa de jovens barulhentos, chegou para ver os novos visitantes. "Numa casa dos fundos estão amontoados 38 africanos do Congo!", escreveu um observador para um jornal local. "Não estremeça e diga: 'Os sentimentos morais do cristianismo condenam o tráfico.' Mas é fato: eu vi os africanos!"

Quando os homens cercaram os africanos, um deles trouxe um tambor e um tamborim, e, com uma garrafa de rum passando de mão em mão, os africanos foram estimulados a dançar. "A maioria, esperta e viva, ria e falava em sua língua nativa e apontava para tudo, tagarelando sobre o que lhe chamasse a atenção", disse o observador, admirado. "O crânio de alguns tem formato singular — quase impossível de descrever. Um é quase quadrado, um tem o rosto convexo, outro uma cabeça duplamente côncava e convexa; mas a maioria tem cabeça normal, grande nariz achatado, boca enorme, dentes da frente faltando, orelhas miúdas e pés e mãos muito pequenos. Alguns são bonitos, mas outros são espantosamente feios; alguns tinham o que se poderia chamar vulgarmente de bochecha inchada de porco. Vi um deles, um homem que tinha os ossos da face proeminentes e muitas cicatrizes, e parecia muito inteligente. Era um 'chefão', sem dúvida, em seu país."

O que mais agradava à multidão era a capacidade de mímica. "Fiquei surpreso com uma coisa", continuou o observador. "Eles repetiram cada palavra que eu lhes dizia. Perguntei a um deles: 'De onde você é?', e ele me devolveu a pergunta, sem saber o significado, é claro..."

De manhã, os africanos comeram numa gamela, enfiando colheres de madeira no mingau de milho com bacon. Depois, voltaram para as carroças e foram levados para as margens do rio Alabama, que serpenteia em direção ao sul até o golfo do México. No cais, aguardava-os o *St. Nicholas,* um barco de rodas laterais. Poucos dias depois chegou a notícia de que "dois dos miseráveis morreram e... muitos outros estão com um pé na cova devido aos sofrimentos e dificuldades durante a viagem desde a África". Mas depois disso, nunca mais se ouviu falar neles.

Enquanto isso acontecia, Ganahl tentava reunir provas para apresentar o seu caso. Quando ouviu os primeiros rumores, designou para seu vice o delegado Matthew Gordon e mandou-o a Jekyll o mais depressa possível, para encontrar John du Bignon e entregar-lhe uma intimação. Disse a Gordon, ainda, que juntasse o maior número possível de africanos, para servirem de prova.

Aquela noite, Gordon e um amigo chamado Blount pegaram um vapor para Brunswick. De manhã cedo alugaram um barco a vela e um prático para levá-los a Jekyll. Gordon e Blount agachavam-se na proa, embrulhados em cobertores para se proteger do vento frio da manhã. Uma brisa de noroeste levou-os a Jekyll em uma hora. Gordon e Blount saltaram do barco e puxaram-no para a margem lamacenta e, deixando o prático com o barco, entraram pelo mato. À distância, eles podiam ver fumaça se erguendo por entre os pinheiros. Foram em frente e, mais adiante, acharam uma trilha indistinta que seguiram para o norte.[3]

Logo ouviram uma batida constante de tambor. Indo na direção do som, engatinharam até um arvoredo. Havia uma fogueira a cerca de 200 metros, e, em torno dela, uma dúzia de africanos dançava. "Aposto que são negros africanos", sussurrou Gordon. Gordon e Blount contaram até três e saíram dos arbustos. Nesse momento, um velho negro, que observava os dançarinos à distância, deu um grito de alerta. Os dançarinos espalharam-se pelo mato. Enquanto Blount os perseguia, Gordon agarrou o velho negro, que disse se chamar Sam e pertencia ao sr. du Bignon. Gordon ouviu o tropel de cascos, e Henry du Bignon entrou na clareira, conduzindo seu cavalo pelas rédeas por cima da cabeça de Gordon. Du Bignon perguntou com que autoridade Gordon desembarcara na ilha. Gordon mostrou-lhe a intimação e disse que estava ali para intimar John Bignon. Henry respondeu que seu irmão não estava, e sem dizer mais uma palavra retirou-se rapidamente em seu cavalo.

Nesse momento Blount reapareceu — segurando um pequeno menino africano que tentava escapar. Gordon tinha chegado disposto a perseguir du Bignon, mas mudou de idéia. Decidiu tirar o menino africano da ilha o mais depressa possível e levá-lo para Savannah. Puseram-se a correr o mais rápido que podiam pelo mato, ouvindo ao longe o latido de cães. Chegando ao barco, empurraram-no para a água e saltaram dentro, embrulhando o menino num cobertor e derrubando-o no chão. No dia seguinte, Gordon chegou a Savannah e trancafiou o menino na cadeia. Agora, com o menino africano trancado, Ganahl tinha sua primeira prova sólida. Mas outras viriam.

A Price's Clothing, na esquina das ruas Bull e Bay em Savannah, era tida como a melhor loja de roupas masculinas da cidade. "Onde você sempre encontrará um suprimento vasto e elegante dos melhores e mais modernos artigos da estação", dizia o anúncio. Um manequim na vitrine vestia um sobretudo marrom de *tweed*, calça marrom-clara, camisa amarela brilhante, com luvas, gravatas, colarinhos e pincéis de barba a seus pés.[4]

Três dias depois de o *Wanderer* atracar em Jekyll, a vitrine refletia também os rostos de três repulsivos personagens, dois marujos portugueses de olhos negros e um homem de cabelos desgrenhados e uma fluida barba ruiva. Seus reflexos demoraram alguns segundos na vitrine, depois seguiram juntos para a porta da frente.

William O. Price espanava caixas quando a campainha da porta tocou e os três entraram. Um deles, o de barba ruiva, Price percebeu, estava mais bem vestido do que os outros: usava um sobretudo de flanela azul. Mas todos precisavam de roupas novas. Os três andaram de um lado para outro pelo corredor, olhando, até que chegaram ao balcão. O de barba ruiva que falava. Eram de Nova Orleans, explicou, e planejavam tomar o vapor sábado para Nova York. Mas, é claro, precisavam de roupas novas.

O homem de barba ruiva puxou uma bolsa de camurça e jogou algumas moedas no balcão.

Price mexeu-se. Um ajudante apareceu e, por ordem de Price, tirou as medidas dos clientes, voltando com pilhas de caixas e roupas penduradas em cabides — coletes com duas fileiras de botões, paletós de uma fileira, calças de boca larga, sobretudos de *tweed*, gravatas-borboleta e outros artigos.

Sempre curioso a respeito dos fregueses, Price tentou puxar conversa com Brown, o de barba ruiva. Nada pareceu funcionar, até que Brown lhe mostrou umas calças que, segundo ele, precisavam de remendo. Examinando-as, Price notou, pela etiqueta da algibeira, que a roupa tinha sido confeccionada em Nova York. A partir desse fragmento de informação, Price falou por um tempo sobre a Cidade Imperial, dizendo, durante a conversa, que tinha particular interesse pelos personagens que moravam nas sombras no sul de Manhattan — *os traficantes de escravos*. Brown, enfiando umas calças listradas, demonstrou, rosnando, algum interesse pelo assunto.

Price fez uma pergunta: Brown já tinha ouvido falar num traficante de escravos chamado Miller? Ajustando as calças, Brown respondeu: "Está falando de *Jack* Miller?" Price ficou estarrecido. Sim, ele mesmo. Price começou a ver Brown com novos olhos. Aquele homem não era um marujo comum, calculou Price, enquanto enfiava um roupão de seda nos ombros de Brown. Era um traficante de escravos — em carne e osso!

Depois da compra, Brown, Arguirir e Rajesta andaram até o City Hotel, na rua Bay, 157. Esperando-os no saguão, encostado no balcão de reservas, por trás de um exemplar do *Savannah Republican*, estava o promotor Ganahl, com o vice-chefe de polícia Stewart sentado numa poltrona à sua esquerda, lendo o *Savannah Daily Morning News*.

Ganahl fora informado por Michael Cass, o gerente do hotel, que três indivíduos, de aparência muito desleixada, tinham se hospedado poucos dias antes, dois deles falando espanhol, com roupas de marinheiro. Um deles assinara o nome Briggs nos registros, depois riscara-o e substituíra-o por Brown. Quando Cass lhes perguntou de onde vinham, hesitaram antes de responder. O homem de barba ruiva mencionou Nova Orleans.

Era tudo que Ganahl precisava ouvir: mais que depressa transmitiu suas suspeitas ao juiz Nicoll do Tribunal de Comarca dos EUA, e conseguiu um mandado de prisão para os três.

Quando Brown, Arguirir e Rajesta entraram no saguão, uma multidão já se reunira, esperando, a julgar pela presença de Ganahl e Stewart, que algo interessante acontecesse naquela tarde ordinária de sábado. Quando Brown chegou ao balcão, Ganahl dobrou friamente o jornal, identificou-se ao delegado Stewart e perguntou a Brown o que ele fazia na cidade. Brown respondeu que estava de passagem. Ganahl não se deteve. Tinha amigos em Savannah? Brown respondeu que não tinha amigos — ou sequer conhecidos — na cidade.

Àquela altura, um dos circunstantes tinha corrido até o número 119 da rua Bay, onde ficavam os escritórios dos advogados Lloyd & Owens. John Owens não era apenas o melhor advogado criminalista de Savannah; era, também, o diretor da Ferrovia Central, e fora presidente do Jóquei Clube de Savannah. Com poucas palavras, Owens disparou pela rua Bay até o City Hotel. Owens tinha acabado de chegar quando Ganahl disse a Brown e aos outros dois homens que estavam presos e mandou Stewart colocar-lhes algemas.

Sem tomar fôlego, Owens segurou a mão de Ganahl, sacudiu-a e anunciou que representava os três homens, como seu advogado, fosse qual fosse o problema. Ganahl recuou, examinando o bem vestido advogado. Representante desses três marujos? Sim, respondeu Owens, recuperando o fôlego. E gostaria de pagar fiança imediatamente. Ganahl deu uma risada. "Não há fiança para pirataria", respondeu. "Como você deve saber, pirataria é crime sujeito à pena capital." Owens parecia espantado.

Enquanto os três eram conduzidos para a cadeia da cidade, para citação e registro, Owens seguiu com eles, assegurando-lhes que em breve estariam soltos sob fiança. Quando chegaram à cadeia, Owens exigiu que os três ficassem numa cela separada e mandou trazerem o almoço. Ganahl ficou de lado e sorriu. Tinha certeza de uma coisa: estava diante de um caso importante. Afinal de contas, John Owens não era apenas o melhor advogado criminal de Savannah, mas também o advogado pessoal de Charles Lamar. E se Lamar estava envolvido, os rumores sobre tráfico de escravos talvez tivessem fundamento.[5]

As provas de Ganahl aumentavam. Ele tinha um menino africano de Jekyll Island na cadeia. Tinha os livros e diários de bordo do *Wanderer*, incluindo uma anotação escrita por Corrie dizendo: "No convés, 17 — âncora lançada. Lista de passageiros, 487." Tinha o testemunho do coletor Mabry sobre os carimbos de autorização forjados. Tinha Luke Christie, que pilotara o *Lamar* até Jekyll, e na viagem de volta. Tinha James Clubb, o guardião do farol que conduzira o *Wanderer* pela barra em Jekyll. E agora tinha três dos conspiradores.

Com tantas provas em seu poder, Ganahl tinha marcado para 18 de dezembro uma audiência com o comissário Charles J. Henry. O juiz Henry ouviria os depoimentos das testemunhas e, se achasse que havia "uma provável razão" para acreditar que um crime fora cometido, mandaria o caso para julgamento no Tribunal Distrital dos EUA. Era o que Ganahl esperava que acontecesse — um julgamento pela justiça federal que não expusesse apenas a primeira rodada de delinquentes, mas também pegasse o resto dos conspiradores.

Ganahl não estaria sozinho nessa tentativa, entretanto. A ele se juntaria Henry Rootes Jackson, o renomado filósofo, poeta e advogado. Nascido em Atenas, Geórgia, e formado em Yale, Jackson tinha servido como procurador-geral assistente dos EUA e acabava de voltar aos Estados Unidos depois de um período como enviado americano à Áustria.[6] Jackson ouvira falar do incidente do *Wanderer* e pedira ao secretário do Tesouro Cobb que lhe permitisse cuidar do caso. Cobb não só era admirador ardente das habilidades de Jackson, mas também seu meio-irmão. Depois de falar com o secretário do Tesouro dos EUA, Cobb disse a Jackson que tomasse o próximo vapor para Savannah e começasse a ajudar Ganahl a montar o caso.

Ganahl estava pronto. Tinha o apoio do governo federal, várias provas convincentes e duas testemunhas importantes, Clubb e Christie. Mas Charles Lamar também se preparava. Mandara alguns amigos visitarem Clubb e Christie certa noite — apenas para lhes explicar os riscos que corriam ao testemunhar contra alguém como Lamar. Agora Lamar recuperara a confiança. Como costumava dizer, num lugar pequeno um homem influente pode fazer o que bem quiser.

12

A AUDIÊNCIA

POUCO ANTES das nove da manhã do dia 18 de dezembro, o comissário dos EUA Charles Henry entrou no tribunal e sentou-se em sua cadeira de couro de espaldar alto. A sala de audiências era como a de qualquer tribunal: a tribuna do juiz no alto, a tribuna de jurados, o banco de testemunhas e duas mesas — uma para a defesa e outra para a acusação. Mas como se tratava de audiência confidencial, sem a presença do público, ou mesmo, nesse caso, sem um júri popular, a sala era pequena. Não tinha galeria nem balcão superior. Na realidade, quando os guardas trancavam as portas de carvalho do fundo, a sala ficava isolada — envolta em segredo e separada do mundo exterior.

Era ali que Ganahl apresentaria suas provas, na esperança de que o juiz Henry transferisse o caso do *Wanderer* para a alçada federal. Ganahl e Jackson sentaram-se à mesa da acusação; Owens e seu ajudante sentaram-se à mesa da defesa. Os três prisioneiros já estavam no banco dos réus, de roupas limpas e barba raspada, exceto Brown, que mantinha a sua cuidadosamente aparada.[2]

Henry, um homem baixo com espessas sobrancelhas brancas e olhos negros, honestos e diretos como ele próprio, folheou a papelada colocada em sua mesa e olhou para o grupo à sua frente. "Sr. Ganahl... Sr. Jackson... Sr. Owens", disse ele, em tom agradável, acenando para os advogados. "Sr. Ganahl", prosseguiu, voltando os olhos para o jovem, "por favor, apresente o seu caso perante o tribunal."

Ganahl levantou-se e disse que pretendia julgar os réus pela lei de 15 de maio de 1820, que proibira o tráfico de escravos. Identificou os réus pelos nomes, Nicholas A. Brown, Juan B. Rajesta, Michel Arguirir, e leu uma lista de testemunhas que convocaria nas próximas horas. Quando Ganahl terminou, o sr. Owens ergueu-se para declarar que defenderia os três prisioneiros ali presentes.

"Sr. Owens, acho que não preciso lembrar-lhe que isto é apenas uma audiência", disse o juiz Henry quando Owens terminou. "Nenhuma acusação está sendo feita agora." Owens agradeceu ao juiz mas observou, quase para si mesmo, que seus clientes tinham direito a advogado, mesmo naquele estágio preliminar. Henry tomou notas e pediu que Ganahl chamasse a primeira testemunha, James Clubb.

Clubb, o faroleiro de Cumberland Island, levantou-se e andou lentamente até o banco de testemunhas. Clubb tinha sessenta e tantos anos, um homem grande com olhos azuis de órbitas fundas e uma mecha de cabelos brancos caindo na testa.

"Qual é a sua profissão?", perguntou Ganahl.

Clubb olhou para o alto por um breve instante, depois baixou os olhos para as mãos fechadas.

Ganahl ia passando diante do banco de testemunhas, parou e olhou com curiosidade para ele. "Sr. Clubb, qual é a sua profissão?"

Clubb não ergueu os olhos. Ficou sentado, olhando para baixo.

Ganahl lançou uma olhadela para o juiz Henry.

"Sr. Clubb", disse o juiz Henry, calmamente. "Poderia responder, por favor, à pergunta?"

O rosto de Clubb ia ficando cada vez mais vermelho, e os olhos úmidos arregalaram-se.

"Não posso... porque senão vou me *intiminar*", respondeu.

Ganahl recuou um passo. "Poderia repetir?"

Clubb ergueu a cabeça e falou mais alto. "Eu disse que não posso — porque senão vou me *intiminar*."

Ganahl olhou ansiosamente para o juiz Henry.

Owens pôs-se de pé num salto. "Pode responder a essa pergunta, capitão", disse a Clubb. "Fale."

"Protesto", gritou Ganahl.

"Contra o quê, pelo amor de Deus?", disse Owens. "Porque encorajei a testemunha a responder à pergunta do próprio governo?"

"Sr. Ganahl?", disse o juiz.

"O advogado de defesa não tem o *direito*, nessas audiências, de interferir no que diz a testemunha da acusação", respondeu Ganahl, "seja protestar contra perguntas ou dizer à testemunha que perguntas podem ou não incriminá-la."

"Meritíssimo", implorou Owens. "O advogado de defesa *tem o direito* de pedir ao tribunal que instrua as testemunhas sobre elas não serem obrigadas a responder a perguntas que possam incriminá-las. É uma *prática universal*, Meritíssimo."

Jackson levantou-se. "Meritíssimo", disse ele com sua voz ressonante de costume. "Protesto contra a interferência do advogado da outra parte — e quero que este protesto seja registrado nas atas do tribunal. Esses procedimentos são irregulares e diretamente prejudiciais à administração da justiça criminal..."

"Vamos parar por aí, sr. Jackson", advertiu Henry. E voltou-se outra vez para Owens. "Sr. Owens, é dever do *tribunal*, e não da defesa, instruir as testemunhas. Se o senhor quiser sugerir instruções ao tribunal, como membro deste tribunal e advogado deste caso, o senhor pode fazê-lo. Mas cabe ao tribunal decidir se as aceitará."

Owens ficou parado em pé, os lábios apertados. "O senhor me entende, sr. Owens?", perguntou o juiz. Owens concordou com um aceno de cabeça, mas sem convencer. "Além disso, não aceitarei interferência alguma neste processo. Está claro?"

"Não quero interferir", respondeu Owens, retornando à sua mesa, "mais do que é prerrogativa minha." O rosto do juiz Henry endureceu. Ganahl pensou que o juiz intimaria Owens por desrespeito. Mas o juiz rapidamente recuperou a compostura e voltou-se para Clubb.

"Sr. Clubb, espero que o senhor responda às perguntas. O senhor me entende? *Exijo* do senhor que o faça. E se não responder a essas perguntas, eu o intimarei por desrespeito ao tribunal."

Clubb ergueu os olhos, o rosto ainda vermelho. Concordou com um aceno de cabeça.

"Agora, sr. Ganahl", continuou o juiz, "por favor comece novamente a fazer suas perguntas."

Ganahl acabou de tomar um copo d'água e aproximou-se da testemunha, como já o fizera. "Sr. Clubb, qual é a sua profissão?"

Clubb inclinou a cabeça, mais uma vez fitando o próprio colo.

Ganahl esperou um momento, depois olhou para o juiz. O juiz inclinou-se o mais que pôde sobre o assento em direção à testemunha. "Sr. Clubb", disse ele, depois de observá-lo por um instante, "o senhor tem algum *problema*?" Uma risada irrompeu no fundo da sala, mas o juiz Henry preferiu ignorá-la. "O tribunal lhe fez uma pergunta simples. Qual é a sua profissão?"

O rosto de Clubb enrubesceu novamente. "Eu não posso...", começou ele.

"Sr. Clubb, vou lhe dar cinco minutos para responder", disse o juiz. "Estou *exigindo* que o senhor responda a essa pergunta — e depois disso vou intimá-lo por desrespeito ao tribunal. Compreende?"

Owens pulou em pé novamente. "Meritíssimo, nunca, em meus anos de prática, uma testemunha foi tão intimidada como o sr. Clubb..."

"Meritíssmo!", trovejou Jackson, voltando a levantar-se. "O objetivo de todas essas interrupções é gerar uma dúvida na mente das testemunhas e convencê-las a não exibir suas provas, e com isso tirar o caso deste tribunal e colocá-lo nas mãos de grupos interessados em derrotá-lo."

"Isto é claramente falso", disse Owens, com raiva.

"Em minha experiência, que já é longa", prosseguiu Jackson, "eu *nunca* soube que tal conduta fosse tolerada em qualquer tribunal. Quando tive a honra de ocupar o assento superior do condado de Chatham..."

Henry pegou o martelo e bateu na mesa. O oficial de justiça gritou pedindo ordem, Jackson e Owens ficaram calados e voltaram para suas cadeiras. O silêncio baixou sobre a sala. O juiz Henry terminou de rabiscar umas anotações e virou-se para Clubb. "Vou lhe dar cinco minutos", disse. "O senhor prefere responder à pergunta do tribunal ou sentar-se numa cela da cadeia do condado?" Clubb nada disse. "Muito bem", disse o juiz.

Enquanto o grande relógio da sala do tribunal avançava com um estalido metálico, todos esperavam. O juiz Henry entregou-se à leitura dos documentos. Os advogados miravam paredes e teto com olhares vagos. Clubb, impassível no banco dos réus, fitava as mãos.

Passados cinco minutos, o juiz Henry murmurou: "Está bem, então." Virando-se para o delegado, ordenou que Clubb fosse retirado da sala. Quando Clubb foi conduzido à cela, o juiz ordenou que o tribunal entrasse em recesso até o fim da tarde.

Quando a audiência recomeçou aquela tarde, Ganahl chamou Luke Christie ao banco dos réus. Christie, um homem magro de trinta anos, tinha pilotado o vapor *Lamar* até a ilha e feito o caminho de volta. Vira muita coisa, e Ganahl tinha certeza de que forneceria os detalhes que Clubb se recusara a fornecer.

"Entendo que o senhor estava envolvido na pilotagem do rebocador *Lamar*", começou Ganahl.

"Isso é verdade, sim", respondeu Christie.

"E o senhor o conduziu até Brunswick por volta do dia primeiro ou dois deste mês — ou seja, dezembro?"

"Levei, sim."

"Muito obrigado. Agora me diga para onde o senhor foi depois de Brunswick."

Christie empertigou-se na cadeira. "Oh, isso eu não posso dizer."

"E por que não, senhor?"

"Eu estaria me incriminando, sr. Ganahl."

Ganahl hesitou. "De que crime, senhor?"

"Protesto!", gritou Owens, pondo-se de pé. "Conduzindo a testemunha."

"Para onde está indo com isto, sr. Ganahl?", perguntou Henry.

"Meritíssimo, pela alta opinião que tenho do caráter do sr. Christie, estou certo de que não se envolveria numa transação infame e de que está sendo vítima de um mal-entendido", respondeu Ganahl. "Acho que *ele* acha que transportar africanos entre o estreito de Andrews e o rio

Savannah sujeita a testemunha a processo por violação da lei de tráfico de escravos de 1820."

"E isso procede?"

"Não, senhor. Essa lei se refere ao transporte *costeiro* ou, mais exatamente, *em direção à costa,* de negros. Não há lei pela qual um grupo possa ser processado por conduzir negros de um ponto a outro da Geórgia, *por águas interiores.*"

Owens deu um passo à frente. "Meritíssimo, os tribunais deste país existem para proteger testemunhas. Essa livre interpretação da lei ameaça a segurança desta testemunha, e de forma alguma deveria ser usada para confundi-la, levando-a a abrir mão dos seus direitos garantidos pela Quinta Emenda."

"Além disso, Meritíssimo", prosseguiu Ganahl, ignorando o aparte do adversário, "acho que a testemunha está agindo de acordo com uma interpretação errônea da lei, sobre a qual acredito foi *previamente orientada.*"

Owens virou-se bruscamente para Ganahl. "Isto é *absolutamente* falso", exclamou.

"Senhores!", conclamou Henry, batendo o martelo. Com um aceno de mão, chamou os advogados à tribuna. Após um momento de acalorados sussurros, o juiz ergueu a cabeça. O tribunal investigaria as questões legais levantadas, disse ele, e se reuniria novamente dentro de duas horas.

Quando o tribunal voltou a se reunir e Christie sentou-se, o juiz Henry virou-se e falou com ele. "Li trechos da lei", disse ele. "Se tudo que o senhor fez, nessa questão, foi transportar negros do estreito de Jekyll pelo rio Savannah, nenhum crime foi cometido."

Christie ouviu com ar solene.

"Sejam quais forem os outros atos que o senhor possa ter feito, que estejam ao alcance da lei, só o senhor sabe", acrescentou Henry. "Li a lei para o senhor e o senhor deve decidir por sua própria conta."

Christie continuava sentado com uma expressão confusa. Olhou para Owens, como se buscasse instruções. Ganahl percebeu que não tinha um momento a perder. Andando a passos largos para o banco de testemunhas, inclinou-se bruscamente sobre Christie como uma garça pairando sobre sua presa. "Sr. Christie, estou de olho no senhor", vociferou Ganahl, "e no vapor *Lamar,* e noutros também, e em qualquer direção em que o Todo-Poderoso me permita olhar."

Christie ergueu os olhos. Ganahl sustentou seu olhar com firmeza e prosseguiu: "Estarei de olho em qualquer pessoa ligada a essa violação da lei, e como funcionário da promotoria processarei todo mundo que tenha relação com isso, direta ou indiretamente, do mais alto ao mais baixo", disse Ganahl. "Testemunhas podem ser induzidas a não responder; júris podem não dar seu veredicto, até os *tribunais* podem não cumprir a sua função, mas quanto a mim, *graças a Deus,* jurei cumprir o meu dever, e Deus ajudando, desde que eu tenha um braço para erguer, ou voz para falar, eu o cumprirei dentro dos limites da minha capacidade!"

Owens começou a levantar-se, mas Henry fez-lhe um aceno para que ficasse sentado.

"O governo não tem interesse em processar testemunhas. A testemunha até agora não cometeu crime algum", advertiu Ganahl. "Mas se a testemunha guarda seu testemunho, se se recusa a testemunhar, estará cometendo um crime, e o governo então será obrigado a processá-la."

Quando Ganahl acabou de falar, o rosto de Christie estava pálido. Até mesmo Owens ficara grudado na cadeira. A sala fizera silêncio.

"Agora, sr. Christie", começou Ganahl. "Vou lhe fazer algumas perguntas."

Christie ajeitou-se na cadeira.

"De Brunswick, para *onde* o senhor foi com o *Lamar?*", perguntou Ganahl.

"Fui para o outro lado de Jekyll Island, para Jekyll Creek", disse suavemente Christie.

"Pode nos dizer o que viu ali?"

"Vi um bocado de negros."

"Negros americanos?"

"Acho que não."

"Quantos?"

"Calculo que vi uns trezentos, mas não cheguei a contá-los."

"Diga-nos o que mais o senhor viu na ilha."

"Vi homens brancos com eles. Imagino que eram encarregados. Ajudaram a colocá-los a bordo."

Gazaway Lamar

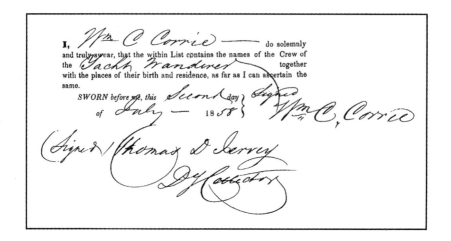

Modelo da escuna *Wanderer*

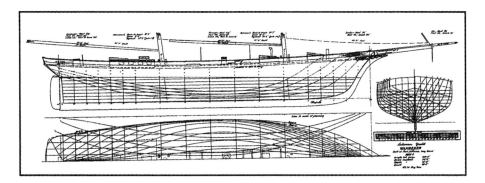

Planos esquemáticos do *Wanderer*

O *Wanderer*
Revista *The Rudder*, vol. XV, fevereiro de 1904, página 52

Charles Lamar
*Cortesia da Sociedade
Histórica da Geórgia*

J. Egbert Farnum

Ilustração do *New York American and Journal*, 19 de abril de 1905, que mostra o *Wanderer* atravessando o Atlântico

John C. Calhoun, duas vezes vice-presidente dos Estados Unidos, e principal arquiteto do movimento pelos direitos sulistas

Os cabeças-quentes

Edmund Ruffin

James DeBow

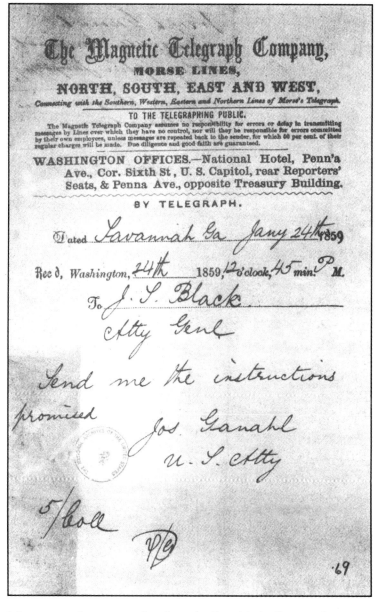

Mensagem do procurador Joseph Ganahl de Savannah para o procurador-geral Jeremiah Black pedindo instruções no caso do *Wanderer*

Içamento da primeira Bandeira da Independência em Savannah, 8 de novembro de 1860

"Algo mais?"

"Vi uma embarcação a uns cinco ou seis quilômetros de distância."

"O *Wanderer*?"

"Podia ser ou não o *Wanderer*, só consegui ver os mastaréus. Parecia um iate."

"Quando foi isso?"

"Dois de dezembro."

"E o que aconteceu?"

"Havia seis ou oito homens brancos cuidando de pôr os negros a bordo. Depois eu os levei pelo rio Savannah, por 22 quilômetros, e desembarquei-os na Carolina."

"Onde?"

"Não sei o nome do lugar. Não conheço muito bem o rio acima da propriedade do sr. Potter. Diversos homens brancos foram comigo, como eu já lhe disse, alguns eram os mesmos que tinham embarcado os negros em Jekyll."

"A quem o senhor entregou os negros?"

"Não entreguei os negros a ninguém. Os brancos mostraram o lugar onde queriam que eles fossem deixados. Aproximei-me da margem e os deixei lá."

Ganahl chegou mais perto da testemunha.

"Quem eram os brancos que embarcaram os negros em Jekyll?"

Christie franziu os lábios. "Não sei o nome de ninguém", gaguejou.

"Diga os nomes dos homens que estavam presentes e viram tudo", repetiu Ganahl.

Christie hesitou, depois emitiu um suspiro de resignação. "Um deles era um sr. Trowbridge", disse ele. "O capitão John F. Tucker era outro; sr. Henry du Bignon; e sr. C. A. L. Lamar."

"Esses foram os homens que o senhor levou de Savannah para Jekyll?"

"Foram. Lamar, Tucker, Trowbridge... e mais um, não sei o nome dele."

Ganahl apontou para Brown, o de barba ruiva, sentado no banco dos réus. "É aquele? Aquele era um deles?", perguntou Ganahl, erguendo a voz.

Christie olhou em torno. "Era", disse ele.

Ganahl olhou para o juiz Henry. "Sem mais perguntas."

Ganahl chamou outras testemunhas antes de terminar a audiência — um dr. Hazelhurst, o médico que cuidou dos africanos em Jekyll; o inspetor Mabry, que testemunhou que os documentos do *Wanderer* tinham sido forjados; e o policial Gordon, que trouxe o menino africano de Jekyll. Ganahl apresentou ainda os mapas e diários de bordo do *Wanderer*, que demonstravam o percurso feito por ele até a África. No fim, até Clubb falou: ele explicou que os homens de Lamar o tinham ameaçado. Durante as audiências, confessou, até levara uma pistola no bolso da calça, com o dedo no gatilho. Mas depois de uma noite na cadeia, e mais pressão de Ganahl, o faroleiro assinou uma declaração descrevendo o que tinha visto.[3]

Pelo fim do dia seguinte, o juiz Henry ouvira tudo que precisava ouvir. "Em virtude das provas já apresentadas, sinto-me autorizado a entregar os prisioneiros para a ação do júri principal do Tribunal Regional dos EUA", disse ele. "Além disso, como o promotor público pediu que as testemunhas fossem solicitadas a assumir o compromisso de comparecer quando solicitadas pelo Tribunal Regional, ordeno-lhes que venham à minha presença hoje ao meio-dia, trazendo suficientes garantias como caução por seu comparecimento."

O juiz Henry olhou para Ganahl e Jackson. "Senhores", disse ele sombriamente, "este caso pode ir a julgamento." Ganahl abriu-se num sorriso. Jackson inclinou-se e apertou a mão do jovem.

Charles Lamar suava. "Voltei esta manhã de Augusta", escreveu ele para Nelson Trowbridge.[4] "Distribuí os negros da melhor forma possível, mas lhe digo que as coisas estão complicadas; nenhuma certeza sobre coisa alguma. O governo contratou H. R. Jackson para ajudar na acusação, e eles estão dispostos a levar o assunto às últimas conseqüências... O iate foi apreendido... Eles estão com todos os homens que levaram o iate a Brunswick para servirem de testemunha. O dr. Hazelhurst disse em seu testemunho que cuidou dos negros e jurou que eram africanos, e recém-importados. Eu lhe digo, está difícil..."

Mas, passado o susto inicial, Lamar recuperou sua agressiva confiança. Deu ordem para que a melhor comida fosse servida a Brown, Rajesta e Arguirir na cadeia e fez o carcereiro Van Horn sair correndo para lhe conseguir charutos e claretes. A cela foi inteiramente reformada, recebendo um novo piso de madeira em cima da pedra úmida. E isso não foi tudo. Em 28 de janeiro de 1859, Lamar mandou um bilhete para Brown. "Se uma verdadeira denúncia for apresentada contra vocês pelo júri principal, será com base nas provas de Clubb e Harris e, é claro, eles vão repetir o testemunho", garantiu-lhes Lamar. "Nesse caso, acho que vocês todos devem sair e tomarei as providências necessárias para que o façam, se estiverem de acordo. Ofereci US$ 5 mil a Clubb e Harris para não testemunharem; mas o governo também está tentando comprá-los..."5

Lamar também escreveu para o pai: "O sr. Ganahl se comportou como um asno", afirmou. "Até agora, com relação a esse julgamento, nada me mete medo..."6

Nas primeiras semanas depois do desembarque dos africanos, alguns jornais sulistas tinham aplaudido o caso. O *Natchez Free Trade* disse: "Algodão, milho, açúcar, tabaco etc. precisam da mão-de-obra desses africanos, e devem tê-la. Nós também ficaremos com alguns — nos termos do mercado!" O *Macon State Press* disse: "O Sul precisa de mais escravos, e impedir que os obtenha, como quer o governo-geral, é como tentar fazer uma ponte através do Atlântico..." O *Charleston Mercury* deu pouca importância à viagem, que chamou de aventura "de mau gosto".

Mas a maior parte da imprensa sulista condenou o desembarque dos africanos tão severamente quanto os jornais do Norte. "Com o mais profundo pesar, só nos resta acreditar que esse ato foi perpetrado em solo georgiano", disse o *Savannah Republican*. O *Augusta Chronicle* escreveu: "O povo da Geórgia não deveria hesitar em recorrer a todo e qualquer meio legal para interromper de imediato e acabar para sempre com um tráfico tão desastroso para o bem-estar público do Sul."7 E disse o *Edgefield Advertiser*: "Achamos que é nosso dever de jornalistas aconselhar os cidadãos a pensarem bem antes de apoiar ou aceitar o tráfico de escravos de qualquer tipo, por mais tentador que seja."8

Os comentários do *Montgomery Advertiser* do Alabama foram particularmente pertinentes, considerando-se que a procissão de africanos tinha passado por sua cidade:

Há alguns poucos leitores que não tiveram a oportunidade de ver, com um olhar de piedade, a inevitável separação entre a mãe escrava e o seu filho, ou entre o marido e a sua mulher. Felizmente, esses eventos são raros, mas de vez em quando ainda ocorrem, lamentavelmente. Uma das glórias e bênçãos do nosso sistema de trabalho é que essas quebras dos laços naturais de afeição são menos freqüentes no Sul do que talvez em qualquer outro país do mundo. Para uma família de escravos que é rudemente desmembrada, centenas de pessoas das classes mais pobres do Norte são forçadas, por terrível necessidade, a se separar e combater sozinhas os demônios da fome e da nudez.

Mas o que pensariam nossos leitores da destruição de uma cidade inteira por seus moradores a fim de vender o resto de seus habitantes? O que pensariam da aliança dos três condados do nosso estado com o objetivo de guerrear contra e conquistar um quarto condado por amor ao lucro? E é com derramamento de sangue e fogo e rapina que se carregam os navios da África...

Não estamos dispostos a encorajar o derramamento de sangue, mesmo entre os selvagens embrutecidos, para o engrandecimento de uns poucos donos de navios. Não queremos que as crueldades acima enumeradas sejam perpetradas em nome do Sul, e em benefício ostensivo de interesses sulistas. Em nome da civilização sulista, protestamos contra o tráfico de escravos e os horrores que ele acarreta.

Por um momento, portanto, o caso do *Wanderer* parecia ter unido o país na mesma indignação, ajudando a curar feridas nacionais. "A imprensa sulista está praticamente unida na denúncia do tráfico, invocando a aplicação das leis", registrou, com entusiasmo, o *New York Times*.[9] "Os jornais de Savannah são eloqüentes na condenação, e até os jornais locais da Carolina do Sul, na vizinhança do lugar onde os negros estão alojados, clamam por punição."

Mas em poucas semanas a imprensa nortista começou a exigir mais do Sul do que a simples consternação passiva. Os perpetradores precisavam ser perseguidos, julgados e, caso fossem condenados, enforcados, clamava a imprensa nortista. Pouco importava que nenhum traficante de escravos nortista, velejando com as bênçãos do juiz Betts do porto de Nova York, jamais tivesse sido enforcado, ou mesmo permanecido na cadeia por qualquer período significativo. Para se distanciar da vergonha do *Wanderer,* o Sul precisava condenar os conspiradores e pendurá-los na forca.

"Seria inútil insistir no que não temos dúvida de que é verdade — que o povo dos estados sulistas se opõe ao tráfico e não aceitaria de forma alguma sua restauração", explicou o *New York Times*. "Pois se deixar de enforcar os homens que se dedicaram ao tráfico — se suas autoridades forem frouxas, ou seus júris perjuros, a ponto de permitir que esse comércio seja praticado impunemente, em face das nossas leis que o proíbem — sofrerá todas as conseqüências da verdadeira cumplicidade nesse procedimento..."[10]

E quais eram as conseqüências? O *Times* enumera-as inequivocamente. "Todo o sentimento do país se erguerá e tomará posições contra ele", advertiu o jornal. "Será impossível para o povo conservador dos estados sulistas justificar semelhante política, e toda a população do Norte travará contra ela uma implacável guerra de extermínio."

De volta a sua casa, Ganahl sentou-se com a família na varanda dos fundos e narrou os agitados acontecimentos do dia. Mais tarde, porém, naquela noite, enquanto a família dormia, ele acordou, e as preocupações o tiraram da cama. Foi para a cadeira de balanço de madeira perto da janela, de onde via a lua flutuando, em sua brancura, sobre as madressilvas. Era preciso obter uma condenação clara no julgamento que ia enfrentar. Sem isso, o Sul pareceria impotente. "Pois se deixar de enforcar os homens que se dedicaram ao tráfico", advertira o *New York Times*, "toda a população do Norte travará contra ela uma... guerra de extermínio." A sombria mensagem não lhe saía da cabeça.

Ouviu um ruído e, virando a cabeça, viu a mulher, Harriet, em pé, calada, à porta. Nos dias anteriores, ele e Henry Jackson tinham recebido ameaças de morte. Ele percebeu que o corpo magro de Harriet tremia. Levantou-se e tomou-lhe as mãos, mas não havia nada que lhe pudesse dizer.[11]

13

O PRESIDENTE

O PRESIDENTE James Buchanan parou à janela do Salão Oval e olhou por cima dos jardins da Casa Branca. Havia muito a fazer em Washington. As obras do Monumento a Washington estavam pela metade, com apenas 42 metros construídos. Faltava terminar o Capitólio, a clássica cúpula de ferro fundido ainda incompleta.

Seu mandato estava concluído, pelo menos estaria em mais dois anos. Mas o que o preocupava era a questão ainda não resolvida do Partido Democrata. Antes tão forte que o conduzira ao cargo, o partido agora estava seriamente dividido. Stephen A. Douglas, o "Pequeno Gigante", a maior esperança do partido na disputa presidencial, ficara em cima do muro na questão da escravatura e, conseqüentemente, alienara eleitores do Sul e do Norte.[1] Enquanto isso, o Partido Republicano ganhava força, e seu candidato azarão, Abraham Lincoln, tornava-se cada vez mais popular.

Buchanan achava estranha aquela situação. Poucos anos antes Lincoln não era ninguém, um magro advogado de tribunal de comarca que viera de Illinois. Agora parecia estar em toda parte. Lincoln, é claro, era um formidável adversário nos debates públicos. Também era um bom orador de comício, contava casos engraçados. Na realidade, Lincoln tinha um senso de humor tão peculiar que era difícil imaginar que o homem pudesse ser levado a sério. Às vezes, enquanto um orador falava monotonamente, Lincoln soltava um ronco forte acompanhado de uma risada: alguma coisa engraçada lhe passara pela cabeça de formato estranho. Dizia-se que, se ganhasse a eleição, Lincoln seria o primeiro Presidente Risonho do país.[2] Isso era incompreensível para Buchanan, que se orgulhava justamente de não ter senso de humor algum.

Buchanan olhou para o relatório em cima da mesa. Em 16 de dezembro de 1858, o Senado aprovou resolução exigindo que Buchanan lhe comunicasse "qualquer informação que tivesse sobre o aportamento do barco *Wanderer* na costa da Geórgia com uma carga de escravos".[3] A Câmara emitiu declaração similar no dia seguinte. Buchanan sabia que precisava dar uma resposta, para deixar claro ao Congresso que seu governo tinha esse assunto sob controle.

Buchanan sempre favorecera o Sul. Defendera a maioria das questões sulistas — especialmente o direito à instituição da escravidão. Lincoln, é claro, também tinha dito que o Sul poderia ficar com sua escravidão. Mas Lincoln era inflexível em sua atitude de que a escravidão não poderia espalhar-se fora do Sul. Buchanan discordava. Preferia que cada estado e a Suprema Corte decidissem.

Mas havia uma coisa sobre a qual Buchanan e Lincoln estavam de acordo: o tráfico de escravos africanos era desumano e não tinha lugar no Sul, nem no país. Agora o *Wanderer* fazia supor que o Sul tivesse adotado uma postura de desafio, o que punha Buchanan e o Partido Democrata em má situação. Se o governo Buchanan não tomasse uma providência sobre o *Wanderer*, e se, como sugerira o *New York Times*, o Sul não processasse os conspiradores e *os enforcasse*, seu partido teria dificuldade para preservar os eleitores nortistas. Na realidade, muitos já tinham migrado para o lado republicano.

E se o *Wanderer* empurrasse mais eleitores para o lado republicano — e o Presidente Risonho fosse eleito? Não seria nada engraçado, refletiu

Buchanan. A Carolina do Sul se desligaria da União. Provavelmente também a Geórgia. Na realidade, o Sul talvez caísse como peças de dominó. O Presidente Risonho permitiria que o Sul abandonasse a União? Ou a secessão provocaria uma guerra civil?

Alguém bateu à porta e o secretário do Tesouro, Howell Cobb, entrou na sala.

"Esse seu primo...", começou Buchanan.

"Senhor Presidente", interrompeu Cobb, "quando me casei com Caroline Lamar eu não sabia que estava adotando o lunático do sobrinho dela."

Buchanan sacudiu a cabeça e fez um gesto indicando a Cobb o sofá. "Você leu o *New York Times* de quarta-feira?", perguntou.

Buchanan pegou o jornal e começou a ler: "Com as cartas que recebemos diariamente dos estados sulistas, nossas suspeitas sobre o *Wanderer* se transformam rapidamente na mais lamentável certeza. Agora somos levados a crer que o estado da Geórgia — o estado de Oglethorpe, o estado de Whitfields, do trabalho especial de Wesley —, o estado do Sul que antigamente reivindicava e assumia a posição mais orgulhosa na vanguarda da fidelidade ordeira e legal aos princípios que fizeram de nós uma nação — assumiu a responsabilidade danosa de novamente endossar o mais execrável sistema organizado de desumanidade que já afligiu a face da Terra."[4]

O presidente olhou para Cobb e prosseguiu. "Enquanto isso, alguns correspondentes em Washington docemente nos asseguram que o caso do *Wanderer* não despertou tanta atenção na capital do país — e isso apesar de o estado da Geórgia ser representado nos conselhos nacionais e num dos mais altos postos do Gabinete por um dos seus filhos mais distintos!" O presidente olhou para Cobb. "Este é você, meu amigo."

Nesse momento Jeremiah Sullivan Black, o procurador-geral de Buchanan, entra na sala. Black era um rapaz da roça alto, desajeitado, que, não muito diferentemente de Lincoln, subira na vida graças a seu brilho e correção. Servia de perfeito complemento, na realidade, ao conservadorismo do presidente. Era a favor da escravidão, como Buchanan, e detestava o tráfico de escravos, mas acima de tudo acreditava na lei.[5]

Logo atrás de Black entrou Henry Jackson, falando pelos cotovelos, como de hábito, e vestido com o mesmo capricho que noutros tempos embasbacara as cortes estrangeiras.

"Senhores, temos um problema sério", disse Buchanan. "Eu estava lendo o *Times* de quarta-feira para o sr. Cobb. A responsabilidade por isso não foi jogada sobre esta administração. Mas o que acontecer daqui para a frente será."[6] O presidente pegou o jornal de novo. "Vou explicar, usando as palavras dos nossos amigos do *Times*, o que está em jogo neste caso", disse ele, e começou a ler: "Há um pequeno mas vigoroso partido nos estados sulistas disposto a eleger um presidente antiescravagista. Ele se dedica à criação de disputas políticas capazes de provocar a mais intensa indignação no Norte, e de entrincheirar o Sul, obstinada e irremovivelmente, do lado errado."[7]

O presidente franziu os lábios e continuou: "Se esses homens conseguirem o que querem, o ressurgimento do tráfico de escravos no Sul será tema garantido nas eleições de 1860. Eles propõem abrir o próprio comércio de escravos, importar negros da África e desembarcá-los em solo sulista, não abertamente, é claro, pois o poder do governo federal rapidamente suprimiria qualquer negócio dessa natureza, mas secretamente... Os imensos lucros do tráfico de escravos os recompensarão, se esse esquema tiver êxito, e com o comércio de escravos sendo sub-repticiamente restaurado nos estados sulistas, o povo do Norte se levantará unido, abrindo caminho para a disputa e a vitória que, esses homens esperam, conduzirá à dissolução da União."

Buchanan olhou para os outros e prosseguiu: "Não é certo que alcancem esse objetivo. Mas têm todas as possibilidades de êxito em seu esforço preliminar, e se forem bem-sucedidos na anulação prática das leis contra o tráfico de escravos, muito provavelmente elegerão um presidente republicano em 1860."

Buchanan pôs o jornal na mesa. "Precisamos impedir que isso continue", disse ele. "Precisamos fazê-lo agora." Pelo resto do tempo, os três se juntaram para decidir como fazer. Jackson descreveu-lhes a audiência com o juiz Henry, a tentativa de intimidar as testemunhas pela gente de Lamar, e contou-lhe o que ele e Ganahl tinham feito para que as testemunhas cumprissem o seu papel. O presidente aprovou com acenos de cabeça. Quanta influência teria Lamar no julgamento? Jackson e Cobb responderam que sua influência poderia ser considerável. Lamar poderia comprar o júri, e com certeza intimidaria os jurados, disse Cobb. O presidente perguntou a Black que táticas legais poderiam empregar. Black descreveu possíveis estratégias.

E com relação a Ganahl? Era apenas um menino. Não seria inexperiente demais para um caso tão sério? Black disse que em sua opinião Ganahl estava perfeitamente à altura. "Sim, mas, pelo amor de Deus, mostre-lhe com clareza tudo que está em jogo", disse Buchanan. Black concordou com a cabeça.

O presidente encerrou a reunião lendo mais um trecho do *Times:* "Todos nós nos voltamos para o governo federal, incumbido de fazer cumprir as leis federais, para que acabe com esse movimento. Se falhar, é porque *preferiu* falhar — porque é ferramenta servil da seção mais imoral dos radicais pró-escravidão que vêem na desunião a realização de suas esperanças. O governo e o Partido Democrata serão responsabilizados por deixarem de pôr fim, de imediato e para sempre, a essas tentativas de revigorar o tráfico de escravos. Eles têm o poder — eles reconhecem sua obrigação e estão certos de contar com a cooperação e simpatia da grande massa do povo dos estados sulistas. Se, com tantas vantagens, forem incapazes de fazer cumprir as leis e de proteger o país, então precisam ceder o lugar para os que são capazes."[8]

Buchanan ergueu os olhos. "Eu não poderia dizer isso com mais clareza."

À luz do gás aquela noite em seu escritório, Black pegou a pena para redigir uma carta urgente a Ganahl. "Quando esteve aqui, o sr. Jackson teve várias conversas com o presidente, com o secretário do Tesouro e comigo, nas quais nossas opiniões foram plenamente expostas. Ele está, portanto, inteiramente a par do que esperamos dele e do senhor, assim como de outros funcionários dos Estados Unidos em seu distrito", escreveu Black.[9]

"O presidente espera que o senhor demonstre, pelo seu êxito nesses processos, que as leis do Congresso, aprovadas de acordo com a Constituição, são fortes demais e respeitadas demais para que a simples oposição local as deixe de lado. Não se trata de política local, mas de uma grande causa judicial envolvendo princípios de obediência, lealdade e boa ordem, de interesse de todo o país.

"Se o senhor apresentar provas suficientes para mostrar a culpa das partes acusadas (como não duvido de que o fará), sua fuga da justiça seria uma calamidade pública; pois sua absolvição dificilmente seria atribuível a qualquer outra causa que não a pressão indireta, de fora, sobre o júri. Se possível, o senhor deve nos poupar disto. Ninguém pede ao senhor, é claro, que dê um passo além do que lhe permitem suas convicções, ou que use quaisquer meios que não sejam perfeitamente legais. Mas o presidente espera que o senhor não deixe de fazer nada que seja necessário para alcançar os objetivos da Justiça, e por Justiça ele entende a aplicação da lei a todos aqueles que incorrerem em suas penalidades."

Para isso, observou Black, "enviei-lhe dias atrás um documento escrito autorizando-o, e ao sr. Jackson, a prometer o perdão presidencial a qualquer pessoa acumpliciada com esses transgressores que o senhor julgue desejável deixar à vontade para falar. Tal poder é raramente concedido a um funcionário local ou a um advogado do governo, mas depois de conversar com o sr. Jackson o presidente achou que esse poder talvez fosse necessário, e tem certeza de que o senhor saberá usá-lo com discernimento."

Black também se referiu à preocupação manifestada em carta por Ganahl de que o vistoso Jackson roubasse a cena, já tendo, inclusive, tentado tirar o caso das mãos dele. "O governo tem a mais absoluta confiança em ambos os senhores", escreveu Black consoladoramente, "mas determinou dobrar os guardas, na esperança de que a dignidade das leis seja indicada, e sua força demonstrada. Acreditamos que teria sido difícil designar um aliado que mais lhe agradasse pessoalmente, ou que fosse mais capaz de lhe dar a assistência que a magnitude do caso parece exigir."

O presidente parecia ter tudo sob controle. Um brilhante procurador-geral dirigia o caso, o famoso orador Henry Jackson estava na sala do tribunal como advogado associado, e um jovem exaltado, Ganahl, defenderia os interesses do governo.

Foi portanto com uma sensação de confiança que Buchanan respondeu ao Congresso que "medidas eficazes foram tomadas para que a lei seja fielmente cumprida", incluindo, disse ele, a nomeação de Henry Jackson como advogado especial para ajudar o promotor público no processo.[10] O presidente anexou ainda uma declaração do procurador-geral Black, que dizia: "Descobrir negros clandestinamente desembarcados, identificar as partes envolvidas no crime e apurar outros fatos importantes relacionados à transação — tudo isso foi feito com muitas dificuldades, mas há boas razões para esperarmos que serão superadas, e que a justiça, segundo as leis do país, será aplicada aos transgressores."

Talvez fosse assim em Washington, D.C. Mas mais para o Sul o caso contra os conspiradores do *Wanderer* começava a ficar confuso. As provas de Ganahl, na realidade, estavam literalmente desaparecendo no meio do mato.

Era véspera de Natal, as coroas de azevinho penduradas, as árvores decoradas com velas nos galhos. Uma frente fria chegara à cidade, e os fogos ardiam diante da gente reunida para as últimas comemorações antes do Natal.

Perto do fim do dia, podia-se ouvir o som abafado de cascos de cavalos de uma carruagem na rua Bay. Quem a guiava era o deputado Gordon, que fora mandado a Jekyll Island por Ganahl, e ao lado dele, envolto num cobertor, ia sentado um menino africano, olhos arregalados diante de todos aqueles grandes edifícios e casas brilhantes. Aquela noite, enquanto a véspera de Natal era comemorada em toda parte e cidadãos punham os filhos para dormir, Gordon levou o menino para o quartel da polícia de Savannah. Na cela, indicou-lhe um beliche e depois de cobri-lo com um cobertor grosso gentilmente lhe desejou boa-noite.

Na manhã do Natal, aproximadamente às 10 horas, o chefe de polícia Stewart entrou na cela. O menino tinha acordado e já tomara o café-da-manhã. Nada parecia afligi-lo particularmente. Mas Stewart inspecionou a cela e descobriu outra coisa. A saúde do menino era frágil demais para que permanecesse na cela, disse ele ao carcereiro. Por isso, anunciou que ia escoltá-lo pessoalmente até o alojamento de George W. Wylly, um leiloeiro de escravos. Wylly, cuja firma na esquina das ruas Drayton e Bay em Savannah vendia "imóveis, ações bancárias, negros etc." e tinha "sempre em mãos carpinteiros, ferreiros, cozinheiros, passadeiras e trabalhadores rurais", ficou com o menino.[11]

Mais uma vez um africano era notícia, e logo o menino atraiu uma multidão de curiosos. "Fizemos-lhe uma visita e encontramos um menino, de 13 ou 14 anos, de aparência agradável e inteligente", informou um repórter do *Savannah News*. "Ele repetiu, quase perfeitamente, tudo que lhe dissemos, fosse em inglês, francês ou espanhol, e parecia comportar-se com louvável recato e bom humor."

O Natal talvez não tivesse grande importância para muitos dos vagabundos e desocupados de Savannah, pois à tarde centenas de pessoas tinham se reunido para dar uma olhada no menino — tanta gente, na realidade, que às vezes Wylly botava outro menino negro na cela, para que o africano pudesse descansar. O ardil deu tão certo, disse o *Savannah Republican,* que "muitos visitaram a sala e saíram de lá convencidos de terem visto um legítimo africano...".

Aquela noite, no entanto, depois que a multidão dispersou, depois que o menino foi dormir, enrolado nos lençóis, e depois que o próprio Wylly foi para casa, dois homens brancos e um negro rumaram sorrateiramente para o hotel e bateram à porta da frente. O zelador Simon, que dormia em cima do escritório, abriu a janela e pôs a cabeça sonolenta para fora. Um negro precisava de alojamento, sussurrou um dos brancos.

Simon resmungou qualquer coisa, vestiu o robe e desceu a escada cambaleando. No térreo, pôs a vela numa mesa e destrancou a porta. Nisso, o metal de uma arma cintilou à luz da vela, e alguém encostou um cano de revólver em sua cabeça. Se fizesse um ruído ou ensaiasse qualquer resistência, ameaçaram os intrusos, seus miolos iriam pelos ares. Subindo a escada aos tropeços, Simon conduziu os homens ao lugar onde dormia o menino. Ele foi acordado, vestido e, com o revólver ainda encostado em Simon, levado pela porta dos fundos. Nunca mais se teve notícia dele. A primeira prova desaparecera na noite de Natal.[12]

Pouco depois, John F. McRae, um vice-chefe de polícia do condado de Worth, Geórgia, estava sentado para o almoço quando um amigo apareceu: trinta e seis africanos do *Wanderer* tinham sido vistos em carroças puxadas por mulas — a caminho da divisa do Alabama. McRae ergueu-se num pulo: até que enfim aparecia alguma coisa para fazer, e além disso havia uma recompensa relativa a cada um dos cativos. McRae convocou dez cidadãos e em uma hora o destacamento partiu, esporeando os cavalos rumo ao Alabama.[13]

Alcançou as carroças, com os 36 africanos, cinco escravos domésticos e um homem branco, a poucos quilômetros da divisa do Alabama. McRae freou o cavalo e, mostrando um revólver, disse ao homem branco sentado ao lado do cocheiro que parasse as carroças e saltasse. O homem branco, soube-se depois, era Richard F. Aiken, destacado cidadão de Savannah Aiken na realidade, era funcionário do Jóquei Clube de Savannah, membro do clube de regatas de Savannah e, previsivelmente, amigo de Charles Lamar.

Aiken exigiu que McRae provasse que tinha autoridade para mandá-lo parar. McRae mostrou-lhe o distintivo. Aiken sorriu sem graça e disse-lhe que seguisse a seu lado. McRae, cuspindo um naco de tabaco molhado, puxou o cão de seu revólver calibre 44 e disse a Aiken que se não saltasse imediatamente seria obrigado a atirar.

Aiken entendeu o recado. As carroças deram a volta. O grupo viajou cerca de 120 quilômetros para sudeste, atravessando de volta o condado de Telfair, até a cadeia do condado em Jacksonville, Geórgia. Ali, McRae pôs os africanos e os cinco escravos domésticos sob guarda no pátio e mandou um exultante telegrama ao chefe de polícia Stewart em Savannah: os africanos estão aqui, disse ele; o que faço com eles? McRae aguardou a resposta durante dias. Enquanto isso, os africanos atraíram os curiosos de hábito, fazendo as pantomimas com que agradavam às multidões.

McRae esperou uma semana. Gastou dinheiro do próprio bolso para alimentar os cativos. Batucava com os dedos. Queria receber a recompensa em dinheiro e ir para casa. Stewart não respondeu. Finalmente, no décimo dia, chegou um telegrama: Stewart disse que não poderia decidir o que fazer sem antes receber instruções do procurador-geral Black, e, infelizmente, o procurador-geral, apesar de repetidos telegramas e cartas, não fora localizado. Diante disso, McRae tinha permissão para soltar os cativos.

McRae ficou espantado, mas com as despesas dos africanos correndo por sua própria conta, não teve escolha senão soltá-los. A última vez que viu os 36 africanos do *Wanderer* foi quando as carroças subiram uma ladeira, desaparecendo no meio do mato em sua lenta marcha para o oeste. Nunca mais foram vistos na Geórgia, e uma segunda prova desapareceu com eles.

Mais tarde ainda, o chefe de polícia Thomas L. Ross estava na plataforma da estação ferroviária de Macon, deliciando-se com um charuto, quando um passante disse que coisas estranhas aconteciam no vagão de fumantes. Subindo no trem, Ross viu dois africanos muito alegres no fim do vagão, divertindo um grupo com a imitação de qualquer dialeto que lhes fosse apresentado. "Vocês devem ser uma dupla de imbecis!", Ross ouviu um homem exclamar. Os negros devolveram a expressão com tal gosto e com tão perfeita fidelidade que o vagão explodiu numa gargalhada.[14]

Os negros tinham dentes pontudos e tatuagens e não falavam inglês (além do que imitavam). Ross perguntou a quem pertenciam e, na ausência de resposta, prendeu-os. Pôs os dois africanos sob custódia e conduziu-os para a cadeia da cidade. O carcereiro, no entanto, tinha ido ao circo; e Ross levou-os para a prisão militar e telegrafou imediatamente para o delegado Stewart em Savannah.

Quando o trem da manhã entrou fumegando na estação de Savannah no dia seguinte procedente de Macon, Ross e os dois africanos estavam sentados no primeiro vagão de passageiros. Esperavam-nos na estação nada menos que dez oficiais federais armados — nove da Receita Federal dos EUA, enviados pelo sr. Boston, o inspetor do porto de Savannah, e um mandado pelo chefe de polícia Stewart. Parecia que o governo finalmente fisgara a prova de que precisava.

Os africanos foram postos na cadeia do condado de Chatham. Semanas se passaram. Providenciaram trabalho para os dois africanos — varrer o chão e cuidar do cavalo do carcereiro Charlie Van Horn. Também faziam as pantomimas pedidas pelas multidões que iam vê-los. Até que, certa manhã, um oficial federal chegou à cadeia e entregou a Van Horn um mandado, que o instruía a levar os dois negros para o escritório do magistrado John Staley.

Quando Van Horn e os dois negros entraram no escritório de Staley, lá esperavam por eles ninguém menos do que Charles Lamar, seu amigo John Tucker e o chefe de polícia Stewart. Staley explicou a Van Horn que Lamar reivindicava os negros, que segundo ele lhe pertenciam. De fato, John Tucker tinha jurado que vira Lamar com os dois em dezembro. Van Horn estava espantado. Queixou-se de que os negros eram propriedade federal. Depois, agindo o mais rápido que pôde, Van Horn disse que precisava encontrar Ganahl — para obter permissão para soltar os africanos.¹⁵ Staley pensou um pouco e disse que lhe daria vinte minutos. Van Horn foi correndo atrás de Ganahl, mas Ganahl estava no meio de um processo no Tribunal do Almirantado e não pôde ser chamado. Vinte minutos depois Staley perguntou ao chefe de polícia Stewart se o governo federal tinha algum interesse pelos africanos. Stewart disse que não. Os dois agora pertenciam a Lamar.

Àquela altura, Lamar se sentia confiante. Enganara o governo, tirando-lhe uma prova sem precisar de muito esforço. E resolveu divertir-se um pouco. No dia seguinte, sentou um dos meninos africanos ao lado dele em sua charrete e passeou alegremente de um lado para outro no centro de Savannah. Teve o cuidado de falar aos jornais. E o *Savannah Daily Morning News* informou:

> *Sábado alguns dos nossos cidadãos surpreenderam-se com a aparição em nossas ruas de um genuíno africano, que, sentado na charrete de seu proprietário, o sr. C. A. L. Lamar, parecia deliciar-se com o passeio e com a atenção que atraía. Um artigo no* Republican *preparara-os para ver uma criatura selvagem, apenas um pouco acima dos brutos em matéria de inteligência, e sem apego pessoal ou senso de dever. Imagine-se, portanto, a sua surpresa quando viram na pessoa desse distinto estranho um menino vivo e inteligente, um pouco encabulado na presença de tanta gente, mas cortês e respeitoso, que tirava o chapéu com genuína polidez africana ao responder a qualquer pessoa que lhe dirigisse a palavra e, atendendo a pedidos, repetia muitas coisas com maravilhosa exatidão. Parecia bastante apegado a "Siô Charley", como chamava o patrão.*¹⁶

Durante o passeio pela cidade, Lamar fez questão de ver o sr. Boston, o inspetor federal do porto de Savannah. Quando a multidão se reuniu em redor, Lamar apresentou o menino a Boston. E quando o menino tirou o chapéu, Lamar confidenciou — em voz suficientemente alta para que todos ouvissem — que escolhera um nome para o menino: "Corrie". A multidão explodiu numa gargalhada. Boston, rubro de acanhamento, escafedeu-se. Depois dessa demonstração, nem "Corrie" nem o outro menino africano voltaram a ser vistos na Geórgia.

Enquanto esses acontecimentos se desenrolavam na imprensa nacional — e muitos dos principais jornais nortistas já os cobriam —, o governo

Buchanan ficava cada vez mais com cara de bobo. Black ordenou a Ganahl e Jackson que redobrassem seus esforços e demitiu pessoalmente o chefe de polícia Stewart — cuja cumplicidade na perda de testemunhas era óbvia —, substituindo-o por um oficial federal capaz de executar o serviço.

Mas outra maquinação de Lamar e do chefe de polícia Stewart ainda estava por acontecer. E essa foi, sem dúvida, a mais afrontosa de todas.

Em 26 de janeiro de 1859, o juiz do tribunal de comarca John C. Nicoll convocara uma sessão do Tribunal do Almirantado para decidir o destino do *Wanderer*. Sob custódia do governo, o iate ficara trancado e abandonado no rio Savannah. O governo argumentou que o *Wanderer* tinha sido claramente equipado para o tráfico de escravos. Para sustentar a alegação, havia declarações assinadas por Clubb, Christie e outras testemunhas. O diário de bordo e os mapas do navio foram incluídos. No que diz respeito à propriedade, o nome "William C. Corrie" aparecia em letra floreada no registro de Charleston, com data de 8 de junho de 1858.[17]

O juiz Nicoll, ex-prefeito de Savannah, era conhecido pela imparcialidade, e em 25 de fevereiro decidiu que o *Wanderer* seria leiloado em hasta pública. O anúncio dizia:

> *Por ordem de um decreto do Tribunal do Almirantado, o iate* Wanderer *será posto à venda aqui no sábado, 12 de março. É um pequeno barco firme e em bom estado, de cerca de 200 toneladas, de primeira ordem, de modelo excepcional e, como demonstrado por seu recente desempenho, um veleiro extraordinariamente veloz. Foi construído perto de Nova York, poucos anos atrás, e originariamente custou US$ 30 mil. Para os que pertencem à fraternidade do iatismo, ou para especuladores, o* Wanderer *oferece excelente oportunidade de investimento. Seria também valiosa aquisição para a Receita.*

Em 12 de março, uma multidão se reuniu diante das maciças colunas da Alfândega de Savannah para o leilão. Quando Charles Lamar chegou, um grupo de amigos cercou sua charrete. Vestido com elegância, Lamar mostrava-se arrogante como um galo de briga.

Enquanto a multidão se reunia, o notório chefe de polícia Stewart subiu alguns degraus adiante da multidão, acenando e sorrindo para os admiradores. Era sua última função oficial antes de ser removido do cargo. Stewart começou descrevendo os atributos do *Wanderer*, dos camarotes luxuosos ao desenho arrojado de suas linhas.

Mal terminou de descrever o iate, Lamar abriu caminho.[18] "Senhores, este barco me pertence — em todos os sentidos da palavra", berrou, erguendo os braços sobre a cabeça como um gladiador romano. "Foi tomado pela arbitrariedade da lei."

A multidão aprovou com um rugido. Lamar prosseguiu. "Os Estados Unidos o reivindicam; mas eu digo que é meu. E espero que ninguém o dispute comigo."[19]

Quando os aplausos cessaram, Lamar voltou-se para Stewart. "Meu lance é de um dólar", gritou.

Mais uma vez a multidão aplaudiu.

Stewart deu um largo sorriso. "Algum outro lance?", perguntou.

A praça fez silêncio.

Então, no meio da multidão, ergueu-se uma voz: "Quatro mil dólares."

Um grito de surpresa percorreu a multidão, que se afastou arrastando os pés. Num terno mal-ajambrado, destacou-se a figura do carcereiro do condado, Charles Van Horn, que passou os dedos nervosos pelo cabelo ralo.

Lamar olhou rápido para Van Horn e voltou a encarar Stewart.

"Quatro mil e um", disse Lamar.

"VENDIDO — para o sr. Lamar", berrou Stewart sem hesitar. "O iate *Wanderer*. Quatro mil e um dólares."

A multidão se aproximou de Lamar para cumprimentá-lo, mas Lamar não quis saber de cumprimentos. Correu por entre as pessoas em direção a Van Horn, o rosto crispado de raiva. Van Horn recuou, mas não com a rapidez necessária. Lamar deu-lhe um murro no rosto, e o homenzarrão caiu para trás, o sangue espirrando no paralelepípedo. A multidão aproximou-se, formando um círculo. "Mate-o, Charley!", um homem disse a Lamar. Van Horn, espantado, levantou-se cambaleando e caiu de rosto no chão.

Lamar debruçou-se sobre o carcereiro, os punhos cerrados, esperando que ele se erguesse. Mas Van Horn estava fora de ação, os cabelos em desalinho e a camisa branca empapada de sangue. Aplaudido de novo, Lamar foi embora, desafiante.

Quando a notícia do incidente chegou à imprensa, foi uma sensação. Para editores do Norte, estava provado que a provocação e a rebeldia tinham tomado conta do Sul — como se o governo federal, e não Van Horn, tivesse sido nocauteado. "O sr. Lamar disse que, em se tratando de 'sua propriedade', nenhum *cavalheiro* faria um lance contra ele para adquirir seu barco", comentou o *New York Times*.[20] "O apelo para que ninguém tomasse parte no leilão até aquele momento fora atendido, menos por um certo sr. Van Horn, que correu para oferecer quatro mil por esse esplêndido iate (que vale, talvez, vinte ou trinta mil, pelo menos) e recebeu de imediato uma surra das mãos do valente Lamar e de meia dúzia de amigos, e na presença de agentes da lei do governo federal.

"Mas se o iate e os negros que desembarcaram dele eram, na realidade, propriedade do sr. Lamar", continuou o jornal, "como ele insolentemente alega, então o sr. Lamar é um traficante de escravos, um seqüestrador de negros, um delinqüente culpado de um ato equivalente, nos termos da legislação, à pirataria, e deveria ter sido preso no ato. Em vez disso, ele ousou ficar onde estava — depois da confissão pública de um crime punível com prisão e multa — e ditou os termos do leilão do barco..."

Henry J. Raymond, 38 anos, co-fundador do *New York Times,* não gostava de perder tempo com gente como Lamar, com quem nada tinha em comum. Frágil fisicamente, com cabelos negros e claros olhos azuis, Raymond nascera numa fazenda na parte ocidental do estado de Nova York, um menino precoce, que já lia com fluência aos três anos de idade. Em 1851, aos 31, decidiu fundar o próprio jornal, com ênfase em notícias da cidade, dois correspondentes em Washington e outros espalhados pela costa leste — e até um correspondente em Paris. Mudando-se para um prédio ainda em construção na rua Nassau, número 113, com uma prensa a vapor Hoe instalada no subsolo, o *New York Daily Times* entrou em atividade. Quando o conflito entre o Norte e o Sul intensificou-se nos anos 1850, Raymond consistentemente sustentou a opinião de que a escravatura era nociva e errada. Mas, acima de tudo, achava que a União precisava ser preservada, e temia que o radicalismo de ambos os lados — cabeças-quentes e abolicionistas — pudesse empapar o país em sangue.²¹

Raymond se viu não apenas redigindo os editoriais contra os conspiradores do *Wanderer*, mas sendo atraído para uma batalha verbal cada vez mais perigosa com Charles Lamar.

Começou com uma estranha e anônima carta contendo críticas à cobertura do leilão feita pelo *New York Times*, em especial pela descrição de Charles Lamar como "traficante de escravos, seqüestrador de negros e delinqüente". "O senhor pode procurar em todo o país de alto a baixo", aconselhou o autor anônimo da carta, "e não achará ninguém mais estimado por aqueles que o conhecem, e o têm por nobre, honrado, franco e destemido cavalheiro. Suas opiniões sobre o comércio de escravos podem estar erradas, mas ele as defende honestamente. São as mesmas que a Grã-Bretanha e os Estados Unidos defendiam um século atrás. O fato de não concordar com suas opiniões neste assunto não justifica a linguagem que o senhor usou para descrevê-lo. Não pretendo entrar em qualquer disputa jornalística sobre essa questão. Peço-lhe apenas que retire o que disse tão levianamente — se puder fazê-lo com algum senso de propriedade. Sinceramente seu etc."²²

Quem era o escritor anônimo? Muito provavelmente o destacado nova-iorquino Gazaway Lamar, pois Raymond tratou suas observações com total deferência: "A carta acima nos veio de uma fonte que a faz merecedora de respeito e reconhecemos de imediato o que nela se declara com relação ao caráter do sr. Lamar e à estima geral que lhe dedica a comunidade onde vive", escreveu Raymond na edição seguinte do *Times*. "Estamos igualmente prontos a acrescentar que os epítetos empregados em nosso artigo sobre o assunto no *Times* de ontem não deveriam ser aplicados ao caráter do sr. Lamar, nem ser usados contra ele em qualquer outro sentido que não fosse o dessa específica transação; e mesmo nesse sentido talvez tenham sido fortes demais, e mais genéricos do que a ocasião exigia."²³

Dito isso, entretanto, Raymond manteve suas opiniões: "Sua conduta na venda do *Wanderer* foi simplesmente insolente. Todas as pessoas presentes à venda tinham direito, pela lei, pela moral e pela honra, de fazer um lance pelo barco, e o ataque do sr. Lamar ao único homem que parece ter tido coragem de ignorar sua ordem foi uma grosseira quebra da cortesia, da decência e da lei… Não cometeremos contra o povo de Savannah a injustiça de supor que ele foi devidamente representado, em sentimento, em disposição de ânimo ou em conduta, seja pelo sr. Lamar ou pela 'multidão' nessa transação."

Aquilo pode ter resolvido as divergências entre Gazaway Lamar e o editor Raymond, mas foi insuficiente para o pruriginoso Charles Lamar. Em carta a Raymond, Lamar disse que o editorial era "pessoal e ofensivo". Essas palavras eram importantes, pois serviram de base para um duelo.[24]

"Senhor", escreveu Lamar, "fui informado por amigos que me enganei na avaliação do seu caráter (e eles obtiveram a informação de amigos íntimos seus), e que o senhor responderá a qualquer demanda. O objetivo desta carta é perguntar se o senhor foi devidamente representado por seus amigos. É minha intenção ir a Cuba semana que vem, a não ser que um imprevisto me impeça de ir, e um telegrama, que será pago aqui, anunciando sua decisão será muito bem-vindo. Respeitosamente, C. A. L. Lamar."

Raymond esquivou-se brilhantemente: um duelo, explicou, deve ser travado entre iguais. E como Lamar tinha "admitido sua ligação com o tráfico que as leis do país denunciam como pirataria, e os países civilizados e as leis internacionais consideram odioso", escreveu ele, nenhum combate desse tipo seria possível entre eles.

Respondeu Lamar: "Senhor: recebi sua carta do dia 4 esta manhã. O senhor usou o refúgio costumeiro do covarde, que, com medo de lutar, subestima seu adversário. Apesar de essa atitude ser comum em seu meridiano, a jactância de seus amigos me fez acreditar que o senhor assumiria suas responsabilidades diante daqueles a quem ofendeu. Mas em vista disto, e da impressão anterior que eu formei do seu caráter, não me corresponderei mais com o senhor."

Lamar não conseguira trocar tiros com o editor do *New York Times*, mas não ia desistir. "Vou insultá-lo em público — talvez esbofeteá-lo no rosto", vangloriou-se Lamar a um amigo, "e depois, se não reagir, vou deixá-lo para lá."

Isso nunca ocorreu, mas Lamar finalmente conseguiu atingir *alguém*. Poucos dias depois, acusou um visitante de Rhode Island de escrever um artigo para um jornal nortista sobre o leilão, criticando sua conduta.[25] Antes que o visitante pudesse explicar que o relato era uma carta pessoal que caíra nas mãos de um repórter, e que o repórter a enfeitara, Lamar esbofeteou o homem no rosto, exigindo um duelo e, não sendo isso possível, ordenou-lhe que fosse embora de Savannah no próximo trem.

Quando Raymond recebeu a notícia no *Times*, foi levado a escrever outro duro editorial contra Lamar. "Será, sem dúvida, novidade para o público saber que o poder de banimento da cidade de Savannah, quem sabe do estado da Geórgia, está nas mãos do sr. C. A. L. Lamar, que, imaginamos, nunca foi eleito para esse cargo", disse Raymond. "Será novidade ainda maior para aqueles que adotam o 'Código de Honra', que é próprio de cavalheiros acompanhar um pedido de satisfação por um tapa no rosto com a ordem de que a parte agredida deixe a cena do insulto e o lugar onde a 'satisfação' poderia ser obtida. Para a cabeça de muita gente, no entanto, esbofetear o rosto de um homem por ter escrito 'um relato da recente venda do *Wanderer* a um jornal de Rhode Island', sugere antes a grosseria do desordeiro do que o cavalheirismo da honra ferida."[26]

Que Lamar tivesse se tornado um fanfarrão era algo de que os cidadãos da Geórgia começavam a se dar conta com relutância. Um homem que convocara uma reunião para criticar Lamar foi obrigado a escrever um pedido de desculpas. "Em minha nota sobre a reunião, eu não quis de forma alguma ser desrespeitoso com esses senhores que talvez sejam donos de africanos", confessou o transgressor. "Lamento ter dito nessa nota qualquer coisa que possa ter ofendido qualquer dos meus amigos neste distrito."[27]

Quando outros cidadãos divulgaram um libelo acusatório contra Lamar por ter tirado os dois africanos do carcereiro Van Horn, também eles se viram obrigados a pedir clemência. Num anúncio nos jornais de Savannah, disseram que o tribunal os *forçara* a pronunciar-se contra Lamar — e que, na realidade, todos eram favoráveis ao comércio de escravos. "Defendemos sem hesitar o repúdio de todas as leis que, direta ou indiretamente, condenam essa instituição (o comércio de escravos africanos) e aqueles que a herdaram ou mantêm...", declararam.[28]

Mesmo quando o vice-chefe de polícia McRae e os membros do seu destacamento foram a Savannah testemunhar sobre a libertação de trinta e seis africanos, todos tiveram de enfrentar pessoalmente Lamar. Reunidos diante do juiz no tribunal do condado de Chatham, "para nosso espanto e humilhação fomos *presos*", escreveu um deles. O espanto transformou-se em choque quando Charles Lamar surgiu do fundo da sala com seu advogado, John Owens, e os acusou de "roubar" os cinco escravos domésticos que tinham acompanhado os africanos nas carroças. Depois de pagarem mil dólares cada um, os réus foram convocados a aparecer no Tribunal Superior de Worth, em 1859, para responder à acusação de apropriação indébita.[29]

Agora Lamar fazia críticos pedirem desculpas, júris tremerem e os cidadãos de Savannah se acovardarem. "Lamar é um homem perigoso, com toda a sua temeridade e ilegalidade — mas de um tipo curioso, também, pois nunca se arrisca a ficar na presença de ninguém que não considere seu adepto, ou que não possa intimidar", confidenciou Charles C. Jones, um filho de Savannah que dois anos depois se tornaria prefeito. "Esses homens... fazem o diabo, sem encontrar obstáculo ou impedimento..."[30]

De fato, Lamar sentia-se confiante — tão confiante que decidiu tirar umas férias em seu recém-adquirido iate: ia levar o *Wanderer* a Cuba em companhia do bom amigo Trowbridge e de outros, e talvez até achar quem lhe comprasse o barco.[31]

Quando o *Wanderer* enfunava as velas e rumava para o mar, apareceu uma nota na imprensa local que servia de lembrete a qualquer um que pudesse tentar tirar partido da ausência de Lamar:

CIRURGIA BEM-SUCEDIDA — O sr. Henry du Bignon da Geórgia, baleado há cerca de 12 meses na pista de corridas de Savannah por C. A. L. Lamar, notório pelo Wanderer, *recentemente esteve nesta cidade para extrair a bala. Ficamos felizes por saber que a bala, encontrada nos ossos do rosto a 7 centímetros da superfície, foi extraída com segurança, depois de grave operação cirúrgica feita pelo professor Carnochan.*[32]

Aparentemente, um ano antes Lamar tinha discutido com seu amigo Henry du Bignon numa pista de corridas. Os ânimos se exaltaram, Du Bignon ergueu o punho, Lamar puxou uma pistola e disparou. Ao que tudo indicava, tinham voltado a ser amigos, mas a nota no jornal era um lembrete oportuno: coisas ruins poderiam acontecer a pessoas que se opusessem à vontade férrea de Charles Lamar.

14

Os britânicos

"É MEU dever informar Vossa Excelência que o iate *Wanderer* foi condenado, no atual termo do Tribunal do Almirantado, por envolvimento no tráfico de escravos", escreveu o cônsul britânico ao secretário do Exterior britânico em 1º de março de 1859, "e está sendo anunciado pelo chefe de polícia para venda em hasta pública em 12 de março."[1]

Desde que o identificaram como negreiro, as autoridades britânicas mantiveram o *Wanderer* sob vigilância. Seu interesse não era tanto pelo iate propriamente, no entanto, nem mesmo pela questão do tráfico de escravos, mas pelos assuntos muitos maiores que pairavam sobre as relações anglo-americanas.

Nos anos de 1850, uma guerra dos Estados Unidos contra a Grã-Bretanha não seria inconcebível. A Grã-Bretanha tinha cobrado impostos das colônias, e depois derramado o seu sangue durante a Guerra da Independência. Tinha queimado a Casa Branca e deixado uma esteira de destruição na Guerra de 1812. Dominara os mares por duzentos anos, e apesar de duas derrotas diante dos americanos em terra, ainda os dominava. Agora desafiava o domínio dos EUA no Hemisfério Ocidental, com incursões à América Central, e a abordagem de navios americanos para, segundo afirmava, acabar com o tráfico de escravos. Nos anos de 1850, aos olhos de muitos americanos, a Grã-Bretanha era o império do mal.[2]

As costas da África e de Cuba eram freqüentes pontos de colisão entre as duas potênciais navais. Era ali que os dois países, supostamente unidos no esforço para erradicar o tráfico de escravos, ainda praticavam velhos atos de agressão, e sentiam doer antigas feridas. Foi por isso que o comandante americano Totten, ao descobrir que o *Rufus Soule* fora abordado, inspecionado e afundado pelos britânicos, escreveu a seu comandante dizendo: "A questão não é saber se o *Rufus Soule* está envolvido no tráfico de escravos. *Ele carregava a bandeira americana...*"

Foi por isso que o presidente Buchanan, em sua mensagem anual ao Congresso em 1858, declarou que negreiros sob bandeira americana eram preferíveis a navios britânicos que detinham e abordavam embarcações americanas. Disse ele: "O abuso ocasional da bandeira de qualquer país é menos merecedor de censura do que a imposição de regulamentos incompatíveis com a liberdade dos mares."[3]

Foi por isso que o secretário de Estado dos EUA Lewis Cass escreveu:

> *Quem duvida que cruzadores ingleses, estacionados naquela distante costa, com o ilimitado direito de inspecionar e a arbitrária autoridade de tomar posse de todos os barcos que freqüentam esses mares, representam grave interrupção do comércio de outros países?...*[4]

E foi por isso que o correspondente naval do *New York Herald* se queixou:

> *Que farsa a eliminação do tráfico de escravos pela Inglaterra! Todo oficial inglês que aqui aparece está em busca de dinheiro, e não mede esforços para consegui-lo. Abordar navios com as cores americanas e os documentos em ordem é fato corriqueiro. Com ameaças e ofertas de ocasião eles tomam posse do navio, desembarcando a tripulação nessa costa*

pestilenta sem provisão alguma; recorrem a ameaças que não ousariam cumprir, e agem contra nossos comerciantes em situação legal de forma a intimidar um homem honesto... Em minha opinião, a abordagem, a inspeção, a detenção e apreensão do Rufus Soule é o maior insulto já cometido contra nossa nacionalidade — um insulto à bandeira e ao país que exige ação imediata.[5]

O conflito entre os Estados Unidos e a Grã-Bretanha já era grave no começo dos anos de 1850, mas em 1859 a Grã-Bretanha, tendo terminado sua tarefa na Guerra da Criméia, decidiu investir com toda a carga contra o tráfico de escravos.[6] Navios que um dia tinham bloqueado Napoleão III no Mediterrâneo foram deslocados para a África e para Cuba.[7] Marinheiros e artilharia adicionais foram mobilizados. Os britânicos impuseram um bloqueio não oficial contra Cuba. Na costa africana, marujos britânicos em números nunca vistos desabaram sobre as bordas de navios suspeitos de transportarem escravos, independentemente das bandeiras que levavam; e disparavam contra navios em fuga, destruindo vergas e velas, e só depois é que iam procurar, sob o convés, as provas do crime.

Em 1853, James Buchanan, então ministro em Londres, escrevera: "Provavelmente entraremos em guerra contra a Grã-Bretanha antes do fim da atual administração." Esse comentário foi provocado pela agressividade britânica na América Central. Mas era igualmente verdadeiro agora. Os Estados Unidos estavam prontos para lutar. O senador republicano William II. Seward, que seria secretário de Estado de Lincoln, ameaçou ir à guerra. O mesmo fez seu inimigo político, o democrata Stephen A. Douglas. Em todo o país jornais exigiam sangue — do abolicionista *New Era* (que declarou que os EUA precisavam "resistir até a morte à insolente presunção de qualquer potência estrangeira que submeta nossos navios à detenção e à vistoria") ao escravagista *Charleston Mercury*.[8] A briga parecia inevitável: duas marinhas rumando uma na direção da outra, num confronto no qual só poderia haver um ganhador. Mas agora era diferente. Durante gerações a Grã-Bretanha mandara nos mares. Agora os Estados Unidos estavam em ascensão, e os britânicos, à beira de um relativo declínio. Os britânicos sabiam disso, ou pelo menos podiam senti-lo na firmeza de propósito demonstrada pelos americanos na costa negreira da África.

Apenas seis meses antes, os britânicos ainda tentavam interromper as atrocidades cometidas sob bandeira americana. No começo de 1859, o comodoro Wise da Esquadra Africana britânica escrevera ao secretário britânico do almirantado:

> *Em minha carta de 26 de agosto último tive a honra de trazer à atenção de suas Senhorias dois exemplos gritantes da prostituição da bandeira americana, particularmente no caso do (Kate)* Ellen *de Nova York, abordado e inspecionado pelo comandante Truscott... quando um convés de escravos e outro equipado para o tráfico de escravos foram descobertos a bordo, e liberados, pois os documentos mostravam claramente que ele tinha o direito à bandeira dos Estados Unidos.*
>
> *É meu dever informar que o* Ellen, *poucos dias depois, subiu o Congo e foi abordado pelo comodoro Bowden do* Medusa, *que achou seus documentos em ordem. Depois desceu o rio e, com sua carga de escravos, engaiolados e morrendo sob escotilhas hermeticamente fechadas, o* Ellen *de Nova York, sob bandeira americana, passou audaciosamente pelo navio* Medusa, *de Sua Majestade.*
>
> *Quando o* Ellen *foi abordado, ao passar, o cheiro forte indicava suficientemente que numerosos infelizes estavam armazenados embaixo, e informações de Punta da Lenha confirmavam a opinião, mas era estritamente proibido fazer novas inspeções; e, como o direito do* Ellen *à bandeira americana fora comprovado em duas ocasiões, ele recebeu permissão para prosseguir, sem ser molestado, com sua rica carga de morte, doença e miséria...*[9]

Mas, quando a primavera de 1859 avançava, e os britânicos enfrentavam a fúria da opinião pública americana — e a formidável concentração do poderio naval americano, em estado de alerta e fora dos portos — os britânicos se tornaram cada vez mais pragmáticos. Por que a Grã-Bretanha deveria ser instrutora moral dos Estados Unidos? Por que a Grã-Bretanha, que necessitava do algodão sulista e do comércio nortista, entraria na briga contra seu melhor parceiro comercial? O governo conservador de lorde Derby, que herdara a questão do tráfico de escravos (ao substituir o governo Palmerston em fevereiro), também levantou dúvidas sobre a briga, que não era invenção sua.

Até moderados admitiam que os proprietários de plantação em Cuba poderiam obter todos os escravos de que precisassem, independentemente dos esforços da Esquadra Africana: maior demanda significava preços mais altos por escravos, o que só encorajava os traficantes a redobrarem seus esforços. Naquela situação, um traficante podia vender seus carregamentos em Cuba por um preço trinta vezes mais alto do que o que pagara na África.

Após dias de acalorado debate, o Parlamento britânico chegou a uma conclusão histórica. Rendeu-se completamente às exigências americanas. Depois da votação, os britânicos ordenaram a seus cruzadores que suspendessem as inspeções de navios americanos. O "direito de visitar" estava extinto.[10]

Disse o secretário do Exterior da Grã-Bretanha, lorde Malmesbury: "Eu disse nos termos mais veementes possíveis ao governo americano que, se correr a notícia de que a bandeira americana acoberta todas as iniquidades, todos os piratas e escravos do mundo haverão de carregá-la, e nenhuma outra."[11] Mas a mensagem não calou fundo, disse ele. O *Times* de Londres, depois de exigir a cooperação dos EUA na costa africana durante anos, finalmente declarou que se dava por vencido. "Não cabe a nós inculcar-lhes a virtude", comentou o jornal amargamente. "Talvez seja nosso dever tentar a persuasão e a censura; mas se eles riem da nossa persuasão e rejeitam a nossa censura, é hora de parar."[12]

Nos Estados Unidos, entretanto, a notícia foi recebida com festa. Os ianques tinham combatido os britânicos em alto-mar desde a Revolução. O último vestígio dessa antiga sujeição era o "direito de visitação" — o direito que a Grã-Bretanha impusera, mesmo depois da Guerra de 1812 — de inspecionar navios americanos. Agora, finalmente, esse último vínculo fora rompido. A América estava, de fato, livre.

Na festa do Quatro de Julho oferecida em Londres naquele ano pelo ministro americano na Grã-Bretanha, George M. Dallas, as mesas foram enfeitadas com bandeiras americanas; cravos vermelhos, brancos e azuis enchiam o salão; galhardetes e estandartes decoravam as janelas que iam do piso ao teto. Na hora marcada, 150 convidados tomaram seus lugares, excitados. Dallas, que combatera os britânicos em acalorados telegramas durante anos na questão das visitas e inspeções dos navios americanos, ardia de expectativa.

Quando os americanos lhe dirigiram olhares expectantes, ele ergueu sua taça. Falou dos laços da América com a Grã-Bretanha, mas também das lutas que os americanos tinham travado, não só nos primórdios da independência, porém mais recentemente, por justiça e respeito no mar. Agora, disse ele, a vitória chegara. Levantou a taça ainda mais alto. "A rescisão pela qual lutamos — durante quase meio século — foi alcançada!"[13] Todos se levantaram e aplaudiram.

Entusiasmo igual foi demonstrado pelo presidente Buchanan. "Deve ser uma fonte de sincera satisfação para todas as categorias de concidadãos — especialmente aqueles envolvidos no comércio exterior — que o direito reivindicado pela Grã-Bretanha de visitar à força e inspecionar navios mercantes americanos em alto-mar em tempo de paz foi abandonado", disse ele poucos meses depois, em sua última fala ao Congresso, acrescentando: "Essa foi, de longe, a questão mais ameaçadora para a paz entre os dois países desde a guerra de 1812."[14]

De fato, os Estados Unidos tinham mostrado qual era seu novo lugar no mundo. Os americanos não se sujeitariam mais às indignidades de inspeção aleatória. O comércio americano não mais se subordinaria ao da Grã-Bretanha em alto-mar. Os Estados Unidos tinham finalmente se emancipado da Grã-Bretanha! Mal sabiam que a vitória nas questões do passado viria à custa das questões que perseguiriam o país por muitas gerações.

Enquanto as superpotências travavam esse conflito, o tráfico de escravos florescia. A demanda por escravos já era alta: o cólera assolara Cuba em 1853, matando milhares de escravos, que precisavam ser substituídos. Os preços do açúcar dispararam, atingindo o nível mais alto da história. Enquanto isso, construtores navais tinham produzido um número excessivo de navios nas décadas de 1840 e 1850 — o que foi seguido pela depressão de 1857. Agora os navios eram baratos e abundantes. Traficantes podiam adquirir brigues de 250 toneladas a preços de ocasião, carregá-los com milhares de escravos, e estabelecer um negócio numa monstruosa economia de escala. Ou podiam comprar os clíperes mais velozes, e navegar mais rápido do que os americanos e britânicos. Aquilo se tornou um esporte.[15]

Seja como for, à medida que a década de 1850 avançava, o tráfico de escravos crescia como negócio. Em 1857, um grupo de prósperos investidores criou a "Companhia Espanhola", uma operação de tráfico de escravos bem administrada, com escritórios, como era de esperar, na rua Pearl, número 158, Nova York. "A companhia espanhola era como um polvo", escreveu um especialista em assuntos marítimos, Warren S. Howard, "espalhando seus tentáculos em vários portos, simultaneamente. Ali onde as autoridades não eram vigilantes, ou onde fossem impedidas de cumprir seus deveres, o tentáculo agarrava-se com firmeza; em caso de apreensão nesses portos, os tentáculos se recolhiam, ou até mesmo se retiravam completamente, durante algum tempo, até que a calma fosse restabelecida. Quando um tentáculo se recolhia, outros aumentavam sua pressão, de modo que três ou quatro navios negreiros partissem para a África todo mês, como previsto."[16]

Empreendimentos ainda maiores estavam em curso, entretanto. Dizia-se que um deles, com capital inicial de US$ 1,2 milhão, tinha 37 navios de fabricação americana prontos para entrar em operação. Seu programa prometia muito mais: oitenta navios, com partidas regulares para a África a cada dois meses. Mesmo com perdas sérias, o empreendimento se gabava de poder, com o passar do tempo, desembarcar de 150 mil a 200 mil africanos em Cuba por ano. Os empresários talvez exagerassem sua capacidade, mas não a possível demanda por escravos. Se o Sul conseguisse espalhar a escravidão para os Estados ocidentais, e se a escravidão se ampliasse a ponto de transformar-se numa república formal incluindo México, América Central e Cuba, como os cabeças-quentes esperavam, milhões de novos escravos seriam necessários. E assim, às vésperas da Guerra Civil, poucos comerciantes tinham perspectivas mais saudáveis nos Estados Unidos do que os traficantes de escravos.

Enquanto os britânicos estavam de olho no *Wanderer*, também prestavam atenção especial a William Corrie. Robert Bunch, o cônsul britânico em Charleston, encontrara-se várias vezes com Corrie, e não gostava dele nem um pouco. Em carta ao secretário do Exterior da Grã-Bretanha, lorde Malmesbury, Bunch nada ocultara em sua descrição do homem que a imprensa de Nova York apresentara como "um elegante cavalheiro sulista":

O senhor — ou, como ele se descreve — o "capitão" Corrie é um cidadão da Carolina por nascimento; o pai era um escocês que garantia precária subsistência em Charleston consertando as rodas das rudimentares carroças das plantations da região. O filho esteve no exército dos Estados Unidos, durante as guerras da Flórida, na qualidade de vivandeiro.

Anos atrás fixou residência em Washington, onde sua ocupação era o que aqui se chama de "lobbying", ou seja, subornar membros do Congresso para que aprovem o pagamento de reivindicações pecuniárias pelo governo dos Estados Unidos. Seu negócio parece ter progredido; de fato, há muitos notórios exemplos de êxito. Sua influência na capital é muito grande; fui informado, não muito tempo atrás, por um dos congressistas desse estado, que ele tem mais poder do que toda a delegação da Carolina do Sul.

Pessoalmente, é um sujeito vulgar, arrogante, chegado à bebida, que costuma se vangloriar da sua influência no Congresso, e gosta de especificar quanto custa, exatamente, cada congressista. Com tais antecedentes, não preciso acrescentar que é capaz de traficar escravos, ou de cometer qualquer outra vileza.[17]

Em conseqüência do incidente com o *Wanderer*, os britânicos não foram os únicos a observar Corrie com atenção. Em 3 de fevereiro de 1859, o Iate Clube de Nova York resolveu "que o nome do iate *Wanderer* seja apagado de sua lista, e que William C. Corrie, proprietário do iate, e membro deste clube, basicamente por violar as leis dos Estados Unidos, mas mais especificamente por estar envolvido num tráfico repugnante para a humanidade e para o senso moral dos membros desta associação, seja, e está sendo por meio deste instrumento, expulso do Iate Clube de Nova York". Simultaneamente, a maquete de madeira do *Wanderer*, exibida na biblioteca, foi mandada, em desgraça, para o subsolo.[18]

Anos depois, em sua história oficial, o clube comentou a respeito do *Wanderer*: "Poderia ser chamado de Irmão Mau do virtuoso *America*, pois durante anos não se mencionava seu nome na presença de um membro do Iate Clube de Nova York."

Corrie fora insultado pelo cônsul britânico, e posto para fora pela sociedade iatista de Nova York, mas era profundamente amado em Charleston. Quando chegou, uma recepção foi improvisada em sua casa, com o estouro de muitas rolhas de champanhe. "O correspondente em Washington do *Boston Advertiser* afirma que um grupo alegre e feliz, de amigos do capitão Corrie nessa cidade, comemorou a notícia de sua chegada no rio Savannah com um carregamento de escravos da África", informou o *New York World Telegram*, no Natal de 1858. "Desejou-se êxito para todas as iniciativas desse tipo, e companheiros exultantes beberam copos e mais copos de champanhe."

Mas de todos os amigos de Corrie em Charleston, o mais valioso era um juiz do Tribunal Regional dos EUA chamado Andrew G. Magrath. Magrath nascera em Charleston e formara-se em direito em Harvard. Mas odiava Cambridge, especialmente o seu fervor abolicionista. Em 1850, aos 37 anos, escreveu um feroz panfleto defendendo a separação. E quando Lincoln foi eleito presidente, dez anos depois, Magrath despiu dramaticamente sua toga, abandonando a magistratura federal. Posteriormente, tornou-se governador confederado da Carolina do Sul.

Como juiz federal, Magrath pode ter jurado defender a Constituição e as leis do país, mas pela época em que Corrie voltou para Charleston, já era veemente separatista, ansioso por desafiar a autoridade do governo federal. Magrath sabia que Ganahl, Jackson e o procurador-geral Black queriam ver Corrie de volta a Savannah, para ser julgado com Brown, Arguirir e Rajesta. A assinatura de Corrie, afinal de contas, estava nos documentos de propriedade do *Wanderer*, em traços tão grandes quanto as palavras John Hancock na Declaração da Independência. Mas Magrath tinha decidido não devolver Corrie.[19]

Por isso, quando Ganahl submeteu uma declaração, baseada no estatuto da pirataria de 1820, exigindo a prisão de Corrie e sua repatriação para a Geórgia, Magrath indeferiu. Como Corrie fora (relutantemente) preso na Carolina do Sul, Magrath ordenou que seria julgado ali. Frustrado em sua primeira tentativa, Ganahl trocou de marcha e apresentou nova denúncia contra Corrie, com base na Lei de 1818, pelo crime menor de ajudar na preparação de um navio para o tráfico de escravos. Magrath recusou-se novamente a entregar o preso, alegando que Corrie seria julgado pelo estatuto de 1820, uma instrução mais alta, que o mantinha na Carolina do Sul. Mais uma vez Ganahl viu-se obrigado a sentar e esperar.

Quando Corrie finalmente apareceu perante um grande júri em Charleston em maio, e o caso foi argüido, o impasse legal tornou-se ainda mais difícil: o grande júri, de início, não viu razão para Corrie ser julgado. Mas depois, quando o tribunal se dissolvia, Magrath percebeu que, sem um crime para manter Corrie em Charleston, Ganahl poderia exigir sua volta para a Geórgia. No último minuto o grande júri foi novamente reunido. Dessa vez eles inverteram sua decisão, acusando Corrie de pirataria, o que o punha novamente sob controle de Magrath. Apesar de a pirataria ser crime punível com pena de morte, sem fiança, Corrie pôde pagar fiança imediatamente. Corrie tornou-se o herói da cidade mais uma vez, indo a jantares, velejando e descansando em sua plantation na Carolina do Sul.

Na realidade, espalhou-se o boato de que Corrie escrevia um livro. O *Charleston Mercury*, grande admirador de Corrie, interessou-se vivamente. "Cuidado! O livro que está para sair, sobre o cruzeiro do iate *Wanderer*, será uma sensação", exclamou o jornal. "É escrito por alguém que tomou parte em suas aventuras, e apresentará relato minucioso, revelando fatos até agora desconhecidos e insuspeitados, envolvendo a reputação de muitos homens públicos, dos senadores dos Estados Unidos aos peixes miúdos do governo."[20]

Talvez. Mas o *New York Times* tinha opinião diferente sobre o projeto: "Expulso pelo Iate Clube de Nova York, rejeitado pelo presidente, repudiado até por um secretário do Tesouro da Geórgia — um mártir da sua fé no homem branco e seu apego aos negros", disse o *Times*. "Se o capitão Corrie puder nos dar qualquer informação autêntica sobre o assunto, seu livro terá um valor e uma influência dos quais seu autor dificilmente terá consciência."[21]

Mas nada aconteceu, no entanto. O livro em que Corrie contava tudo, para o bem ou para o mal, jamais viu a luz do dia.

15

VICKSBURG

LEONIDAS SPRATT enxugou a umidade dos óculos de aro de metal e, esquivando-se das grossas gotas de chuva que começaram a cair quando desceu da carruagem, andou a passos largos pela lama para chegar à sala onde a Convenção Comercial Sulista faria sua reunião anual de 1859.

Por mais refrescantes que as brisas marinhas soprassem sobre Corrie em Charleston no fim de maio, em Vicksburg, Mississippi, a primeira onda de calor do verão fazia as cigarras guardarem um silêncio atordoado durante o dia e zumbirem furiosamente nas árvores à noite. Nos algodoais, que se estendiam até onde a vista alcançava, os tufos alvos das plantas ainda não tinham aparecido. Mas as cápsulas verdes, não maiores do que cabeças de alfinete, alimentavam-se do sol e da chuva. Floresceriam durante um dia, botando uma flor vermelha, depois evoluiriam lentamente para uma oleosa bola de algodão. Quando as bolas amadureciam, espalhando seu rico aroma, via-se o brilho de milhares de corpos negros nos campos, colhendo a safra, com os capatazes passando a cavalo para cima e para baixo, enxugando o suor do rosto com lenços e puxando a aba do chapéu de palha para proteger os olhos.

No ano anterior, a Convenção Comercial reunira-se no chão de terra de um armazém de algodão em Montgomery — que, no fim da confabulação, ficou lamacento e miserável, como água suja para os porcos. Isto agora era melhor, pensou Spratt. Havia um piso de tábuas debaixo dos pés, no qual pisou com força, satisfeito. Lampiões de gás de latão iluminavam o salão. Colunas jônicas enfeitavam a entrada. O palco erguia-se 60 centímetros acima do piso, de acordo com as instruções que dera, e com espaço suficiente para Spratt empertigar-se e medir os passos.

Mais para o fim da tarde, o general Charles Clarke, do Mississippi, encontrou-se com Spratt. Clarke era um robusto aristocrata, em cujos algodoais mourejavam mais de duzentos escravos. Sentaram-se a uma mesa no hotel onde Spratt se hospedava e planejaram os acontecimentos do dia seguinte.[1] Decidiram que a reunião começaria com questões econômicas, para dar à convenção uma aura de respeitabilidade. Um homem falaria de intercâmbio comercial com a Europa; outro abordaria impostos. Mas rapidamente o discurso passaria para temas políticos. O próximo delegado apresentaria uma resolução exigindo que o Sul se separasse da União — se um republicano ganhasse a eleição de 1860. Essa resolução provavelmente não seria aprovada, nisso estavam de acordo. Em seguida, outro delegado apresentaria proposta que transformava o Golfo do México, Cuba e a América Central num vasto império de proprietários de escravos dominado pelo Sul. Essa seria aceita com entusiasmo.[2]

Então, o sol teria mergulhado atrás das árvores. Dentro da sala de convenção, a iluminação a gás estaria acesa. Fora, archotes emitiriam uma luz alaranjada pelas janelas. E — com todos os delegados presentes, o suor já brilhando nos rostos, a fumaça de charuto impregnando o ambiente, e as expectativas em seu ponto mais alto — Spratt revelaria sua presença, subindo ao palco.

Pelas nove da noite, uma espessa nuvem de fumaça de charuto enchia o salão, os lampiões chiavam, os archotes bruxuleavam do lado de fora. Relâmpagos riscavam o céu úmido. Os delegados da convenção apertavam-se perto do palco, aguardando ansiosos a chegada de Spratt. E Spratt, recostado numa pilastra na sombra, esperava. Seus bastos cabelos negros partidos severamente ao meio escondiam a face angular. O general Clarke subira ao palco debaixo de esporádicos aplausos. Ergueu as mãos e, quando o salão começou a fazer silêncio, anunciou que o próximo a falar seria um escritor, filósofo, orador e, acima de tudo, soldado do grande movimento pelos direitos sulistas.

Mesmo antes de acabar de falar, a multidão tinha se levantado, aplaudindo. Spratt saiu da sombra e andou a passos largos até o palco. A multidão o cercou, as mãos estendidas para tocá-lo. Ele saltou para o palco e, ficando ereto, atirou a cabeça para trás e passou os dedos pelos cabelos. Duas moças entregaram-lhe flores e, uma depois da outra, passaram o braço em seu pescoço. Spratt abraçou-as e, desvencilhando-se, segurou a beira da tribuna.

"Esperei-os — e você vieram", trovejou.

A multidão respondeu com urros.

"Não vou desapontá-los", disse ele.

"Não."

"Vou dar aquilo de que precisam."

"Sim", respondeu o grupo. Spratt sorriu e ajeitou novamente os cabelos.

"Quando o censo foi realizado em 1808", começou ele, "os estados nortistas e sulistas eram iguais em número — e quase iguais em população. Desde aquela época, *cinco milhões de estrangeiros* vieram para o Norte. E nenhum escravo a mais veio para o Sul."

"Isso é verdade, Leonidas", gritou um homem.

"No momento, portanto, o Sul tem dez milhões de pessoas. O Norte tem dezesseis milhões." Spratt contemplou o salão. "Assim como o Sul perdeu com a supressão do comércio de escravos", disse ele, "assim o comércio de escravos necessariamente há de restaurar a igualdade..." Os delegados aplaudiram de pé.

"Há *honra* no comércio de escravos", disse Spratt.[3] Lançando o olhar pelo salão, viu Charles Lamar lá embaixo, olhando-o com um brilho nos olhos. "Meu amigo Lamar já içou a bandeira do comércio de escravos", berrou Spratt, "e ela flutua no topo do seu mastro!"

Lamar, animado pelo reconhecimento do seu mentor, ergueu o punho cerrado.

Spratt tomou um gole d'água e ajeitou o cabelo para trás novamente.

"O comércio exterior de escravos, senhores, dará poder político ao Sul. Também nos trará prosperidade e progresso."

"Amém", disse um homem de cartola.

"Não se trata de especulação visionária. Quando escravos estrangeiros foram trazidos pela primeira vez, as freguesias rurais do distrito de Charleston eram os lugares mais radiantes dos Estados Unidos. Levados dos mercados de escravos de Charleston para adjacências, eles davam a tudo que tocavam o impulso do progresso. Deram drenagem à terra, cultivo ao solo e provisões e abundância aos artesãos e operários da cidade. Esses, por sua vez, com mão-de-obra e alimentos baratos, lançaram-se com arrojo no campo da competição. Couro era curtido, pano era tecido, sapatos, chapéus, roupas e implementos eram produzidos para consumo local e para exportação. A cidade adiantou-se, o país prosperou. Pântanos foram recuperados, mansões erguidas, avenidas planejadas, parques instalados, empresas abertas, navios navegaram para as partes mais distantes do mundo, igrejas paroquiais de imponentes estilos arquitetônicos foram construídas, e nunca se viram lugares mais progressistas, mais fiéis aos princípios da religião e mais hospitaleiros do que as cidades e freguesias do distrito de Charleston."

"Sou testemunha", gritou um homem, e a multidão aplaudiu.

"Mas, com a supressão do comércio e o aumento do preço dos escravos esse esplendor desapareceu. A glória murchou. O progresso abandonou-as e foi para o Norte. O cultivo cessou. Os pântanos voltaram a tomar conta. Mansões perderam seus ocupantes, e seus tetos. Preços desabaram. Terras vendidas a cinqüenta dólares o acre passaram a valer menos de cinco dólares. Igrejas foram abandonadas. Negócios deixaram de ser realizados. De vinte curtumes, não resta um só. Sapatos, chapéus e implementos industriais, que iam para cidades estrangeiras, agora são insuficientes até para a nossa cidade. E Charleston, que já esteve na rota entre a Europa e o Norte, foi posta de lado, e embora tenha sido a metrópole da América, agora é apenas porto marítimo de uma província secundária. Esses são os efeitos do comércio exterior de escravos. A experiência desse distrito, em maior ou menor grau, foi a experiência de outras partes da orla meridional."

"Prosperidade", disse ele, olhando para rostos na multidão. "Isto é argumento para a volta do comércio de escravos africanos?", perguntou.

"É, sim!", a multidão respondeu. Spratt sorriu.

"Com escravos baratos, e víveres baratos, nossos empreendedores homens de negócio podem competir com os de outras partes do mundo. Uma quantidade maior de produtos e tecidos encorajaria o transporte. Hotéis, ferrovias e barcos a vapor começariam a valer a pena; a riqueza choveria sobre nós; seríamos importantes. E em vez de estar onde estamos, provincianamente admirando os Vanderbilts do Norte, resplandecentes da prosperidade adquirida com cinco milhões de trabalhadores estrangeiros em condições de escravidão, nós resplandeceríamos mais ainda na prosperidade trazida pelos milhares que chegassem das planícies da África."

Os delegados se levantaram de novo, incentivando e aplaudindo.

"É uma ofensa aos negros?"

"Não!", gritou a multidão.

"Eu me arrisco a dizer que nenhum negro nascido neste mundo foi mais abençoado do que os 400 mil africanos importados para este país, eles e sua posteridade", disse Spratt.

"É um insulto para o homem branco?", continuou ele.

"Não!", gritou a multidão.

"Eu me arrisco a dizer que não há, em qualquer ponto da face da Terra, homens mais afortunados, mais elevados em sua natureza, mais corretos em suas obrigações, mais capazes de atender a uma emergência e mais preparados para as provações da vida do que os seis milhões de senhores de escravos dos estados sulistas."

"É uma ofensa à sociedade?"

"Não", repetiram eles, concentrando-se perto do palco.

"Ao longo da história, as revoluções sociais prejudicaram a formação de quase todos os países. Na França, os sustentáculos da ordem social foram derrubados. Agora mesmo a democracia avança sobre o conservadorismo de todas as constituições européias. Eles, como a França, podem em breve sucumbir em um mar carmesim. Mas desse mal a sociedade escravista está livre! Escravos nunca marcharão para ocupar o status dos senhores. Eles não podem alcançar esferas mais altas. Não existe uma disputa de classes pela mesma posição. Cada um estabilizado em sua ordem!"

Spratt serviu-se de um copo d'água e bebeu com vontade. "Vejo o que vai acontecer", começou ele, calmamente. "Vejo para onde essas sociedades se encaminham." Passou a mão nos cabelos outra vez. "Vocês também vêem?" Do lado de fora, relâmpagos riscavam o céu. O estrondo de trovões era cada vez mais distinto. "Pois bem", disse ele, com um sorriso. "Vou lhes contar."

"Tenho total confiança em que quando a França sucumbir novamente ao delírio da liberdade, quando a nobreza da Inglaterra tiver cedido às massas, quando a democracia no Norte impuser o seu carnaval — quando tudo que é *puro e nobre* for derrubado, quando tudo que é baixo e vil tiver surgido à superfície..."

"Amém!", alguém gritou.

A voz de Spratt tornou-se mais forte. "Quando as mulheres tiverem tomado o lugar dos homens e se vestirem como eles; e quando os homens tiverem tomado o lugar das mulheres e se vestirem como elas..."

"Amém!"

"Quando uniões baseadas no amor livre e falicistas impregnarem o país. Quando os sexos peraltearem sem as algemas do matrimônio. Quando rapazes e moças, bêbados ao meio-dia, e seminus, cambalearem pelas praças e ruas — quando isso tudo acontecer, o Sul continuará sereno, ereto, como agora. O escravo será contido pelo poder. O senhor, pelas responsabilidades de uma posição superior..."

Spratt segurou a tribuna. "E se há *qualquer* esperança para o Norte — esperança de que jamais navegará nas ondas da perdição abissal que se agitará em torno dele — é o fato de que o *Sul* estará do seu lado, e lhe estenderá a mão para resgatá-lo e salvá-lo."

A multidão urrou de novo. Flores, jogadas pelas crianças, choveram sobre o palco. Spratt ergueu os braços para acalmar a multidão.

"O Norte", disse ele, com repulsa. A platéia agitou-se em assobios. Spratt balançou a cabeça tristemente. "Todos os seus interesses são parasitários; suas cidades dependem do Sul, que tem consumidores; suas fábricas dependem do Sul, que tem mercados. Eles submeteriam nossos consumidores e empresas às suas condições, mas eles é que precisam ser submetidos. Sem estes suas fábricas iriam à falência. Nova York seria reduzida às dimensões de uma cidade qualquer. Se o Sul fosse independente, Nova York não seria nada. O Sul negociaria diretamente com outros países. As fábricas do Norte mal conseguem manter-se agora, são protegidas por uma carga de impostos de 20%; não poderiam agüentar a competição. A questão, portanto, é vital, que o Norte jamais poderá se arriscar em tal empreitada."

Ele sacudiu a cabeça novamente. "Não. É hora de falar como homens. Se praticamos a escravidão — reconheçamos!"

Os delegados começaram a golpear o chão com suas botas e bengalas.

"Vamos assumi-la *como um direito!*"

A multidão aplaudiu. Spratt, sorrindo de satisfação, chegou até a borda do palco e tocou as mãos que se estendiam para ele. Desfilou pelo palco, duplicando os aplausos. Depois voltou para a tribuna e olhou para baixo, com ar meditativo. Os cabelos caíam-lhe pela testa como uma cortina. Momentos depois — quando os aplausos e o arrastar de pés terminaram — ele voltou a olhar para a frente.

"Vou lhes fazer uma pergunta", disse ele calmamente. "Pode o Sul conseguir isso sem romper os laços existentes? Sem romper relações ainda tratadas com carinho?" Fez uma pausa. "Sem manchar as mãos de sangue?"

Spratt olhou em redor. Esperou que suas palavras fossem assimiladas. "Não sei", disse com tristeza. "Não sei."

"Mas vou lhes dizer uma coisa", prosseguiu. "Talvez não haja solução pacífica para o Norte e o Sul. Conquistamos da Grã-Bretanha a igualdade de homem para homem pela *revolução*. O princípio segundo o qual a igualdade só é um direito entre *iguais,* entretanto, pode precisar de outra revolução para nos libertar."

"Sim, amigos", continuou Spratt, "não estamos em luta *apenas* com o Norte, que carrega a bandeira da democracia, mas com a própria democracia."

Um murmúrio de inquietação percorreu a sala. Spratt ergueu a mão. "Explico. O princípio social que triunfou em nossa Revolução Americana foi o da igualdade do *homem*. Esse princípio está na constituição do nosso governo. Declara que o sufrágio deve ser universal, que os cargos devem ser eletivos, que todas as restrições à liberdade individual devem ser abolidas. Foi por ditame desse princípio que não se admitiu a palavra *escravo* na Constituição; que em 1794 proibimos o transporte de escravos de um país para outro; que em 1808 proibimos a introdução de escravos neste país; que em 1819 mandamos navios armados cruzar os mares contra o tráfico de escravos; que em 1820 passamos a considerá-lo pirataria. Foi devido a esse princípio que em 1842 nos juntamos à Inglaterra numa cruzada marítima. Não vemos nada mais horrível nessa união, na realidade, do que qualquer prova do domínio do homem sobre o homem."

Spratt tirou o casaco e entregou-o a um ajudante. Desabotoou os punhos da camisa e enrolou as mangas. A multidão começara a inquietar-se. Spratt esperou. Deixou a inquietação passar.

"Mas enquanto a União é uma democracia", disse ele, em tom grave, "o Sul *não é*... uma democracia." O salão estava totalmente silencioso — silencioso em contraste com o estrondo de trovões que se aproximavam. "Sim, o Sul é assim em sua aparência externa, e assim em sentimento, talvez", prosseguiu, "pois muitos de nós ainda simpatizam com o sentimento de que a igualdade é um direito do homem. Mas em sua condição social o Sul não é... uma democracia. Ao contrário, é talvez a forma mais pura de aristocracia que o mundo já viu."

Olhou em volta. "Podemos afirmar isto? Não é isto uma ordem mais alta?" De repente, pôs-se a falar aos berros: "Se não pensa assim, que o observador contemple os rios de sangue que correram na França livre e igual; que contemple o rebaixamento que reina no México. Que contemple os temíveis presságios do Norte; que contemple a prostração de tudo que é elevado, a elevação de tudo que é baixo..." Os olhos de Spratt giraram furiosamente, os cabelos balançando diante do rosto. "Que contemple os répteis que se arrastam das fossas do vício para brandir suas línguas bífidas entre os pilares do Capitólio; os bandos de milhares de trabalhadores que marcham pelas ruas de Nova York levando bandeiras com a palavra 'Liberdade' de um lado e 'Teremos Pão' da outra... e diga se de fato a igualdade é um direito do homem. Ou se algum tipo de desigualdade, por mais condenável que seja em teoria, não é necessário na prática social."

"Não, não podemos aceitar", gritou. O corpo tremia-lhe. "O cavalo trácio, voltando do campo da vitória, ainda carrega o senhor em seu dorso. E assim precisamos travar uma luta mortal com nossos inimigos do Norte. E, quando vencermos, prepararmo-nos para uma luta ainda mais letal contra nossos inimigos internos."

Uma briga começara nos fundos do salão. Punhos agitavam-se, bengalas cortavam o ar, e, como uma onda rolando, a confusão avançou para a frente. Corpos chocavam-se, com gemidos e suspiros; cadeiras eram arrastadas; mulheres gritavam. Spratt observava, distante, o suor escorrendo-lhe pelo rosto. Relâmpagos riscavam o céu, agora mais perto. Um trovão explodiu em cima. Uma rajada de vento atingiu o lado do prédio, batendo janelas e portas. Spratt continuou. Suas palavras erguiam-se e caíam sobre o alvoroço, perdendo-se às vezes como numa tempestade.

"Tendo feito uma revolução para se livrar da democracia no Norte, será preciso fazer outra para se livrar dela no Sul...", gritou ele.

"Qualquer tentativa do presidente dos Estados Unidos para impedir a reabertura do comércio de escravos fará o sol se erguer sobre as fétidas planícies de outra Lexington ou Concord..."

"Direitos, liberdades e instituições são mais importantes do que a União... Eles precisam ter a liberdade de expandir-se, se necessário, pela resistência armada ao governo federal!"

Ao ouvir isso, Henry S. Foote, ex-governador do Mississippi, subiu ao palco. Homem ágil, com um bigode grosso e trêmulo, o governador era um dos mais ardorosos unionistas do Sul — um homem que se recusava a permitir que a questão da escravidão dividisse o país. "Traição!", berrou Foote, apontando um dedo acusador para Spratt. "Traição! Dizer que a Constituição dos Estados Unidos não é mais um instrumento válido e obrigatório, que as sagradas leis da União — promulgadas por homens mais sábios do que os que vivem agora, e mais sábios, acho eu, do que os que um dia viverão neste país — não significam absolutamente nada..."4

Alguns homens da sala aplaudiram — outros assobiaram e vaiaram. "... que devem ser postas de lado", continuou Foote, "que os funcionários do governo devem ser desacatados e que se deve atribuir aos júris do país a prerrogativa de absolver criminosos com falsos testemunhos — *Isso* é uma das propostas mais monstruosas e desprezíveis que se poderia fazer diante de pessoas inteligentes e elevadas."

Foote apontou o dedo novamente para Spratt, em pé num canto do palco com uma expressão perplexa no rosto. "Eu tinha esperança de que esse monstro de traição se revelasse em público", trovejou, "para que possa ser atacado e, em toda sua deformidade monstruosa, morto pela voz dos homens livres!"

Spratt sorriu.

O general Clarke e alguns outros agarraram Foote pelos braços e tentaram tirá-lo do palco. Mas o homenzinho desvencilhou-se, rasgando as mangas. Tinha o rosto vermelho de raiva. "Falo em nome do meu país e assumo toda a responsabilidade pelo que digo", gritou. "E enfrentarei todo o bando da ordem da cavalaria do Sul na ponta da espada, ou na boca da pistola, em qualquer lugar!"

Outros homens subiram ao palco em apoio a Foote. Lá estavam Walter Brooke, do Mississippi, e o coronel I. M. Patridge, de Vicksburg, entre outros. "Tudo que ouvimos do sr. Spratt hoje, seus conselhos para que o Sul se arme e se oponha, derramando sangue, ao governo americano, tudo isso leva a uma maior hostilidade às instituições sulistas", berrou Patridge. "Isso fortalecerá os republicanos. Dará aos inimigos da União pretexto para apressar a separação do Sul!"

No fim, Foote e seus defensores saíram do prédio. Spratt já tinha se retirado de mansinho para a noite chuvosa. Agora cabia ao general Clarke encerrar a convenção. Restaurando a ordem, ele conclamou a convenção a votar uma resolução, que apoiasse a reabertura do tráfico de escravos africanos. Os delegados a aprovaram com folga.

Quando terminou a votação e a ordem foi restaurada, Clarke falou aos delegados que o escutavam em pé. "Na grande luta que pode vir mais adiante, espero que fiquem do mesmo lado que eu", disse ele. "E espero que minha mão e meu coração estejam com os vossos, e que marchemos ombro a ombro." Bateu com o martelo na mesa. "Declaro a assembléia da Convenção Comercial oficialmente encerrada."

Durante anos, a imprensa nortista menosprezara as Convenções Comerciais Sulistas. Disse o *New York Herald:* "Os homens ultra-escravistas — os cabeças-quentes, salamandras inquietas, políticos desesperados, reguladores comerciais e palestrantes vagabundos do ensolarado e pantanoso Sul — fazem suas conferências anuais."⁵ O *New York Times* chamou as convenções de "repulsivas... uma exibição de demagogia barata e desprezível, e de hipocrisia política".

A imprensa sulista também era crítica. O *New Orleans Picayune* chamou a convenção de 1859 de "válvula de escape de corpos inflamados que, de outra forma, explodiriam". Disse o *Memphis Enquirer:* "Recusamo-nos a examiná-la mais detidamente, tomando emprestado o epitáfio do porco de Billy Pringle: 'Quando vivo, vivia prosperamente/E quando morto, morreu completamente.'"⁶

O *Savannah Republican* perguntou-se quem eram os "delegados" da convenção — e quem os elegera para "representar" o Sul:

> *Percebemos, pelas minutas, que o estado da Geórgia foi representado por dois indivíduos chamados Jones e Morton. O primeiro imaginamos que seja um velho e venerável separatista que mora em algum lugar da região cherokee, e de há muito é considerado um louco em questões políticas. Sobre o outro membro, confessamos a mais completa ignorância. Seja ele (o sr. Morton) quem for, gostaríamos que se juntasse ao seu colega, sr. Jones, e dissesse ao mundo com que autoridade foram a Vicksburg como representantes do povo da Geórgia, e, em seu nome, votaram dez vezes a favor da restauração do tráfico de escravos africanos.*

Mas Spratt não ligava para as opiniões da imprensa sulista. O que tinha importância para ele era a impressão, no Norte, de que o "Sul" não só endossara a escravidão, mas também o tráfico de escravos, e a revolução. De fato, os jornais nortistas morderam a isca. Logo depois da convenção, por exemplo, o *New York Times* apresentou este comentário a respeito das implicações da resolução sobre o tráfico de escravos:

> *Há um pequeno comércio... que recentemente se abriu para cavalheiros sulistas, e de tal forma parece agradar-lhes que nos faz pensar que talvez alivie a pressão sobre a lei, a física e a política. Referimo-nos à profissão de pirata.*

> *Piratas, acreditamos, começam a assumir alta posição em certos setores da sociedade sulista. Não é preciso recorrer à carpintaria, à fabricação de máquinas, à venda de relógios, aos remédios de venda livre e a outros vis negócios ianques, parece-nos até que esse novo campo seja explorado mais a fundo...*[7]

Foi um presente para os radicais — uma maneira de enfurecer moderados sulistas, forçando-os a passar para o lado dos cabeças-quentes.

16

JULGAMENTO, PARTE 1

À UMA da tarde de 13 de novembro de 1859, uma multidão começou a reunir-se perto do prédio da Alfândega dos EUA, na esquina das ruas Bay e Bull. Políticos, agricultores, banqueiros, marujos, comerciantes, plantadores de algodão e líderes de igreja deslocaram-se na mesma direção, na claridade cinzenta da tarde. Escravos passavam apressados, alguns com fardos embrulhados em panos coloridos na cabeça, esticando o pescoço para ver o que acontecia. Crianças, negras e brancas, corriam pelas escadas. Algumas pessoas chegaram do campo em carruagens e carroças. Outras vieram de trem, ou nos vapores que chegaram de manhã de Augusta, Brunswick e Charleston.

O prédio da Alfândega foi feito segundo o modelo do Templo de Nike, na Grécia — e era uma poderosa afirmação da autoridade federal. Quatro colunas de granito cinzento da Nova Inglaterra, cada uma pesando 15 toneladas, apoiavam o pórtico, e escadas íngremes conduziam ao topo.

Chegando ao ponto mais alto, muitos paravam e olhavam para trás, sobre a multidão espalhada pela rua de paralelepípedos e por praças relvadas. Outros passavam às pressas pelas grandes portas de ferro, subindo a escada de mármore que se contorcia, em círculos, para o segundo andar. Ali ficava a sala do tribunal federal. A cadeira do juiz, o banco dos réus, as mesas da defesa e da acusação, a bancada do júri e filas de cadeiras para o público aguardavam o espetáculo. A sala tinha janelas do piso ao teto, espaçadas, por onde entrava a pálida luz de outono, que permitia aos espectadores rabiscar anotações e atirá-las a amigos lá embaixo.

Enquanto a multidão disputava assentos, jornalistas também tomavam seus lugares — alguns com ar professoral, com seus *tweeds*, outros vestidos com espalhafato, como se acabassem de sair da pista de corridas Tens Broeck — representando o *Savannah Daily Morning News*, o *Savannah Republican*, os jornais de Augusta, os jornais de Brunswick e os jornais de Charleston. A imprensa nortista não mandara repórteres, mas fizeram arranjos para que os jornais sulistas telegrafassem as manchetes e alguns parágrafos e enviassem o resto o mais rápido possível pelo vapor costeiro da tarde.

Olhando em redor, os repórteres perceberam a presença de Nelson Trowbridge, o pálido traficante de escravos, que tinha parceria nas proezas de Lamar desde o *Rawlins*. Richard Aiken, o diretor de banco que contrabandeara 36 africanos para o Alabama, estava sentado ali perto. Nenhum dos outros conspiradores do *Wanderer* comparecera: Corrie estava escondido, em segurança, em Charleston, Farnum tinha desaparecido no Norte, e Lamar, apesar de ainda estar na cidade, enfiara-se sob as asas protetoras de seu advogado, John Owens. Lamar recebera uma intimação para aparecer como testemunha — à qual Owens respondera com uma declaração de que Lamar nada tinha a dizer.

Por volta de uma e quinze, Ganahl entrou na sala do tribunal, carregando a pasta de costume, que pôs cuidadosamente na mesa da acusação. Usava casaco de lã e gravata verde, e olhava para a frente ao passar pela multidão. Henry Jackson chegou em seguida, esplendidamente bem vestido como sempre, com paletó de duas fileiras de botões e cachecol de seda vermelho. Ao chegar, tirou as luvas de pelica e parou para cumprimentar as pessoas que se aproximaram dele. À mesa da defesa, John Owens não se dera conta da chegada de Ganahl. Mas com o tumulto em torno de Jackson, ele levantou os olhos e o cumprimentou cortesmente, depois continuou a conversar com sua equipe de advogados — três ou quatro jovens que se reuniram em torno dele como jogadores à beira de um campo de futebol.

Brown, Rajesta e Arguirir foram conduzidos ao recinto. A multidão esticou o pescoço, ansiosa para ver aqueles que tinham sido anunciados como notórios traficantes de escravos do iate *Wanderer*. Espalhou-se um murmúrio pela sala. Os três, olhares inexpressivos, não se pareciam em nada com piratas. Estavam bem vestidos, bem barbeados e notavelmente em forma depois de quase um ano de prisão. Brown era alto e calvo, com uma barba negra bem aparada. Pendurado numa fita trazia um monóculo que, por necessidade ou afetação, punha de vez em quando sobre o olho esquerdo. Os outros dois poderiam ser gêmeos: ambos eram baixos, com olhos fundos e vastas sobrancelhas. Tinham cabelos aparados quase até o couro cabeludo, e vestiam camisas brancas de algodão. Quando se sentaram, os guardas tiraram-lhes as correntes da cintura e das mãos.

Pelas duas da tarde, a maioria dos atores tinha ocupado seus lugares. Mas havia uma importante exceção. Desde que Lamar voltara de sua viagem a Havana, o *Wanderer* ficara firmemente trancado e atado ao embarcadouro diante da prensa de algodão de Lamar. Mas uma semana antes da abertura do julgamento, desaparecera abruptamente.

Como se constatou depois, Lamar concordara em vender o *Wanderer* uma semana antes. O comprador era um forasteiro bem vestido chamado capitão Martin. Nos dias que precederam o julgamento, o capitão Martin preparou-se para tomar posse do iate: mandou embarcar US$ 2 mil de suprimentos; recuperou as velas de reserva que estavam nas vigas da prensa de algodão de Lamar e encheu os famigerados tanques de água. Lamar chegou a oferecer um jantar para Martin a bordo do iate. No dia seguinte, Lamar ausentou-se da cidade a negócios, esperando receber o pagamento de Martin ao voltar.

Na noite seguinte, Martin mandou espalhar na zona portuária a notícia de que o *Wanderer* estava contratando pessoal. O iate ia fazer uma viagem de oito dias. Salários generosos seriam pagos antecipadamente. Aquela noite, mais de dez jovens marujos foram levados a bordo. Com os lampiões de gás de Savannah bruxuleando no alto da escarpa, e muito rum, champanhe e uísque circulando pelo camarote, a festa estava animada. O clima era de festa, até que o capitão Martin apareceu à porta, com uma pistola em cada mão, um espadim na cintura, acompanhado por dois homens de sua confiança: "Ninguém vai passar por aquela amurada esta noite", disse ele. "Atiro no primeiro filho-da-mãe que tentar."

Com isso, os homens de Martin juntaram os marujos. Martin pôs o cano do revólver na cabeça de um, e perguntou se alguém queria desembarcar. Ninguém se manifestou. "Bom", rosnou Martin. "Então vamos partir." Uma chuva fustigava a zona portuária, mas, mesmo assim, no escuro, o *Wanderer* deslizou para fora do embarcadouro, fundeou num banco de areia no meio do rio e, com a maré cheia, pôs-se a caminho. "Agora preste atenção no que está fazendo, ou lhe meto uma bala no peito", disse Martin ao timoneiro.[1]

Na manhã seguinte, Lamar foi informado de que o *Wanderer* tinha sido roubado. Dos degraus do prédio da Bolsa, o ponto mais alto da cidade, Lamar avistou seu iate, a 25 quilômetros de distância rio abaixo. Os mastros estavam bastante inclinados; era óbvio que ele encalhara num banco de areia perto de Tybee Island. Lamar desceu voando as escadas, alugou o vapor *Columbus,* e, com alguns amigos, todos bem armados, foi atrás. A perseguição foi inútil, entretanto. Como os curiosos viram da torre do prédio da Bolsa, a maré encheu, o *Wanderer* endireitou-se e desapareceu no horizonte.

Alguns acharam que Lamar era cúmplice — que o roubo do iate tinha sido encenado. Mas, pelo menos aquela vez a situação se invertera. Martin enganara Lamar. Roubara o iate debaixo do seu nariz. O julgamento continuaria, é claro. As testemunhas estavam todas presentes. Mas o *Wanderer* desaparecera como uma visagem.

Por volta das duas da tarde as grandes portas dos fundos da sala foram fechadas. Um funcionário ordenou: "Todos de pé... este tribunal está em sessão!" Enquanto todos se levantavam fazendo barulho, o juiz James Wayne entrou por uma porta lateral e subiu para a sua cadeira. "Sentem-se, por favor", disse ele, acomodando-se em sua grande cadeira. Enquanto Wayne ocupava seu lugar, a sala parecia eletrizada por sua simples presença.

Com quase setenta anos, Wayne era uma figura impressionante e aristocrática, com olhos brilhantes e vastos cabelos brancos emoldurando o rosto comprido e belo. "As mulheres se apaixonavam por seus cabelos soltos e pela bela aparência", observara o *New York Herald* num esboço biográfico publicado um ano antes, "ao que ele não era inteiramente insensível." Trajando uma toga de seda, Wayne provocou um murmúrio que percorreu o salão.²

Nascido em 1790 e educado por um tutor na casa da família na esquina das ruas West Broad e Indian, com vista panorâmica do rio Savannah, Wayne foi uma espécie de prodígio. Quando criança rapidamente absorveu o que havia de literatura na biblioteca do pai e aos catorze anos foi aceito no primeiro ano em Princeton. Ao voltar para casa, Wayne tornou-se prefeito de Savannah em 1823, membro do Congresso dos EUA poucos anos depois, e em 1835 foi nomeado para a Suprema Corte pelo presidente Andrew Jackson. Tinha apenas 44 anos.

Ao contemplar a platéia na sala do tribunal, ele não podia deixar de perceber uma ironia: vinte anos antes, como jovem magistrado da Suprema Corte, Wayne presidira, na Igreja de Cristo, o serviço religioso dedicado aos sobreviventes do desastre do *Pulaski*. Seus olhos tinham pousado com simpatia sobre os remanescentes da família de Lamar, que se reuniam, sol o peso da dor, nos bancos da frente. Agora estava de volta a Savannah, mais uma vez lidando com Lamar, mas desta vez com ordens do presidente dos Estados Unidos para condenar os conspiradores, se possível, e mandá-los para a forca.

Mas esse não era o único motivo de maus presságios na sala do tribunal. Em 16 de outubro de 1858, um grupo de homens brancos, acompanhado de diversos negros, e comandado pelo temido abolicionista John Brown, tinha atacado o arsenal federal em Harpers Ferry.³ O objetivo do ataque era conseguir armas para uma insurreição — umas revolta de escravos — que, imaginava Brown, se espalharia como um incêndio de Harpers Ferry para todo o Sul, eclipsando, em ferocidade, até mesmo o levante de Nat Turner, em 1831, no qual sessenta brancos foram mortos por um grupo de escravos. "Terrível Insurreição em Harpers Ferry", anunciou em manchete o *Savannah Daily Morning News* de 18 de outubro. "Rumores chegaram à cidade esta manhã sobre uma séria insurreição em Harpers

Ferry. Os trens pararam, os fios do telégrafo foram cortados, e a cidade e todos os serviços públicos estavam em poder dos insurgentes."

Depois que Brown foi capturado e preso, o Sul ainda estava tenso. Mas foi um alívio ver que a imprensa e os políticos nortistas, de modo geral, condenaram a sangrenta proeza de Brown. "Foi uma tentativa de homens brancos, que queriam provocar uma revolta entre os escravos, mas os escravos se recusaram a participar", escreveu Abraham Lincoln.[4] Apesar disso, quando Brown foi levado a julgamento, uma segunda onda de opinião começou a formar-se no Norte, muito mais simpática ao condenado.[5] O Tremont Temple de Boston realizou uma "reunião de simpatia" por Brown, levantando mais de US$ 400 para a sua família.[6] O governador de Massachusetts, John A. Andrew, chamou o julgamento de Brown de "afronta judicial".[7] Começaram a circular boatos sobre um exército secreto, uma força abolicionista que cairia sobre a Virgínia para tirar Brown da cadeia. E muitos jornais nortistas ajustaram seus pontos de vista, notando que, apesar de condenarem os métodos de Brown, não podiam deixar de admirar sua mensagem.

Quando chegaram à imprensa sulista, esses relatos do Norte provocaram raiva e ansiedade. Para o Sul, o delito de Brown não foi um argumento teórico contra a escravidão, nem uma reflexão constitucional sobre os direitos de senhores e escravos. Foi um ataque físico contra famílias sulistas, alvos das balas e espadas de Brown. Pela primeira vez, uma guerra entre os estados parecia não apenas possível mas provável. "O Sul Precisa Preparar-se",[8] anunciou uma manchete do *Charleston News*, jornal normalmente moderado:

> *Esperava-se que a revolta de Harpers Ferry produzisse alguma reflexão política no Norte, e que as pessoas pacíficas, corretas, amantes da União dessa parte do país repreendessem e condenassem a tendência ao jacobinismo abolicionista. Mas uma ira afobada parece ter prevalecido ali, e esse espírito deu a vitória ao Partido Republicano nas últimas eleições... Diante desses fatos, não seria hora de o Sul preparar-se? Preparar-se para defender seu solo, preparar-se para desligar-se dos inimigos e para governar-se por conta própria, e preparar tudo que for necessário para garantir e defender sua independência e nacionalidade?*

Se alguém na sala do tribunal pudesse recuar o suficiente, teria visto a simetria das forças em ação.[9] Em maio de 1858, na cidade de Chatham, no norte do Canadá, John Brown participara de uma reunião com seus avalistas financeiros. "Preparei um plano de ação", disse ele, descrevendo um ataque em algum ponto das montanhas Apalaches que deveria deflagrar uma rebelião de escravos. Naquele mês, Charles Lamar preparava o *Richard Cobden* para sua viagem, fazendo uma advertência a Howell Cobb: "Vou reabrir o comércio de escravos com outros países — e que seus cruzadores me peguem se puderem."

Agora, enquanto John Brown sentava-se empertigado numa cadeia da Virgínia, recebendo os últimos visitantes e aceitando com relutância o martírio que o Norte se preparava para lhe conferir, os réus no caso do *Wanderer* foram reunidos num tribunal de Savannah, aguardando também o seu destino. Suas estrelas começavam a alinhar-se. A presença de John Brown pairava sobre a sala do tribunal — e nada lhe escaparia nos próximos dias.

"Todos se levantem para o júri", exclamou o funcionário. De uma porta lateral vieram os jurados, em fila indiana. Alguns tinham a pele queimada de sol e usavam roupas de agricultores. Mas a maioria era gente da cidade, com suas roupas de domingo. Quando ocupavam seus lugares voltados para as altas janelas, seus rostos pareciam inexpressivos, sob a luz de fim de outono. "Senhores, estão prontos para começar?", disse Wayne, olhando para Ganahl e Owens. "O governo está pronto, meritíssimo", disse Ganahl, levantando-se. "Os acusados estão presentes e prontos, meritíssimo", disse Owens. O juiz Wayne fez que sim com a cabeça. Um profundo silêncio tomou conta da sala.

"Sr. Foreman e demais senhores", começou Wayne, ajeitando-se na cadeira para dirigir-se ao júri, "estamos reunidos para cumprir os deveres que nos atribuem a Constituição dos Estados Unidos e a legislação do Congresso, para a administração judicial de ambos."[10] Fez-se total silêncio. "Essa delegação de confiança impõe aos senhores como grandes jurados, e a este tribunal, conscienciosas responsabilidades e grandes funções. Prossigamos, pois, senhores, para nos desincumbirmos delas, de acordo com a confiança em nós depositada."

Depois de dar explicações mais pormenorizadas, Wayne disse que examinaria a história do tráfico de escravos. "A primeira lei foi aprovada em 22 de março de 1794, quando George Washington era presidente. Sua intenção era impedir que qualquer cidadão ou residente dos Estados Unidos equipasse navios, dentro dos Estados Unidos, para exercer o comércio ou o tráfico de escravos com qualquer outro país. Ou seja, apesar de ser possível trazer escravos para os Estados Unidos até 1808, em navios equipados em nossos portos com esse objetivo, escravos não poderiam ser transportados nesses navios, por nossos cidadãos ou por residentes nos Estados Unidos, para nenhum outro país."

O juiz explicou, então, que a pena para essa violação era o confisco do navio, e que essa pena ainda estava em vigor. A lei também impunha uma multa de US$ 2 mil a qualquer um que preparasse o navio. A lei foi endurecida e ampliada em 1800, prosseguiu Wayne, notando que um cidadão da *Carolina do Sul*, na realidade, um juiz Bee, elevou a multa para dez mil dólares, expandiu a pena de prisão para quatro anos e tornou o presidente e a Marinha dos EUA responsáveis pela aplicação da lei.

O juiz Wayne parou um momento para examinar os jurados, como se quisesse ter certeza de que tudo isso estava sendo bem entendido. Eles devolveram-lhe olhares inexpressivos. Wayne ajeitou os óculos e, inclinando-se mais para a frente, continuou: "A próxima lei do Congresso foi aprovada em 2 de março de 1807, quando o sr. Jefferson era presidente", disse. E descreveu a lei em detalhes — detendo-se nos aprimoramentos aprovados em 1818.

"Isso nos leva à última lei sobre o assunto — a de 15 de maio de 1820", disse ele. "Ela denuncia qualquer cidadão dos Estados Unidos como pirata, e determina que deve morrer quem for tripulante de qualquer navio estrangeiro de propriedade, no todo ou em parte — ou que navegue para, ou em nome de, qualquer cidadão dos Estados Unidos, ou que desembarque desse navio em qualquer solo estrangeiro ou capture qualquer negro ou mulato não contratado para serviço pelas leis de qualquer dos estados ou territórios dos Estados Unidos, com a intenção de fazer desse negro ou mulato um escravo, ou que seduza ou traga à força ou transporte ou receba a bordo desse navio qualquer negro ou mulato com a intenção de torná-lo escravo." Era nessa lei, explicou ele, que os jurados deveriam basear suas deliberações.

Wayne enfatizou o papel que os sulistas tinham desempenhado no fim do comércio. "Desde os primórdios de nossa nacionalidade", disse ele, usando toda a sua autoridade sobre os jurados, "homens distintos de ambas as partes tiveram papel ativo, nenhum deles mais efetivamente do que *estadistas do Sul*, em todas as leis aprovadas, incluindo a última. Nunca houve *qualquer* manifestação de descontentamento popular ou regional contra eles por causa de suas opiniões sobre o comércio de escravos africanos, ou a legislação para reprimi-lo... nenhuma tentativa séria foi feita para repelir qualquer dessas leis..."

Wayne mudou o discurso para descrever o comércio de escravos africanos. "Desde a remota antigüidade", explicou, "a captura e o seqüestro de homens e mulheres, com a intenção de dispor deles como escravos, pela tripulação de navios que vagueavam pelos mares decididos a saquear e traficar, foram julgados e chamados atos de pirataria", disse aos jurados. "Era crime punido com a morte pela lei judaica, e roubar um ser humano, homem, mulher ou criança, ou capturar e transportar à força qualquer pessoa do seu país para outro, sempre foi considerado pirataria, e é considerado agora por todos os países de tradição judaica e cristã, punível com a morte... E nunca foi reconhecido na Europa como negócio permitido por qualquer outro princípio", acrescentou, "até que o imperador Carlos V autorizou, em 1516, a introdução, na ilha de Santo Domingo, de africanos de estabelecimentos dos portugueses na costa da Guiné, para trabalhar nas minas."

Mais uma vez, Wayne descreveu o papel dos sulistas na proibição de tudo isso. Thomas Jefferson, da Virgínia, o juiz Berrien, da Geórgia, Calhoun, da Carolina do Sul, Johnson, da Luisiana — nomes que pronunciou com voz clara e sonora. "Não há questão de moralidade pública mais clara e solenemente preservada do que essa na qual repousa esta legislação", disse ele, gravemente. "Seria um movimento de retrocesso de mais de um século consentir em invalidar uma linha que seja da condenação desse comércio, ou reduzir os esforços pela sua extirpação."

Quando Wayne terminou, um sussurro percorreu a sala, enquanto as pessoas se descontraíam depois de ouvir uma lição eloqüente, mas intimidadora, de história e dos deveres do cidadão. Wayne encheu um copo d'água, bebeu-o lentamente e voltou-se outra vez para o júri. "História, moralidade e Constituição à parte, no entanto", disse ele, "para a promotoria três obstáculos pragmáticos separam a absolvição da condenação. Primeiro, é preciso mostrar, de forma conclusiva, que o proprietário do navio era cidadão americano. Segundo, que os acusados eram tripulantes do navio. Terceiro, que os acusados apoiaram e ajudaram a importação dos africanos, com o objetivo de escravizá-los. Esses são os três parâmetros, cavalheiros, que os senhores devem usar para alcançar o veredicto."

Wayne espreitou por cima dos óculos para ver se as instruções tinham sido compreendidas. Depois inclinou-se para trás, na cadeira, e esfregou a testa, aparentemente exaurido por suas exortações.

Ao longo de sua carreira, o juiz Wayne manifestara com clareza seu apoio inabalável à instituição da escravatura. "A guerra, a necessidade, o crime, o clima, a paz e as opiniões equivocadas da religião têm servido de pretexto para reduzir os homens à escravidão", disse ele à Sociedade Americana de Colonização em Washington, poucos anos antes do julgamento do *Wanderer*. "Mas apesar de serem pretextos, quando a escravidão se tornou habitual, e por muito tempo fez parte da política de qualquer comunidade, por segurança talvez não seja permitido dissolver o mal de uma vez."[11]

Em Washington, onde tinha uma casa e recebia convidados com freqüência, os quatro empregados de Wayne, incluindo o cocheiro, eram irlandeses — uma deferência às sensibilidades de convidados nortistas e, sem dúvida, um meio de evitar críticas. Mas em sua casa em Savannah mantinha nove escravos, e pouco anos antes, quando ainda era proprietário da *"Red Knoll"*, uma plantation de arroz, tinha cerca de trinta. O pai de Wayne, empresário diligente, não só tinha escravos como os vendia. Um dos primeiros anúncios publicitários de sua loja de departamentos em Savannah falava da disponibilidade de "Excelentes Escravos recém-chegados do rio Gâmbia".

Mas a fama de Wayne — ou, em muitas partes do Norte, sua má fama — devia-se ao fato de que ele foi co-autor, em 1852, da decisão da Suprema Corte no caso Dred Scott. Por ela a mais alta instância jurídica dos Estados Unidos decidira que negros não tinham direitos civis. Eram bens, como as vacas e os porcos. Wayne encorajara a Suprema Corte a examinar o caso na esperança de que uma decisão encerrasse para sempre a questão da escravatura nos Estados Unidos, especialmente no tocante à expansão da escravidão para o Oeste. Em vez disso, Dred Scott entrou para a história como a mais repreensível de todas as decisões da corte, dividindo o país, de forma irreconciliável, e tornando a separação quase inevitável.

Racista, e vociferante partidário da escravidão. Apesar disso, Wayne era um sincero adversário do tráfico de escravos africanos. A escravidão estava certa, em sua mente culta, mas o tráfico de escravos africanos estava errado. Era certo usar correntes nos leilões de Savannah, mas não no Congo. Essa era a contradição implícita na psique de mais de um sulista. Agora, no julgamento do *Wanderer*, todos podiam vê-la. Wayne sabia disso. Seu rosto aristocrático, emoldurado por suíças, estava abatido e sem brilho. Olhava para a sala, a mão nos lábios, imaginando o que os próximos dias lhe reservavam.

O juiz Wayne virou-se para o oficial de justiça. "Chame, por favor, as testemunhas", disse ele.

"Horatio Harris", chamou o oficial de justiça. Harris surgiu da sala de testemunhas e andou até o banco. Vivera a maior parte de seus vinte anos em Cumberland Island, ou nas proximidades, e era magro como uma garça das ilhas. De pé, olhos arregalados, a mão sobre a Bíblia e o pomo-de-adão agitando-se nervosamente sobre a gravata-borboleta, parecia ter caído do ninho, num mundo maior e mais perigoso.

Depois de dar as boas-vindas a Harris e extrair dele seu nome completo e sua profissão, Ganahl foi até o banco dos réus, onde os três prisioneiros sentavam-se, empertigados com suas roupas novas.

"O senhor já viu estes homens?", perguntou Ganahl, apontando com a mão. Harris examinou-os. "Já. Vi todos eles na praia, aquela noite, em Jekyll Island."

"Onde?"

"No lado sul de Jekyll Island. Estavam sujos, talvez por causa da viagem, e acho que usavam algum tipo de disfarce. Mas eram eles. Tenho certeza.

Aquele ali", disse, apontando para Brown, "estava mais bem vestido do que os outros dois. O outro sujeito também", acrescentou, apontando para Rajesta.

"Sei", disse Ganahl, aproximando-se dos prisioneiros. "Este senhor aqui?"

"Sim, senhor."

"O tribunal poderia anotar que o sr. Harris está indicando o prisioneiro Rajesta", disse Ganahl.

"Que mais o senhor viu?"

"Um bom número de negros."

"Sr. Harris, quantos?"

"Eu diria de cem a quinhentos."

"Como eram?"

"Alguns estavam nus. Outros usavam cobertores, sem roupa..."

"Sei", disse Ganahl. "Agora me diga como o senhor foi parar na praia."

"Um homem, que se apresentou como capitão Cook, disse que queria ir a Jekyll Island buscar uns senhores para uma viagem de lazer. Eu *não* queria ir no barco, mas acabei concordando, e comentei, espero que não seja um navio negreiro, e o capitão Cook respondeu, não, mas gostaria que fosse."

"Interessante", disse Ganahl, descrevendo um círculo e parando diante da testemunha.

"E depois?"

"Fomos para Jekyll Island e paramos na casa de John du Bignon, onde houve umas conversas que não escutei direito. O capitão Cook me disse que o navio era o *Wanderer*, cheio de negros. Disse que eram aprendizes contratados."

"E depois?"

"Pegamos o sr. Clubb no farol e fomos até o *Wanderer*. Depois os africanos foram levados para terra."

"Diga ao tribunal o que o senhor viu."

"Vi botes, que pertenciam ao navio, indo do navio para a praia. Vi três botes carregando pessoas do navio para terra. Um era o bote do sr. John du Bignon."

"Quantas viagens?"

"Cada um fez cinco ou seis viagens, levando seis ou oito negros em cada viagem."

"Sr. Harris, foi o sr. Corrie que disse chamar-se sr. Cook. Foi?"

"Sim, senhor."

"O que o sr. Corrie lhe disse?"

"O capitão Corrie disse que o navio era dele, e que tinha ido buscar o carregamento, que ele chamava de os negros — e que os trouxera da costa da África, onde viu muitos navios... e ofereceu jantares e tinha ido a Trinidad."

"Jantares?", disse Ganahl, voltando-se para o júri com um sorriso.

"Sim, senhor. O sr. Corrie disse que fez essas lisonjas a um navio britânico."

"Muito bem. O que mais o sr. Corrie lhe contou?"

"Vejamos. Ele disse que seu navio era um veleiro veloz. A viagem durou quatro meses. Que trouxe os negros do rio Congo. Saiu de lá com 490 e tinha 400 a bordo."

"Interessante", disse outra vez Ganahl, tamborilando com os dedos na mesa da promotoria, enquanto dava a volta. "Depois o senhor saiu remando do *Wanderer*, certo?"

"Sim, senhor."

"E o que viu?"

"Vi três ou quatro camarotes para oficiais e tripulantes, e um grande espaço no meio do navio. Parecia que os negros tinham livre acesso a todas as partes do navio, a julgar pelas aparências. Estava muito sujo. Cheirava mal."

"E os negros?"

"Alguns eram bonitos. Outros pequenos. Talvez parecessem menores porque estavam nus. Alguns estavam deitados na praia, e pareciam doentes, mas eram, na maioria, alegres e cheios de vida."

"Muito interessante. Obrigado, sr. Harris."

Ganahl voltou para sua cadeira.

Quando Ganahl se sentava, Henry Jackson ergueu-se e aproximou-se de Harris.

"Sr. Harris, o senhor teve alguma conversa com algum dos homens brancos na ilha? Se teve, poderia repetir o assunto", perguntou Jackson.

"Protesto, meritíssimo", gritou Owens. "As declarações gerais feitas por alguém não podem ser aceitas com vistas a incriminar os prisioneiros."

"Objeção indeferida", respondeu Wayne. "Continue, sr. Harris."

"Pois bem, senhor, eu tive uma conversa com Brown a caminho de Jekyll", prosseguiu Harris.

"O que ele lhe disse?"

"Disse que os negros eram *selvagens* trazidos do rio Congo. Disse que tinham partido com cerca de 490. Mais tarde, já em terra, vi o sr. Rajesta e o sr. Arguirir com os negros. Mas àquela altura o sr. Brown já tinha ido embora."

Jackson andou até Rajesta e Arguirir. "Sr. Harris, olhe para estes prisioneiros. O senhor os conhece?"

Harris examinou os homens. "Acho que são os mesmos homens que vi na praia com os negros", disse. "Mas não posso jurar. Os rostos parecem conhecidos. Mas as roupas não."

Jackson voltou para o banco das testemunhas.

"Sr. Harris, quanto tempo o senhor ficou em Jekyll?"

"Terça, quarta e quinta-feira. Saí de Jekyll na quinta, e os negros já tinham sido levados."

"Poderia dizer ao tribunal o que viu lá?"

"Na quinta-feira?"

"Sim."

"Muitos homens brancos."

"Quem?"

"John du Bignon, Henry du Bignon, John Tucker e o capitão Denny Brown", disse Harris, sem hesitar. "E alguns da tripulação, incluindo, acho, alguns daqueles prisioneiros ali."

"Nesse dia o senhor viu Brown na praia?"

"Sim, vi."

Jackson voltou ao banco dos réus e apontou para Brown.

"Era este homem?"

Harris examinou Brown, e certa confusão atravessou-lhe o rosto. "Quando o vi na praia ele usava chapéu — por isso não posso dizer se era calvo ou não", disse Harris. "A barba era ruiva, na praia. Acho que tinha barba ruiva", gaguejou Harris.

"Obrigado, sr. Harris", disse Jackson, e voltou para a cadeira.

Owens levantou-se para a defesa. Jackson e Ganahl tinham apresentado a prova para o júri, como uma trilha de farelos de pão. Agora o arrumado e eficiente Owens ia precipitar-se sobre eles e recolher um a um.

"Sr. Harris, a promotoria quer fazer-nos acreditar que mais de 400 pessoas estavam a bordo do *Wanderer*", começou Owens. "Quando esteve a bordo, o senhor viu alimento para tanta gente?"

"Não, não vi", respondeu Harris.

"Viu provisões desembarcarem?"

"Não."

Owens voltou para sua mesa e examinou um pedaço de papel por um momento. Depois voltou para perto de Harris.

"Sr. Harris, o senhor disse antes que achava que poderia identificar os homens sentados aqui hoje como os que estavam na praia."

"Reconheço os rostos."

"Mas, senhor, estes homens estão nesta sala — ladeados por guardas." Owens aproximou-se dos prisioneiros. "Se passasse por eles na rua o senhor os identificaria como os homens que viu na praia?"

Harris examinou os homens no banco dos réus. "Não tenho certeza, senhor. Se nada chamasse a minha atenção para eles, talvez não."

"Sei", disse Owens. "Talvez não." Owens segurou o queixo pensativamente. "O senhor disse que os negros na praia eram africanos. Tem certeza?"

"Eram diferentes dos negros daqui."

"Como assim?"

"Não entendi nada do que diziam."

"Mas isso quer dizer que eram da África?"

Harry pensou um pouco. "Não tenho certeza, senhor."

"Sr. Harris, seria correto dizer que o senhor *acreditava* que eram da África?"

"Acho que sim."

"Porque foi isso que lhe disseram?"

Harris hesitou. "Acho que é isso mesmo. Sim."

"Obrigado, sr. Harris. Nenhuma pergunta a mais."

Harris estirou as longas pernas e saiu da sala. O juiz Wayne consultou o relógio de bolso e chamou os advogados. Eles sussurraram por um momento e depois voltaram para suas cadeiras. "A sessão está suspensa até amanhã de manhã", disse Wayne. "Devo lembrar aos jurados que não devem conversar com ninguém. Não devem deixar ninguém falar-lhes sobre este caso, e ordeno aos cinco funcionários aqui presentes que tomem providências para que essas instruções sejam obedecidas."

Dito isso, Wayne bateu o martelo e a sessão foi encerrada. Ganahl, Jackson e Owens juntaram seus papéis. Os prisioneiros foram levados para suas celas. E a multidão, quase tão rapidamente quanto havia se reunido, dispersou-se naquele fim de tarde de outono.

17

JULGAMENTO, PARTE 2

NO DIA seguinte, a sala do tribunal voltou a encher. Quando as portas se fecharam e o juiz Wayne bateu o martelo, a sessão foi retomada.

"Capitão L. N. Coste", chamou o oficial de justiça. O diretor do porto de Charleston, um homem sólido de barba crescida, adiantou-se e ocupou o banco das testemunhas.

Enquanto o júri escutava, Coste declarou seu nome e descreveu rapidamente suas tarefas como inspetor do porto.

"Sr. Coste", perguntou Ganahl, apontando para os prisioneiros no banco dos réus, "o senhor já viu estes homens antes?"

Coste examinou os três réus. "Sim, senhor, já vi."

"Onde?"

"No porto de Charleston."

"Quando?"

"No verão de 1858."

"Sei. E em que situação o senhor os viu?"

"Eles remavam do e para o *Wanderer*."

"Muito bem. Obrigado", disse Ganahl. "Não há mais perguntas."

Owens levantou-se. "Inspetor Coste, o senhor diz que viu os acusados *remando* do e para o *Wanderer*."

"Sim, senhor."

"Remando, do e para. Mas o senhor sabe se qualquer desses homens *foi ao mar* no *Wanderer*, quando o navio deixou o porto em 3 de julho?"

Coste hesitou. "Não", disse ele. "Não sei."

"Bem", disse Owens. "Apenas remando do e para o *Wanderer*. Certo?"

"Sim", respondeu Coste.

"Agora, capitão Coste, era incomum pessoas irem ao *Wanderer* e saírem do *Wanderer*?"

"Quando ele estava ancorado em Charleston?"

"Sim."

"Bem", disse Coste, "o capitão Corrie conhecia muita gente."

Owens virou-se para o júri e continuou a falar com Coste.

"Capitão Coste, não é verdade que enquanto o *Wanderer* estava em Charleston muita, muita gente — pessoas, na verdade, de muitas partes do Sul e até de outros países — passava por ele, indo e vindo?"

"É."

"Na realidade, ele foi visitado por mais de cem pessoas, de todo tipo."

"Sim, acho que sim."

"Mas nem *todas* foram ao mar no *Wanderer*, foram?" Uma gargalhada percorreu a sala.

"Não, senhor."

"Na realidade, o senhor não sabe, com certeza, se *alguma* delas foi, sabe?"

"Não, não sei."

"Obrigado. Não há mais perguntas."

Em seguida o tribunal chamou Nicholas King, o capitão do vapor *St. Johns*. King testemunhou que, durante sua viagem regular da Flórida para Savannah em dezembro, pegou um passageiro que parecia um dos prisioneiros, Brown. Quando o oficial de justiça do tribunal lhe trouxe o registro do barco, King mostrou ao tribunal onde o passageiro estava registrado, com o nome de Wilson. A data era 30 de novembro de 1858.

"Nenhuma outra pergunta, obrigado", disse Ganahl.

"Capitão King", perguntou Owens num interrogatório cruzado, "muitos costeiros atracam em Jekyll Island, não é verdade?"

"É."

"E marinheiros e tripulantes dos navios que ali atracam não costumam pegar o seu vapor, como transporte, para o Norte ou para o Sul?"

"Sim, é o que fazem", respondeu King.

"Capitão, por favor, preste atenção no sr. Brown." King examinou Brown, que devolveu o olhar do banco dos réus. "É capaz de jurar que esta é a mesma pessoa que o senhor pegou em seu vapor na tarde de 30 de novembro?"

King examinou Brown por um momento e virou-se para Owens. "Não, eu não seria capaz de jurar."

"Obrigado, capitão. Nenhuma outra pergunta."

Joseph Haywood, barbeiro, foi o próximo a ser chamado. Haywood testemunhou que com freqüência tingia barbas em sua profissão.

"Sr. Haywood", perguntou Ganahl. "A barba do prisioneiro Brown parece tingida?"

Haywood examinou Brown por um momento. "Sim", respondeu. A barba de Brown parecia pintada de preto.

"Sr. Haywood", disse Owens, levantando-se para um interrogatório cruzado, "é incomum alguém mandar tingir a barba?"

"Não", disse o barbeiro. "Muitos homens escurecem a barba."

"Por que o fazem?", perguntou Owens. "É pela aparência?"

"Sim", respondeu o barbeiro.

"Não, portanto, como uma forma de *disfarce*?"

"Não."

Luke Christie ocupou o banco das testemunhas. Na audiência com o juiz Henry um ano antes, Christie descrevera como levara o vapor *Lamar* a Jekyll Island e voltara com um carregamento de africanos. Repetiu o testemunho, e disse que achava que Charles Lamar, Nelson Trowbridge, John Tucker e Brown estavam entre os passageiros.

Quando Christie acabou de testemunhar, Owens levantou-se e foi até o banco das testemunhas. Tinha na mão um depoimento escrito. "Esta assinatura é sua?", perguntou Owens, segurando a declaração diante da testemunha. Christie curvou-se para examinar o documento. "É", disse ele. Owens virou-se para o júri, com o pedaço de papel balançando diante dele como uma bandeira. "O capitão Christie relutou, um ano atrás, quando tudo estava fresco em sua cabeça, em jurar sobre a identidade dos prisioneiros", declarou ele. "E não está disposto a pôr em risco vidas inocentes jurando que tem certeza de sua identidade hoje."

Voltou-se para Christie. "Obrigado. Sem mais perguntas."

O juiz Wayne olhou para o relógio nos fundos da sala e calculou que o tribunal teria tempo de ouvir mais uma testemunha. William O. Price, proprietário da loja de roupas masculinas Price's Men's Clothing, foi convocado. Price, como era de esperar, estava vestido na moda, com uma gravata-borboleta cor de malva dando o toque final.

Foi perto do anoitecer de 7 de dezembro, testemunhou Price, que os prisioneiros entraram em sua loja. Brown "usava um belo sobretudo de flanela", disse Price, e os outros trajavam roupas escuras comuns — do tipo normalmente usado por marinheiros.

"O que aconteceu depois?", perguntou Ganahl.

"Eu tenho essa curiosidade importuna sobre meus fregueses", disse Price. "Gosto de saber de onde vêm e para onde vão. Perguntei ao sr. Brown de onde vinham e ele me disse que eram de Nova Orleans, e eu disse: 'Suponho, portanto, que estão indo para o Norte.' As pessoas que vão para o Norte geralmente compram roupas em Savannah."

"E o que disse o sr. Brown?"

"Ele não respondeu, mas me entregou uma calça para remendar. O nome na algibeira era em espanhol ou português, mas na etiqueta estava escrito 'Cornell, Nova York'. Imaginei que Brown residisse em Nova York. Perguntei ao sr. Brown se ele conhecia o sr. Miller, célebre traficante de escravos de Nova York que vai a Cuba com freqüência com um carregamento de negros. 'Quem, Jack Miller?', respondeu Brown. 'Sim, Jack Miller!', insisti."

"E disso o senhor deduziu que o sr. Brown estava envolvido com o tráfico de escravos?", perguntou Ganahl.

"Sim, senhor, com certeza."

"Obrigado."

Owens foi até a testemunha. "Sr. Price", perguntou Owens, "conhece alguém em Nova York que trabalhe com gêneros alimentícios?"

"Sim, senhor, muita gente", respondeu Price.

"Posso, então, deduzir que o senhor trabalha com gêneros alimentícios?"

Price corou. "Não", respondeu, "eu trabalho com roupas."

"Deduzi outra coisa, senhor", respondeu Owens, "pois parece supor que pelo fato de esse prisioneiro que aí está conhecer Jack Miller, traficante de escravos, ele também é traficante de escravos."

O tribunal explodiu numa gargalhada. "Obrigado, sr. Price", disse Owens.

Com isso o juiz Wayne suspendeu a sessão, a ser retomada na manhã seguinte, às 11 horas.

Ao fim do primeiro dia do julgamento, o *Wanderer* estava a 1.600 quilômetros de distância. Tendo conquistado sua liberdade e estando agora em alto-mar, o capitão Martin ordenou à tripulação que se reunisse no convés. Ainda tinha os olhos anuviados da noite de bebedeira, mas suas intenções, como logo se soube, eram perfeitamente claras. "Agora, rapazes", exclamou com voz rouca, "estamos a caminho da costa da África, e vamos pegar um carregamento de escravos pretos." O capitão lançou-lhes um olhar de suspeita. "Quando falo com vocês quero que todos me olhem com atenção", advertiu. "Quem não o fizer vai ter a cabeça rachada."

Os tripulantes trocaram olhares desesperados. Além de terem sido entorpecidos e seqüestrados, o *Wanderer* partira quase sem provisões. A comida era escassa. A água, como se viu, estava parcialmente contaminada. Nenhum tripulante levava mais roupa do que aquela que vestia. Não havia capa de chuva para os proteger das borrascas, nem roupa de cama para os beliches. E, apesar de Martin ter enchido seu camarote de mosquetes, espadas de abordagem e pistolas, a tripulação não dispunha de cronômetro, almanaque náutico, ou sequer um mapa do oceano Ocidental.[1]

Martin tinha um jeito para isso, entretanto. Avistando velas ao longe, ordenou ao *Wanderer* que perseguisse o que se descobriu ser o *Troy*, um lento brigue de Boston. Mais veloz e disparando uma carga de metralha à frente da proa do *Troy*, o *Wanderer* obrigou o *Troy* a parar. Subindo a bordo, Martin falou às pressas com o perplexo capitão — obtendo um exemplar do mapa da costa da Flórida, um do *Coast Pilot*, de Blunt, e um almanaque náutico — e partiu, deixando os marujos com os joelhos trêmulos e cinco dólares em ouro.

Graças a uma brisa forte e a um curso favorável para nordeste na corrente, o *Wanderer* atravessou velozmente o Atlântico, chegando em duas semanas à minúscula ilha de Flores, a cerca de 1.600 quilômetros da costa noroeste da África. No mar, Martin ordenou aos tripulantes que apagassem o nome *Wanderer*, pintando por cima, em brilhantes letras vermelhas, *William*. Martin também descobriu uma autorização para ir a Havana no camarote do capitão — da viagem anterior de Lamar — e rapidamente mandou adulterar para *Esmirna*, como a cidade turca. Agora o navio se chamava *William*, e velejava legalmente de Savannah para Esmirna. Martin mudou também o próprio nome nos documentos, para George D. Walker, e ordenou aos tripulantes que assinassem com nomes falsos.

Mal o *Wanderer* chegou à pequena cidade portuária de Santa Cruz, Martin remou até a praia e se apresentou ao cônsul britânico. O navio tinha passado por uma terrível tempestade, explicou. Martin, que já tinha enganado o cauteloso Lamar, ludibriou o cônsul também: o funcionário britânico logo apresentou Martin aos moradores locais; comerciantes lhe ofereceram crédito — e alimentos, cobertores, vergas novas e galinhas foram mandados para bordo do *Wanderer*. Duas das mais belas prostitutas da ilha, Anna Felice e a amiga Mariana José, também subiram a bordo, uma delas alojando-se no camarote do capitão e a outra na cama do imediato.

O *Wanderer* tornou-se o mais lascivo lugar de diversão de Santa Cruz. Os tripulantes bebiam e dançavam ao som de um acordeão. O cozinheiro divertia-se com um revólver, atirando numa vassoura. O prático-mor de Santa Cruz e o funcionário da Alfândega logo abandonaram seus postos e mudaram-se para bordo, participando da diversão. Ainda no mar, os tripulantes do *Wanderer* tinham jurado amotinar-se na primeira oportunidade. Mas agora, no sossegado paraíso de Flores, com suas luxuriantes encostas verdes de origem vulcânica e suas casinhas brancas, mudaram de idéia.

Até que de repente a sorte do capitão Martin sofreu brusca mudança. Correram boatos na cidade de que o *pedigree* de Martin não era bem o que ele dizia. Os comerciantes começaram a temer pelo crédito que lhe ofereceram. E assim — ao mesmo tempo que testemunhas eram chamadas a depor no julgamento do *Wanderer* em Savannah — os tripulantes do *Wanderer* em Santa Cruz viram o capitão Martin remar agitadamente num bote em sua direção. Subindo ao convés, Martin gritou para todos que levantassem âncora. Olhando para terra, os tripulantes viram uma multidão furiosa na praia, agitando os punhos e procurando barcos para se lançar atrás do *Wanderer*. Com isso, os homens jogaram 45 braças de corrente e a melhor âncora do navio na baía e partiram. Quando o imediato perguntou a Martin o que fazer com os funcionários de Santa Cruz que estavam a bordo, ele respondeu: "Joguem essa carniça velha do homem da Alfândega ao mar, mas mantenham o prático e os outros dois — eles são marinheiros."

Mais uma vez, o *Wanderer* estava livre. Quando rumava para alto-mar, Martin voltou cambaleando para o seu camarote, embebedou-se gloriosamente com mais champanhe e fez amor com Anna Felice que, de acordo com os registros, esteve "lamentavelmente enjoada" durante toda a provação.

Enquanto o *Wanderer* precipitava-se no mar, em Savannah o julgamento prosseguia.

"Vi aquele homem, o maior deles, antes", disse Clubb, quando a sessão reabriu na manhã seguinte. O faroleiro apontou para Brown com o dedo grosso. "Não sei dizer quando ou onde. Talvez o tenha visto em Jekyll Island ou a bordo do *Wanderer*. Não imagino onde mais o possa ter visto."

"Muito bem. Agora diga ao tribunal como o senhor conheceu o capitão Corrie", disse Ganahl.

"O capitão Cook — ou Corrie — me procurou no farol da praia de Jekyll. Queria que eu entrasse com o *Wanderer*. Queria que fosse aquela noite, pois estava sem água e provisões."

"E o senhor foi?"

"Fui de manhã, entre as cinco e as seis, e conduzi o *Wanderer* pelo rio Little Satilla."

"Diga, por favor, ao tribunal o que o senhor viu lá", pediu Ganahl.

"Fui informado de que havia 413 negros a bordo. Vi um morto. Foi jogado ao mar quando amanheceu. Vi cerca de 40 na parte de trás do navio."

"E em que condições estavam?"

"Alguns doentes, mas a maioria aparentemente bem. Como eu disse, os negros estavam amontoados como porcos. Mas não estavam algemados a coisa alguma. Podiam andar livremente pelo barco. Alguns tinham cobertores e pedaços de pano amarrados em volta deles."

"Com quem falou?"

"Conversei um pouco com Corrie até os negros serem desembarcados. Ele ficou no camarote. Mais tarde ele pareceu ter gás suficiente para conversar. Eu falava mais era com o sr. Brown, que transmitia minhas ordens à tripulação."

Levantando-se para o interrogatório cruzado, Owens procurou reduzir gradualmente a credibilidade de Clubb.

"O senhor não é realmente um prático qualificado, é?", perguntou a Clubb.

"Eu era faroleiro."

"Por que, então, trouxe o *Wanderer*?"

"Porque acho que é dever de todo faroleiro ajudar em caso de apuros. Não me ofereceram coisa alguma. Ainda não me pagaram. O sr. Henry du Bignon deveria me pagar."

"Quanto cobrou deles?"

"Quinhentos foi o preço cobrado. Deram-me um vale dois ou três dias depois do desembarque."

"Havia então um acordo?"

"Nenhum acordo foi feito. Trowbridge disse que US$ 500 era demais. Um preço alto demais. Eu lhe disse que achava pouco. Mas os Du Bignons disseram que se responsabilizariam pelo valor."

"Qual é o preço normalmente cobrado?"

"Cinqüenta dólares é o preço normal."

"E o senhor cobrou US$ 500?"

"Cobrei dinheiro porque era um negócio lucrativo, fui bondoso com eles, e achei que tinham de me pagar bem."

Owens sorriu. "Sei."

"O senhor acha que os negros que viu no *Wanderer* eram africanos?", perguntou a Clubb.

"Claro que acho que eram negros africanos."

"O senhor sabe que transportar africanos é violar a lei?"

"Não."

"Não mesmo, senhor?"

"Dois ou três dias depois, me disseram que trazer o *Wanderer* era crime."

"E como o senhor se sentiu?"

"Depois que soube que era crime", disse Clubb, hesitante, "achei que deveria ser muito bem pago."

"Sei", disse Owens. "E foi. Não há mais perguntas a fazer."

Depois de um rápido intervalo, o oficial de justiça chamou a próxima testemunha, o carcereiro do condado de Chatham, Charlie Van Horn. Horn contou que tinha sido despertado pelo chefe de polícia Stewart com ordem para conduzir os meninos africanos ao escritório da magistratura, onde Charles Lamar esperava-os para levá-los, e que o magistrado finalmente entregou-lhe os meninos.

"E com isso o senhor simplesmente entregou os africanos?", perguntou Ganahl.

"Eu sabia que esses mandados judiciais podiam ser emitidos", respondeu Van Horn. "Achei que tudo estava em ordem do ponto de vista judicial."

Ganahl pôs a mão no queixo e pensou por um momento.

"Sr. Van Horn", disse ele, aproximando-se da testemunha, "fale-me do leilão do *Wanderer*. Especificamente, do sr. Lamar..."

"Protesto", gritou Owens, pondo-se de pé. "É irrelevante para o caso..."

O juiz Wayne chamou os dois advogados com um aceno. "Onde o senhor quer chegar?" perguntou Wayne a Ganahl. Ganahl inclinou-se para a frente. "Já vinculei Lamar e Tucker ao *Wanderer*; o *Wanderer* ao tráfico de escravos; e as pessoas ali do banco ao *Wanderer*", sussurrou ele. "Quero vincular Lamar ainda mais estreitamente ao *Wanderer* demonstrando que era dono de africanos no leilão do *Wanderer*." Wayne examinou o pedido, e decidiu que a pergunta poderia ser feita — mas que o tribunal julgaria a conveniência da resposta.

"Sr. Van Horn", começou de novo Ganahl, "o senhor poderia declarar se estava presente à venda do *Wanderer*, e, em caso afirmativo, o que ouviu o sr. Lamar comentar?"

"Não posso dizer com certeza", respondeu Van Horn. "Não estava perto o suficiente para ouvir o que Lamar disse — apesar de ouvi-lo dizer qualquer coisa." Van Horn hesitou. "Sei o que foi. Mas não escutei."

"O que foi que o senhor escutou?", perguntou Ganahl.

"Protesto!", gritou Owens. "Boato."

"Protesto aceito", respondeu Wayne.

Ganahl mordeu os lábios, frustrado. Virando-se para o oficial de justiça, que lhe fez um aceno, Van Horn recebeu ordem para descer do banco das testemunhas.

O julgamento prosseguiu por vários dias. Entre as outras testemunhas chamadas para depor estavam o delegado Gordon, que disse em seu testemunho ter encontrado os africanos dançando em volta da fogueira em Jekyll Island, e o delegado Ross, que contou que encontrou dois africanos no trem em Macon. George Cheever, inspetor de alfândega, disse ao júri que levara o baú do capitão Corrie do *Wanderer* para a alfândega. Dentro do baú havia um livro de bordo e mapas, usados para calcular latitude e longitude. Com isso, disse que pôde traçar precisamente o curso do *Wanderer* de quando saiu de Charleston até voltar. Hugh Davenport, que trabalhava no porto de Savannah, testemunhou que tinha examinado cuidadosamente o *Wanderer* e, no castelo de proa, encontrara suportes usados para construir o convés de escravos sob o convés principal. Também medira o iate criteriosamente. Com base no tamanho, a prática normal seria permitir que transportasse 116 passageiros. Se tivesse transportado 500, disse ele, cada um disporia de 122 centímetros de comprimento e 30 centímetros de largura para sobreviver.

No último dia de testemunhos, Ganahl chamou o dr. William Nazelhurst. Ganahl deixou Hazelhurst por último porque o médico, de todas as testemunhas, era a que mais aparentava honestidade e integridade.

"Eu estava em Brunswick e fui chamado pelo sr. du Bignon para ir a Jekyll Island", disse Hazelhurst, fitando Ganahl com ar inteligente. "O sr. du Bignon não explicou o motivo da chamada, mas suspeitei. Vi alguns negros lá, que supus fossem africanos. A julgar pelo que vi, devo testemunhar que não eram negros americanos."

"Dr. Hazelhurst, diga-nos por favor qual era a situação quando chegou à ilha."

"Havia cerca de quarenta, e uns dez doentes. Um morreu, quantos mais morreram eu não saberia dizer", respondeu. "Estavam doentes, com moléstias como diarréia e dermatite. A primeira era provocada por alimento insuficiente ou ruim, a segunda por um estado de impureza do sangue."

"E, na sua opinião, quais eram as causas dessas doenças?"

"Muito provavelmente ar impuro e confinado, alimentação precária e falta de limpeza."

"O senhor recebeu pagamento pela visita?"

"Fui contratado por Henry du Bignon, mas não apresentei nenhuma conta para ninguém. Fui na condição de profissional e não sei se serei pago."

"Repito a pergunta: acredita que os negros que viu eram africanos?"

"Na minha opinião, sim, aqueles negros que fui chamado para examinar eram africanos."

"E por que acha que eram?"

"Porque tive a oportunidade de falar com eles por meio de um intérprete."

"E quem era?"

"Um velho africano. Ele e os negros pareciam entender-se."

"E quem era esse velho africano?"

"O nome dele é Jack. Pertence a mim. É empregado de John du Bignon. Seu salário é pago com os lucros da venda de algodão da família du Bignon, formada por John, Henry e Catherine du Bignon."

Ganahl passou pela testemunha e parou diante do júri.

"O senhor tem alguma ligação com a família Du Bignon?"

"Sim, minha mulher é Catherine du Bignon."

"Obrigado. Não há mais perguntas."

Diversas testemunhas, é claro, nunca se sentaram no banco das testemunhas: Henry du Bignon, John du Bignon, Richard Aiken, Nelson Trowbridge e, naturalmente, Charles Lamar. Todos se recusaram a testemunhar, alegando que seu testemunho poderia incriminá-los. Dessa maneira, depois de quatro dias de discursos, Ganahl anunciou que a acusação tinha apresentado seu caso. Owens levantou-se e declarou que a defesa não apresentaria testemunhas. O julgamento entraria, agora, na fase dos argumentos finais, e depois na das deliberações do júri.

No dia seguinte, 21 de novembro, o tribunal se reuniu para ouvir os últimos argumentos.

Ganahl levantou-se e andou até um raio de luz que caía entre a cadeira do juiz e os jurados. Leu cada uma das acusações, acusando os prisioneiros de pirataria, de acordo com a lei de 1820. "Em cada caso", disse ele aos jurados, "demonstramos, com provas claras, cada ponto: o caráter americano do iate *Wanderer*; a posse do barco, no todo ou em parte, por William C. Corrie; a data da sua partida de Charleston para Trinidad, e dali para a costa da África; sua partida do rio Congo em 19 de outubro; sua chegada a Jekyll Island, tão diretamente quanto o vento lhe permitiu, em 28 de novembro de 1858; o desembarque dos africanos em Jekyll; e a cumplicidade dos prisioneiros hoje sentados no banco dos réus em todas essas transações, como foi atestado por várias testemunhas."

Adiantou-se em direção ao júri. "O caso que está diante dos senhores é de suma importância e envolve grandes questões", disse com solenidade. "É o primeiro desse tipo na história do país, mesmo do mundo. E por esse motivo não apenas os olhos do honrado tribunal e dos espectadores aqui reunidos estão voltados para os senhores, mas os olhos do país e do mundo."

Ganahl examinou cada rosto enquanto falava. "Os senhores estão aqui como doze jurados sulistas independentes", prosseguiu. "E dou graças a Deus por não haver entre nós ninguém que pregue uma lei mais alta do que a Constituição e as leis do país. Para sua glória, o Sul sempre foi verdadeiro, e nesse pacto concedemos e recebemos direitos e privilégios pelos quais a vida desses homens é julgada. Que o Sul faça a sua parte, portanto, e cumpra o seu juramento. Esta, senhores do júri, é a grande questão que devem decidir. Que Deus os ilumine."

Ganahl voltou a sentar-se.

Owens levantou-se e, antes de falar ao júri, virou-se para o juiz Wayne. "As perguntas que eu gostaria de pedir a Vossa Excelência que encarregue o júri de responder são poucas", disse ele. "Primeiro peço a este tribunal que instrua o júri sobre a propriedade do navio, lembrando que o registro de um navio *não* é uma prova de propriedade." Em seguida, Owens mencionou precedentes legais em apoio desse argumento. "Peço também que o tribunal esclareça ao júri que a *posse* de um navio por um capitão não comprova sua propriedade. Não fosse assim, em questões imobiliárias, a posse de uma plantation sugeriria que o título pertence ao capataz; como a posse dos cavalos e da carruagem de um cavalheiro indicaria que ela era do cocheiro, o que seria falso."

"A segunda questão que eu gostaria que o tribunal esclarecesse ao júri", continuou Owens, "é que é preciso provar que os prisioneiros eram parte da tripulação, e que em termos legais *passageiros* não são responsáveis pelos atos da tripulação." Outra vez, citou um precedente. "É tudo que tenho a dizer à corte de justiça sobre a lei", concluiu Owens. "E não posso encerrar minhas observações sem agradecer a Suas Excelências pela paciência e imparcialidade com que se conduziram neste importante caso. Tenho clara consciência da grande responsabilidade que carrego, em termos profissionais, como advogado destes prisioneiros, acusados de crime cujo castigo é o sangue."

Owens voltou-se para o júri. Começou seus comentários notando que nos primeiros tempos, quando a Geórgia ainda era colônia, os fundadores da República criaram uma "falsa filosofia", excluindo a escravidão do pacto social. "Aprovaram-se leis declarando que o comércio de escravos era uma injustiça social, e este país submeteu-se, este país cedeu", comentou Owens. "Passaram-se anos e uma instituição que Deus permitiu e Saul santificou, uma instituição da qual o Deus dos egípcios extraiu trabalho, e que o Deus dos judeus ratificou, caiu em descrédito em grande parte do mundo. Nos últimos quarenta anos o espírito de nosso sonho sofreu uma mudança, e o cetro está sendo tirado de nós."

Agora, disse Owens, os jurados tinham a oportunidade de "enfrentar a questão à luz do dia", de fazer "o que seus antepassados *deveriam ter feito*" quando a questão da escravatura foi agrupada na preparação da Constituição. Se, naquela época, a pergunta tivesse sido apresentada a doze jurados sulistas, e não aos pais da República, declarou Owens, "a questão teria sido respondida — e resolvida, *pela espada*". A imagem pairou no ar, por cima dos jurados.

Owens passou a examinar os detalhes do caso. "A acusação apresentou as mais fracas provas em apoio do seu caso", disse ele. "Não se comprovou nenhuma ligação entre os prisioneiros e o *Wanderer*. Foi preciso trazer um *alfaiate* para descrever as calças do prisioneiro — e um *barbeiro* para examinar sua barba. Com certeza, eles foram onipresentes. Uma testemunha os viu no convés do navio. Na ilha. Na estrada." Seu olhar percorreu os jurados. "E com base nesse tipo de testemunho três pacíficos cidadãos estão encarcerados há doze meses numa cela comum. Transformaram-se em espetáculo para todos os olhos durante cinco dias naquele banco. Meus clientes devem ser enforcados para comprovar uma teoria?" Balançou a cabeça, enfadado.

"Os senhores ouviram as acusações, e os testemunhos que as sustentam", disse ele, apoiando-se na balaustrada diante do compartimento do júri. "Cabe aos senhores refletir sobre o veredicto, e que o façam levando em conta também os direitos dos prisioneiros." Virou-se e apontou para os três homens sentados no banco. "A vida de outros seres humanos depende deste caso. Eles nos confiaram a responsabilidade de sua defesa. Se podem continuar de agora em diante caminhando sobre a terra à luz do dia, ou se devem apodrecer em túmulos desonrados, só depende de como desempenharmos nossas obrigações."

Fez-se total silêncio na sala. Todos os olhos acompanhavam Owens, enquanto ele se dirigia ao centro. "Mas há um elemento maior e mais grave em jogo — para nós e para eles", disse ele, fazendo uma pausa para refletir. "Há teorias sociais que entraram em conflito neste mundo. Uma opõe resistência e está encarnada nas formas e na constituição do Norte. A outra resiste nas formas e materializações que encontramos na constituição do Sul. Talvez se possa determinar agora o que é certo."

"O Norte, é preciso admitir, tem poder. Eles têm o poder de aprovar as leis que quiserem, e as aprovaram. Limitaram nossa instituição; restringiram-na a certas latitudes; excluíram-na de territórios desabitados. Aboliram o comércio de escravos no Distrito de Colúmbia; estão preparados para suprimir e abolir o comércio entre os estados." Sua voz endureceu. "E aprovaram uma lei que agora nos cabe aplicar. Aplicá-la é o último passo em que a agressão estremece." Owens olhou para os jurados e falou mais alto. "Mas, senhores, esperamos que isso não ocorra; esperamos e confiamos que as provas não sejam suficientes para sustentar a acusação nesta denúncia."

Voltou-se para onde Brown, Rajesta e Arguirir estavam sentados. "É apenas para recomendar à sua generosidade esses estrangeiros sem amigos, e induzir os senhores a lhes concederem, do fundo do coração, aquilo a que têm direito. É para lhes conceder o benefício da dúvida razoável." Deu bastante tempo para que suas declarações repercutissem e acrescentou, em voz baixa e trêmula: "Pois se não o fizerem o mesmo raio que os derruba os atravessará — e, transpassando, vibrará em todos os órgãos vitais deste país. Obrigado."

Fora do salão, debaixo das janelas abertas, a multidão aplaudiu.

Na manhã seguinte Henry Jackson apresentou os argumentos finais da acusação. Foi um dos seus grandes discursos — quatro horas e meia, contra os quarenta e cinco minutos de Owen. Um repórter resumiu bem sua fala: "Ele teceu numa trama fechada todas as toscas conjeturas, os fatos miúdos, as provas positivas, as inferências inconvincentes, as remotas partículas do ocorrido — tudo, na realidade, que tivesse a ver, remotamente, de perto, ou irreverentemente, com o assunto e — enfeitando com lampejos de imagem aqui e ali, e misturando apelos periódicos e lições de moral ao júri — jogou o pano sobre os prisioneiros..."

Terminado o discurso, Jackson jogou-se na cadeira, segurando a garganta no que parecia ser uma convulsão. "Conhaque!", gritou o juiz Wayne, levantando-se de um salto. "Tragam conhaque para o homem!"[2]

Naquela tarde, o juiz Wayne estava de novo perante o júri, e em termos inequívocos exortou-os a condenar os prisioneiros. "Usando apenas os livros e os cálculos do capitão do iate", disse Wayne, "o sr. Cheever traçou o curso do navio com minuciosa precisão, fazendo a viagem do barco, em sua estimativa, coincidir com o livro de bordo, e provando, pela perfeita concordância do mapa sobre o qual traçou o curso calculado com o mapa do navio, a exatidão de suas estimativas." Só isso, disse Wayne, deveria provar a viagem do navio.

No que dizia respeito à identidade dos prisioneiros, Wayne afirmou que os três foram vistos com o *Wanderer* em Charleston; depois tinham desaparecido — de julho a novembro de 1858 — e reaparecido de repente, com o *Wanderer*, em novembro de 1858. Enquanto isso, em Jekyll Island, Harris, Clubb e Christie tinham identificado os réus de forma mais que suficiente.

Finalmente, Wayne disse ao júri que não era tarefa dele autenticar a lei, ou mesmo a punição. Sua tarefa era simplesmente examinar as provas. Mas, prometeu ele, num acordo inusitado, se apresentassem um veredicto de culpados, ele pessoalmente preservaria qualquer recomendação de clemência que sugerissem. Agora, disse ele, estava nas mãos dos jurados a deliberação final.

Depois das palavras finais, o juiz dispensou o júri, para que pudesse deliberar. Brown, Rajesta e Arguirir foram levados de volta para suas celas e a cidade pôs-se a aguardar o veredicto. Eram quatro da tarde. Seria uma longa noite em Savannah.

Ganahl sentou-se na varanda dos fundos com sua família. Jackson jantou com o juiz Wayne. Owens esteve no rio e foi visto falando com Charles Lamar na claridade do crepúsculo. O reverendo Charles Jones, cujo filho seria eleito prefeito de Savannah no ano seguinte, escrevera dias antes a sua mulher, que estava fora da cidade, cuidando do seu novo neto: "Caminhada solitária. Descobri Vênus, tocando no topo das árvores, radiosa como um diamante. Chá. Li sobre o julgamento do *Wanderer* no *Republican*. E agora escreverei a carta para minha querida mulher..."[3]

Agora, com o fim do julgamento, acrescentou, "feliz de saber que você está bem, e o bebê também, e que o sono a visita novamente. A instrução do juiz Wayne aos jurados, quando foram arrolados, é nobre. Eu gostaria que fosse publicada num panfleto e distribuída em todo o estado. Está à altura do juiz. O discurso do juiz Jackson eu sinceramente desejo que seja escrito; e se for publicado, poderá ajudar a corrigir o sentimento público e a pôr a mão da infâmia sobre os cafajestes que escaparam, para desgraça do estado, da justa vingança da lei. É abominável. Estou feliz por terem sido denunciados. Ah, se os maiores, que estão soltos, pudessem ser apanhados! Só rezamos para que a justiça não caia nas ruas."

No fim daquela noite, a cidade ficou quase deserta. Só o bombeiro na torre do prédio da Bolsa continuou acordado, além de alguns marujos nos bordéis e bares à beira do rio.

Na manhã seguinte, as pessoas começaram a reunir-se perto da Alfândega, sentadas nos degraus da frente, ou no vestíbulo. Outro grupo se reuniu na viela atrás do grande prédio, em Bay Lane. Pela janela que dava para o sul, elas podiam ver os jurados, isolados no segundo piso.

Correram boatos sobre o que se passava entre os jurados. O *Savannah Daily Morning News* apostava que eles se dividiriam, e o julgamento seria anulado. Então vieram as notícias. O júri estava pronto para se reunir novamente: depois de 24 horas de deliberações, o oficial de justiça notificou o tribunal de que o júri alcançara um veredicto.

As pessoas levantaram-se de um salto e encheram a sala do tribunal. As escadarias logo ficaram apinhadas. Do lado de fora, nas áreas gramadas em redor do prédio, reuniu-se uma multidão, e depois das admoestações de algumas pessoas, todos calaram para ouvir as deliberações. Dentro, todos se sentaram. Os prisioneiros, impassíveis, entraram em fila e sentaram-se, seguidos por dois policiais. E todos se levantaram novamente quando entraram o juiz Wayne e os jurados.

"Levantem-se os prisioneiros", disse o oficial de justiça. Brown, Arguirir e Rajesta puseram-se de pé.

"Membros do júri, chegaram a um acordo sobre um veredicto?" perguntou Wayne.

O representante dos jurados levantou-se.

"Chegamos, meritíssimo."

O juiz Wayne indicou com a cabeça. "Os senhores consideram os prisioneiros no banco dos réus culpados ou inocentes?"

Houve um momento de hesitação; os presentes suspenderam a respiração.

"Nós, do júri", respondeu, "consideramos os réus inocentes das acusações."

Uma onda de emoção percorreu a sala. Ganahl jogou-se na cadeira, o rosto pálido. Jackson não se mexeu, perplexo. Brown apertava a mão de Owens furiosamente. Nelson Trowbridge aproximara-se, agarrando-o pelo ombro. Uma leva de espectadores adiantou-se para cumprimentar Owens. Pálido, Wayne bateu o martelo, devolvendo Brown, Rajesta e Arguirir à cadeia do Condado de Chatham, pela denúncia mais branda de reter os africanos. As portas da sala se abriram e os espectadores desceram as escadas. Repórteres correram para seus escritórios e logo seus telegramas atravessaram o país e chegaram à Europa.

As palavras do *New York Times,* pronunciadas meses antes, pareciam agora sinistramente visionárias: *Pois se não enforcarem os homens que participaram disso — se suas autoridades forem tão complacentes, ou seus júris tão perjuros, a ponto de permitir que esse comércio seja praticado com impunidade, a despeito de todas as leis que o proíbem — eles sofrerão todas as conseqüências de uma cumplicidade real... toda a população do Norte travará contra esse comércio uma implacável guerra de extermínio.*

Talvez por isso o veredicto tenha sido recebido tão caladamente no Sul. Não houve desfiles, nem comemorações públicas. "Não se pode dizer que as expectativas públicas tenham sido frustradas com este resultado", foi tudo que o *Savannah Republican* conseguiu dizer na manhã seguinte. Era como se o resultado do julgamento fosse apenas mais um passo rumo a uma guerra cada vez mais difícil de evitar.

Oito dias depois, John Brown foi enforcado. "O telégrafo nos traz a notícia de que John Brown, notório ladrão de cavalos, assassino, rebelde e traidor, expiou sua culpa na forca em Charleston, Virgínia, ontem às 12 horas..." disse o *Savannah Daily Morning News* na manhã de 3 de dezembro.[4] "É quase possível imaginar que ouvimos o urro das hostes abolicionistas do Norte quando o telégrafo, como um relâmpago, propagou a notícia do martírio de seu Santo Ossawatomie. Os sinos das igrejas da Nova Inglaterra dobram a finados, e três mil pregadores do evangelho da abolição, com seus milhões de discípulos fanáticos, piamente lamentam a sua morte. Deixemo-los lamentar."

John Brown fora levado ao cadafalso numa carroça, sentado em seu próprio caixão. Encapuzado, caiu 40 centímetros, ficou pendurado na ponta da corda e suas mãos tremeram. Enquanto balançava na brisa suave, um silêncio caíra sobre os presentes.⁵ Então a voz de um miliciano da Virgínia gritou: "Assim pereçam os inimigos da Virgínia! Os inimigos da União! Os inimigos da raça humana!"⁶

Mas era o fanatismo sulista que preocupava o Norte. Disse o *New York Times:* "Tememos que o sóbrio julgamento da maioria seja rejeitado e anulado pelo fanatismo destemperado da minoria resoluta e afobada — aqueles que parecem ter uma influência total e raramente disputada na vida política dos estados sulistas... Como acontece aos valentões, os radicais podem ser subjugados por qualquer demonstração de força razoável. Mas as forças da moderação se desbarataram — ou foram reduzidas ao silêncio. Os violentos terão seu dia de glória."⁷

De fato, os violentos do Sul ganhavam terreno. E seu dia logo chegaria.

18

CHARLESTON

EM JANEIRO, o maior acontecimento de Savannah era a semana de corridas de cavalos na pista de Ten Broeck, e a mais popular das corridas era a competição de selas, na qual uma potra Pickaway, uma égua baia e um potro castanho foram inscritos. Ao som de "vamos lá", os três saíram em disparada, em grande estilo, a potra na frente, os outros dois emparelhados. Os cavalos mantiveram a mesma posição relativa até se aproximarem da reta final, quando o potro castanho começou a ganhar terreno e ultrapassou a égua baia, chegando três ou quatro corpos à sua frente e mais ou menos a mesma distância atrás da potranca.

Quando a multidão se levantou e aplaudiu, ninguém estampava no rosto um sorriso mais largo do que Charles Lamar, debruçado sobre o parapeito, acenando com o chapéu, gritando de alegria. De fato, a vida era boa. A plantation de Lamar produzira uma safra sem precedentes, e os preços do algodão nunca tinham estado tão altos.[1] A usina de arroz de Lamar transbordava de grãos. E lá estava ele, como recém-reeleito presidente do Jóquei Clube de Savannah, para entregar ao dono da potra Pickaway o prêmio pela vitória e uma coroa de flores.[2]

O *Savannah Daily Morning News,* que se contivera em sua manifestação de apoio a Lamar antes do julgamento, mostrou-se efusivo. "É preciso admitir que admiramos sua ousadia e seu vigor", disse o jornal, entusiasmado.[3] "Não hesitaríamos um momento em lhe dar nosso voto para governador da Geórgia. Queremos, no Sul, educadores da marca de Lamar."

De fato, Lamar *estava* imprimindo sua marca nas atividades locais. Trabalhava, por exemplo, na Associação de Vigilância pelos Direitos Sulistas. Esse grupo castigava os nortistas e expulsava da cidade dissidentes "suspeitos de manifestar ou cultivar sentimentos hostis à escravidão".

Mas Lamar não tinha muito interesse em disputar um cargo local, ou mesmo o de governador. A política que prendia a sua atenção era no nível *nacional.* Em três meses, o Partido Democrata realizaria sua convenção em Charleston. Stephen A. Douglas era tido como a esperança do partido. Douglas derrotara Abraham Lincoln nas eleições para o Senado de Illinois dois anos antes, e o Partido Democrata apostava nele para vencer Lincoln novamente na disputa presidencial de 1860.[4]

Muitos georgianos apoiavam Douglas. Mas não Lamar — ou qualquer outro cabeça-quente. Percebiam que uma vitória de Douglas talvez pudesse manter a integridade da União, o que para eles era terrível. Uma vitória de Lincoln, de outro lado, levaria à secessão da Carolina do Sul, o que provavelmente provocaria uma secessão de todos os estados do Sul. Era exatamente o que Spratt queria — o primeiro passo para uma república escravista, que os cabeças-quentes dominariam. Era o que William L. Yancey, o grande orador e cabeça-quente radical, também queria. "Animaremos o coração sulista, instruiremos a cabeça sulista, infundiremos coragem uns nos outros", prometera Yancey, "e, no momento certo, numa ação organizada e coordenada, precipitaremos os estados algodoeiros numa revolução."[5]

Mas como poderiam os cabeças-quentes conter Douglas e garantir a eleição de um republicano? Chegaram à conclusão de que a melhor estratégia seria forçar Douglas a incluir um "código de escravos" em seu programa político.[6] A lei, de autoria de Yancey, declarava que a propriedade escrava teria direitos iguais aos de qualquer outra forma de propriedade, nos territórios *e em alto-mar*. Isso não só confirmava uma ampliação nacional da escravidão como também reabria o comércio de escravos africanos. Se aceitasse, Douglas certamente alienaria seus partidários nortistas, e perderia a eleição para Lincoln. Mas, na hipótese mais provável de ele *não* apoiar o programa, os cabeças-quentes abandonariam a convenção, provocando a divisão do Partido Democrata. De qualquer maneira, imaginavam, seria um golpe mortal para o Partido Democrata, Lincoln ganharia, e a revolução dos cabeças-quentes avançaria.

A dificuldade, entretanto, era que apesar de sua petulância, os cabeças-quentes não contavam com muito apoio no Sul. Quando Yancey se candidatou ao Senado do Alabama, dois anos antes — com o mesmo programa a favor da escravidão — não só perdeu como ficou num distante terceiro lugar. Yancey era um maravilhoso orador — a presença imponente e a voz aveludada lhe conquistaram platéias em todo o país. Sua derrota, portanto, nada tinha a ver com apresentação. Tinha a ver com *conteúdo:* os cidadãos de bem do Alabama não gostavam de sua mensagem sobre comércio de escravos africanos e revolução violenta.

Os cabeças-quentes da Geórgia estavam em situação parecida: contavam com o apoio dos ricos donos de plantations, que precisavam de escravos, e dos comerciantes citadinos, que dependiam do comércio gerado pelos escravos. Mas nas frias montanhas do norte da Geórgia, a maioria dos agricultores e comerciantes de cidade pequena não tinha interesse na escravidão, e menos ainda em dissolver a União. Muitos queriam que a integridade dos Estados Unidos fosse preservada, e gostavam do Partido Democrata e da mensagem de Stephen Douglas a favor da União. Mesmo em Savannah, 95% dos brancos não tinham escravos, estatística que amedrontava a elite dos donos de plantations.

Para provocar a sua revolução, portanto, os cabeças-quentes precisavam agir rápido. A primeira parte da estratégia era conseguir o apoio dos pequenos agricultores e do povo das montanhas do Sul por meio de uma campanha de medo. Fizeram-na com panfletos habilmente escritos, distribuídos no Sul às centenas de milhares, e com comícios e discursos nos mais remotos pés de serra e nos mais distantes vales enevoados, onde era mais provável que vivessem sulistas partidários da União e de Douglas.[7] "Quando forem libertados, milhares de escravos abandonarão os campos de algodão e de arroz nas terras baixas do nosso estado, em busca do bom clima das montanhas", advertiu o governador da Geórgia, Joseph Brown, num desses comícios. "Iríamos vê-los saquear, roubar e matar nos adoráveis vales entre essas montanhas." E acrescentou: "Os trabalhadores pobres e honestos da Geórgia não podem consentir que a escravidão seja abolida, nem submeter-se aos impostos, à vassalagem, aos baixos salários e à pura e simples degradação que virão em seguida", afirmou o governador. "Que Deus jamais lhes permita ocupar o lugar dos negros."

A segunda parte da estratégia implicava um pouco de fraude e intimidação. Na Geórgia, o Partido Democrata do estado, que tinha em suas fileiras muitos partidários de Douglas, convocara para março uma convenção, na qual seriam escolhidos os delegados da Convenção Democrata Nacional. Em vez de se submeterem, os cabeças-quentes improvisaram uma convenção prévia, em que tinham certeza de obter maioria. Era uma usurpação nua e crua do poder, mas nada detinha os cabeças-quentes.[8]

Felizmente, quando os cabeças-quentes anunciaram sua resolução no Capitólio estadual, um ágil correspondente do *Augusta Dispatch* escrevinhou o seguinte:

"Mas até 8 de dezembro não haverá prazo para as pessoas se reunirem e elegerem delegados", disse um representante, com hesitação, observando que uma semana não daria aos delegados das montanhas e vales do norte tempo para comparecer. "As massas — a espinha dorsal do partido — serão excluídas", exclamou.

"Devidamente anotado", respondeu o cabeça-quente que ocupava a tribuna.

"A eleição dos delegados para a Convenção de Charleston é assunto do povo — e não de seus representantes na Assembléia Geral", argumentou outro.

Da tribuna veio um olhar glacial.

"Isto não é democracia — isto é um golpe palaciano!", gritou um quarto, que sentiu uma mão pesada cair-lhe sobre o ombro.

Em 8 de dezembro, a convenção prévia foi realizada, endossando uma chapa eleitoral de delegados cabeças-quentes. Mais algumas manobras políticas foram necessárias, mas, no fim das contas, os radicais transformaram a maioria em minoria, e tomaram o poder dos moderados do estado.⁹

"Há um profundo, sombrio e triste estado de espírito entre as pessoas que realmente desejam a perpetuação da União", disse, desesperado, James Nibet, editor do *Augusta Daily Constitutionalist*.¹⁰ "Elas vêem o Partido Republicano sob controle de extremistas e o Partido Democrata no Sul tomado pelo radicalismo, entrelaçam as mãos e dizem: 'Está tudo perdido.'" De fato, estava tudo perdido para Douglas, pois golpes semelhantes eram preparados no Alabama, no Texas e na Flórida. Não era a primeira vez na história que um grupo de radicais subjugava a vontade da maioria fraca e dispersa, nem seria a última.¹¹

Os cabeças-quentes tinham vencido sua guerra civil no Extremo Sul, pelo menos por enquanto. E estavam prontos para levar suas táticas desagregadoras para a Convenção Democrata Nacional em Charleston, quando precisariam esfacelar o apoio ao Partido Democrata em todo o Sul. Charles Lamar estava em estado de êxtase. Já podia sentir o doce sabor da desunião.¹²

Em 23 de abril de 1860, delegados democratas de todo o país lotaram o Institute Hall, perto do centro de Charleston, onde cerca de três mil cadeiras de madeira tinham sido aparafusadas ao piso, à espera de rudes multidões. Quando as carruagens entraram, e os delegados chegavam dos vagões de trem e pelas pranchas dos vapores de roda, bandas tocavam e espectadores com cartazes políticos formavam filas à beira do caminho. Os homens de Douglas ocuparam Hibernia Hall, edifício de dois andares com duas grandes salas de reunião e grande número de escritórios, bem como Mills House, ali perto. Encheram os dois lugares de fumaça de charuto e de confiança, dando como certa a vitória do seu líder.

Defensores dos direitos sulistas, enquanto isso, ocuparam Charleston House, com os cabeças-quentes no auge da agitação. Havia uma mistura de opiniões, sem dúvida, mas todos os luminares compareceram. Spatt e Yancey lá estavam, é claro, assim como John Slidell, da Louisiana, William B. Gaulden, da Geórgia, Ethelbert Barksdale, editor do *Jackson*

Mississipian, Alfred Iverson da Geórgia, Clement Clay do Alabama, Louis R. Wigfall, do Texas. Lá estavam Robert Barnwell Rhett, editor do *Charleston Mercury*, e o raivoso Edmund Ruffin. Nem todos os sulistas estavam preparados para a separação. Alguns, como Jefferson Davis, Howell Cobb, e até o defensor do tráfico de escravos africanos Gaulden achavam que a União poderia sobreviver. Mas, no fim das contas, eles eram o barril de pólvora que em breve atiraria o país na guerra civil.

Pelos próximos dias, numa convenção repleta de delegados e espectadores, o Partido Democrata tentou forjar um programa de agrado geral.

Os discursos eram apaixonados, o debate sincero, mas as perspectivas de acordo tornavam-se mais tênues com o passar dos dias. À noite, os cabeças-quentes tomavam conta de Charleston. Era sua cidade, afinal de contas, o berço de sua revolução, o lugar onde nascera e estava enterrado o grande John C. Calhoun. Reunidos em redor de flamejantes barris de resina de pinheiro, bombas e foguetes chiando e explodindo em toda parte, os cabeças-quentes estavam com a corda toda, proclamando os direitos sulistas e a secessão.

Perto de um barril de resina de pinho em chamas, podia-se encontrar William B. Gaulden, o destacado comerciante de escravos da Geórgia. "O comércio de escravos africanos traz para cá um homem pagão e inútil, torna-o útil, cristianiza-o, e despacha-o tempo afora, a ele e sua posterioridade, para aproveitar as bênçãos da civilização!", exclamava Gaulden, para a multidão que concordava aos berros. "Além disso", dizia ele, rindo, "posso comprar na África, por US$ 50, negros melhores do que os que comprei por US$ 1.000, até por US$ 2.000, na Virgínia!"

"Venho de Indiana, e sou a favor", gritou um homem. "Quero ir à África comprar um selvagem e apresentá-lo às bênçãos da civilização e do cristianismo!" Outro avançou. "Quando for", interrompeu ele, alegremente, "pode levar junto um ou dois recrutas de Nova York!" O homem de Nova York parecia conhecido — na realidade, era o chefe de polícia Rynders, do Porto de Nova York.[13] E entre Gaulden e Rynders estava outro rosto familiar: "A noite passada o coronel Gaulden fez uma festa para levantar fundos e a multidão, ou boa parte dela, pareceu deliciar-se com o desempenho", informou o *Savannah Republican*. "O *capitão Corrie,* do *Wanderer,* ao seu lado enquanto ele falava, parecia enfeitiçado pelo discurso."[14]

No quinto dia da convenção, no fim da tarde, enquanto a chuva fustigava lá fora, Yansey levantou-se e, sob estrondosos aplausos, subiu ao palco. Disse que o Sul fora à convenção defender seus direitos constitucionais. "É nossa a propriedade invadida; são nossas as instituições em risco", afirmou. "É nossa a paz que será destruída; é nossa a honra ameaçada — a honra de nossos filhos, a honra de nossas famílias, a vida, talvez, de todos — tudo isso repousa sobre aquilo que vosso curso talvez possa transformar num grande vulcão de paixão e crime, se puderdes consumar os vossos propósitos. Sede pacientes conosco, pois, se ficamos em pé firmemente sobre esse vulcão adormecido..." A oratória de Yancey fez os delegados sulistas se levantarem, gritando até ficarem roucos.[15]

Quando Yancey descia do palco, foi seguido pelo senador George E. Pugh de Ohio. Os comentários de Pugh eram matizados de sarcasmo e menosprezavam os temores sulistas. O Partido Democrata deve mesmo transformar-se no instrumento de centenas de milhares de senhores de escravos? perguntou, acerbamente. O Sul achava, realmente, que o Norte endossaria, por recomendação sua, a continuação e expansão da escravatura? "Senhores do Sul", declarou ele, causticamente.[16] "Os senhores nos interpretam mal — os senhores nos interpretam mal. Não faremos isto!"

A votação do programa democrata foi feita dias depois. Yancey já tirara a reabertura do comércio de escravos do código de escravos que propunha: era discutida com excesso de paixão, mesmo no Sul àquela época, e, decidiu ele, pragmaticamente, e seria melhor aguardar.[17] Mas a proposta de Yancey ainda exigia o reconhecimento oficial da escravidão como instituição nacional. Em vez disso, os delegados aprovaram um programa preparado pelos homens de Douglas — que não endossava a escravidão nacional e sugeria que a questão fosse submetida à Suprema Corte dos EUA.

Quando a votação final da última cláusula do relatório da minoria foi anunciada, e a presidência confirmou sua aprovação, a queda de um alfinete poderia ser ouvida na convenção. Disse um observador: "Cada homem, cada mulher, cada criança no vasto salão em que os delegados se reuniam pareciam conscientes de que uma grande crise começara, e que os próximos acontecimentos envolveriam os mais profundos interesses dos cidadãos americanos."[18]

O silêncio foi quebrado por Leroy Walker, do Alabama, o esquelético sulista que era assessor da confiança de Yancey. Em poucas palavras, Walker explicou que seus colegas no Sul não poderiam aceitar o programa, e que, nessas circunstâncias, a delegação do Alabama considerava seu dever retirar-se da convenção.

Mal Walker voltara à sua cadeira, William F. Barry, do Mississippi, levantou-se e declarou que seu estado também resolvera retirar-se.[19] Em seguida, o ex-governador da Louisiana anunciou que ele e seus delegados também iriam embora. Os presidentes das delegações da Carolina do Sul, da Flórida, do Arkansas e do Texas anunciaram que também deixariam a convenção. Os espectadores e outros delegados olhavam espantados. Lágrimas lhes escorriam pela face. Eles viam, diante de si, a União esfacelar-se.

Mas nem todos ficaram insatisfeitos. Aquela noite, Charleston comemorou loucamente. Houve foguetório, e bandas tocaram até altas horas. Para muitos cabeças-quentes sulistas, era o Dia da Independência, o dia em que sua revolução começara.

Charles Lamar estava satisfeito. Ele e seus primos Henry G. Lamar e John B. Lamar tinham ajudado a dividir o Partido Democrata na Geórgia, dissolvendo seus restos no feroz e secessionista Partido dos Direitos Sulistas.[20] "Teremos a desunião, certamente, se Lincoln for eleito!", escreveu Lamar, agitado, ao pai. "Espero que Lincoln seja eleito — *eu quero a dissolução* — e acho que contribuí para isso mais do que qualquer outro homem do Sul", acrescentou, jactancioso.[21]

19

O JULGAMENTO DE LAMAR

POUCOS DIAS após a convenção de Charleston, Lamar estava de volta a Savannah, sentado no banco dos réus do tribunal federal, com ar aborrecido, palitando os dentes, e saudando os conhecidos. Não era o único réu no tribunal aquele dia. Henry du Bignon, Richard Aiken, Nelson Trowbridge e John Tucker também estavam ali. Todos eram acusados de posse ilegal dos africanos que desembarcaram em Jekyll.

Lamar não estava particularmente preocupado. Afinal, Brown, Rajesta e Arguirir tinham sido absolvidos. Quem, em Savannah, teria coragem de testemunhar contra Charles Lamar?

Era esse o desafio que enfrentava Hamilton Couper, o promotor federal do caso. Couper, de trinta anos, tinha uma ligação particular com Lamar. Seu pai, James Hamilton Couper, estava no *Pulaski* com a família Lamar, e, como Charles e Gazaway, foi um dos poucos sobreviventes.[1]

A primeira testemunha de Couper era John Boston, o inspetor da alfândega de Savannah. Boston desafiara Lamar dois anos antes, recusando-se a conceder-lhe autorização para o *Rawlins*. Agora o inspetor da alfândega comportava-se com humildade. Boston alguma vez ouvira Lamar fazer comentários sobre o tráfico de escravos africanos?, perguntou Couper. Boston respondeu que não queria dizer nada que "não pudesse identificar com perfeita clareza". Couper fez mais algumas perguntas; Boston deu respostas evasivas, notando que "lamentava ter qualquer coisa a ver com este assunto". Como testemunha, Boston era imprestável.

Em seguida veio Van Horn, o carcereiro surrado por Lamar. No calor daquela briga, perguntou Couper, Lamar mencionara que era dono do *Wanderer*, ou dos africanos? Van Horn contorceu-se na cadeira e finalmente disse que não conseguia lembrar muita coisa do incidente, além de que Lamar lhe pedira desculpas algum tempo depois. "Foi uma espécie de pedido de desculpas", explicou Van Horn. "Do tipo que ele costuma fazer."[2]

Couper chamou outras testemunhas ao banco das testemunhas, e elas se mostraram igualmente desinteressadas. Couper percebeu que era uma causa perdida. "Perseverar nessa acusação, estou convencido, é completamente inútil", disse ele num telegrama ao procurador-geral Black, pedindo permissão para propor uma *nolle prosequi* (permissão para não processar), em todos os casos restantes. A permissão foi dada: em 28 de maio de 1860, às 5 horas da tarde, o caso federal contra Charles Lamar e seus amigos foi encerrado.[3]

Com a liberação, champanhe correu certamente em festas privadas, mas não houve comemoração pública. "A conclusão brusca desses julgamentos era assunto de muitos comentários nas ruas", observou o *Savannah Republican*. "Mas em vista dos distúrbios que causaram em nossa comunidade — jogando amigos contra amigos, sem esperança alguma de condenação final — achamos que todos ficaram satisfeitos com o resultado." O jornal acrescentou: "Se é para haver importação de africanos, esperamos em Deus que nenhum deles seja desembarcado nas costas da Geórgia."

Enquanto isso, o procurador-geral Black fazia um último esforço para pôr as mãos em Corrie. Seguindo instruções do presidente Buchanan, ordenou a Magrath que pusesse uma *nolle prosequi* no caso. Com essa estratégia, imaginava-se que Corrie, solto na Carolina do Sul, iria se mudar para a Geórgia. Mais uma vez Magrath desobedeceu. O presidente dos EUA podia ordenar que uma *nolle prosequi encerrasse* um caso, explicou Magrath em sua decisão, mas nenhum precedente autorizava o mais alto executivo do país a emitir uma *nolle prosequi transferindo* um caso de jurisdição. Em outras palavras, Senhor Presidente, não. Corrie permaneceria em Charleston.

Isso não era tudo, disse Magrath. "Sempre achei, e o mais cuidadoso exame fortaleceu minha convicção, que existe uma interpretação errônea da Lei do Congresso de 15 de maio de 1820", escreveu ele. Havia dois problemas, disse. Primeiro, a Lei de 1820 não menciona tráfico de escravo *pelo nome* como pirataria. Segundo, ainda que a Lei de 1820 fosse aplicável, ela proíbe a importação de pessoas *livres*. Mas africanos, enjaulados num barracão à espera de transporte, são livres? Magrath escreveu que seria muito difícil comprovar tal suposição.[4]

Para horror de muitos nortistas, Magrath jogava claramente com a carta da anulação criada por John C. Calhoun trinta anos antes. Corrie "desfila pelas ruas de Charleston sob o carinho e os aplausos de milhares", rugiu o senador Henry Wilson, de Massachusetts, "protegido do destino cruel de um criminoso pela monstruosa perversão das leis perpetrada por um juiz desleal e perjuro".[5]

Além disso, a decisão de Magrath confirmava o abismo cada vez maior que separava o Norte do Sul: enquanto a imprensa nortista condenava Magrath sem piedade, nenhum jornal sulista censurou a decisão de Magrath. O *Savannah Daily Morning News* até achou um jeito de aplaudir: "A decisão do juiz certamente dá crédito à magistratura, cuja independência confirma, e a ele próprio, pela habilidade que demonstra."[6] Os britânicos também seguiam de perto os procedimentos. O cônsul britânico Bunch observou que a anulação da lei federal por Magrath era claro sinal de rompimento dos vínculos que uniam os Estados Unidos.[7]

Mas com os calcanhares de Magrath firmemente enterrados no chão, Buchanan e Black se deram conta de que o caso estava encerrado. Novos esforços de sua parte apenas agravariam a tensão regional. Quando James Conner, o procurador dos EUA em Charleston que levava o caso a juízo, telegrafou a Black pedindo instruções, não houve resposta. Interpretando o silêncio de Black como sinal de que o procurador-geral desistira, Conner registrou o acontecido, livrando-se de futuras responsabilidades. Depois dissolveu o grande júri. Isso foi tudo. Corrie, o cavalheiro sulista de fala macia, estava livre.

Ainda havia um conspirador cujo destino fora resolvido: J. Egbert Farnum. Enquanto toda a atividade se concentrara nos conspiradores do Sul, Farnum fora deixado livre, freqüentando seus restaurantes favoritos em Nova York e encontrando-se com seus amigos lobistas de Washington. Henry Jackson tentou convencer as autoridades de Nova York a prendê-lo, mas elas se recusaram. Transtornado, Jackson foi ao presidente Buchanan e Buchanan, por sua vez, concedeu a Jackson autoridade para cuidar de Farnum.[8]

Jackson chamou para prendê-lo ninguém menos do que Isaiah Rynders, o policial que liberara o *Wanderer* no porto de Nova York. Rynders prendeu Farnum no ponto de encontro favorito de Farnum, o St. Nicholas Hotel em Manhattan, e o levou à presença do juiz Samuel Rossiter Betts. Betts assinou um mandado de extradição e despachou Farnum de volta para Savannah, algemado, em 10 de dezembro de 1859.

Desta vez Lamar e seus cúmplices estavam enrascados. Corriam boatos de que Farnum se dispusera a ser testemunha do estado por US$ 7 mil mais imunidade. Farnum era, de fato, boquirroto. Não só contava vantagens sobre o *Wanderer* para os jornais, mas também, tudo indicava, tinha contado toda a história para Edwin Ward Moore, antigo comandante da Marinha da República do Texas.

Em abril, Farnum foi a julgamento em Savannah, sob a acusação federal de pirataria. As testemunhas de sempre foram trazidas de volta, falando o mínimo possível — e então veio o Comandante Moore, astro entre as testemunhas, se assim se pode dizer. Calvo e ereto, indiferente às intimidações de Charles Lamar, Moore transmitiu ao júri todos os detalhes da história que Farnum lhe contara. Na manhã de 27 de maio, o caso contra Farnum foi encerrado. As perspectivas de condenação pareciam ótimas.

Mas outra vez Lamar tentou resolver o assunto à sua maneira. Em 1º de maio, o segundo carcereiro Peter Luddy acabara de trancafiar Farnum em sua cela para passar a noite e voltava para seu lugar quando Lamar e sete ou oito amigos (incluindo o prefeito de Brunswick, Carey Styles, que depois fundaria o *Atlanta Constitution*) abordaram-no no corredor. "Caro Peter, queremos as chaves", disse um deles, amigavelmente. De início, Luddy achou que fosse brincadeira, e só percebeu que estava enganado quando os viu sacarem seus revólveres. Um dos homens tentou tomar as chaves, e houve luta. O colarinho de Luddy rasgou-se e seu bolso foi arrancado. Logo que Farnum foi retirado, o grupo correu para Pulaski House, o melhor hotel da cidade, na esquina das ruas Bull e Bryan.

Divertiam-se ali quando, por volta das 9 horas da noite, o procurador dos EUA Couper apareceu por acaso. Ouvindo o barulho, Couper foi buscar ajuda, voltando em poucos minutos com Luddy, um vice-chefe de polícia e alguns amigos. Invadindo o quarto de revólveres em punho, Couper e os outros anunciaram que estavam ali para prender Farnum. O pessoal de Lamar puxou seus revólveres. Styles disse a Couper que tirasse as mãos de Farnum. Couper respondeu que ia levar o preso. Sangue estava em vias de ser derramado. Então alguém sugeriu que a prisão fosse adiada até de manhã. Couper, em desvantagem numérica, concordou. Na manhã seguinte, entretanto, Couper não encontrou Farnum na cadeia e mandou espalhar a notícia de que, se Farnum não voltasse logo, sua liberdade sob fiança seria cancelada. Pouco depois das duas da tarde, Farnum reapareceu e foi posto de novo em sua cela.[9]

Foi uma noite memorável na cidade, mas, mais importante, uma noite instrutiva para Farnum, que aprendeu quem era que mandava em Savannah, e o que o esperava se testemunhasse contra Charles Lamar.

Lamar voltou a atacar em 22 de maio, quando Moore, sozinho, descia as escadas do tribunal depois de testemunhar.

"Comodoro Moore", disse Lamar, interceptando-o. "Meu amigo Farnum diz que seu testemunho, do começo ao fim, é uma ——— — mentira, e eu concordo com o que ele diz." A multidão que costumava acompanhar Lamar cercou Moore, rosnando seu apoio. Moore, olhando friamente para Lamar, pegou seu caderno de notas e perguntou a Lamar: "O senhor quer ter a gentileza de me dizer seu nome?"

Lamar respondeu, agitadíssimo: "Meu nome é C. A. L. Lamar, e este é o melhor lugar para resolvermos esta dificuldade."

"Não, este não é o melhor lugar para resolvermos esta dificuldade", respondeu Moore calmamente. "Você está armado, eu não estou. Você está cercado de amigos e eu não tenho nenhum amigo aqui." E olhou firme para Lamar. "Mas pode ter certeza de que esta dificuldade será resolvida da maneira mais satisfatória possível."

Moore sugeriu então que alguém da multidão, que concordasse com os sentimentos de Lamar, desse seu nome também. Um repórter do *Savannah Daily Morning News* estava presente e informou: "Houve um silêncio mortal."

Nesse momento Joseph Ganahl desceu as escadas e correu para Moore. "Comodoro, mostre a essas pessoas que o senhor está pronto para apagar qualquer um e elas o deixarão em paz." Foi o que fez Moore, desafiando Lamar para um duelo.[10]

Ao amanhecer, quando a neblina se dissipava em Screven's Ferry, o lugar na Carolina do Sul, do outro lado do rio Savannah, onde a honra era tradicionalmente restaurada, Lamar e Moore se encontraram. O promotor dos EUA Hamilton Couper era o padrinho de Moore, e o advogado de defesa John Owens, o padrinho de Lamar. Um cirurgião acompanhava o grupo e, como de hábito, recebeu ordens para virar-se de costas para não ver o que, afinal de contas, era um ato criminoso.

As pistolas foram tiradas de suas caixas de pau-rosa onde estavam guardadas. Pólvora e balas de chumbo foram enfiadas pelos canos. Os padrinhos tomaram posição. Moore, excelente atirador, disse que não ia matar Lamar — pois Lamar era primo de Mirabeau Lamar, ex-presidente da República do Texas — apenas enfiar-lhe uma bala no ombro direito. Lamar não propôs nada parecido a Moore.

Os dois homens deram seus doze passos. Depois se viraram, um de frente para o outro. Moore atirou primeiro. Com a explosão, os olhos de Lamar se arregalaram. Disparou sua pistola, o tiro desviando-se amplamente do seu curso. Quando a fumaça se desfez, Lamar deu um passo instável para a frente. Não fora atingido, mas Moore estava embasbacado. Lançou um olhar espantado para sua pistola. E percebeu o erro: seu padrinho se esquecera de colocar a vareta de volta em seu lugar embaixo do cano, o que deixara a pistola mais leve e fizera a bala passar por cima do ombro de Lamar, 2 centímetros acima do que ele pretendera.

Quando os padrinhos correram para propor uma solução amigável, como o exigia a tradição, Owens primeiro pediu desculpas a Moore pela má pontaria de Lamar. Lamar, revoltado, interrompeu a conversa para dizer que sua intenção tinha sido errar o alvo. Apesar disso, Lamar de certa maneira pediu desculpas — dizendo que suas palavras tinham sido pronunciadas num momento de agitação e equívoco, e que retirava o que dissera e se arrependia de ter dito. Estendeu a mão e Moore apertou-a. Mas o comodoro merecia ficar com a última palavra, e ficou: "É um homem de sorte, sr. Lamar", disse More, mostrando a arma. "Esta vareta não estava na minha pistola."

Mas a batalha do tribunal ainda não estava resolvida. Lamar contratara o advogado S. Yates Levy para defender Farnum.[11] Levy percebeu que não podia contestar a prova apresentada por Moore, e mudou de tática: Levy disse aos jurados que a Constituição dos EUA não tinha o poder de punir crimes, exceto nos casos especificamente designados pelo Congresso. E mesmo em tais casos, a natureza das penas deveria ser interpretada *estritamente*.

Yates explicou ao júri que se a escravidão nos estados fosse reconhecida pela Constituição — e com certeza o era — então a Constituição com certeza deveria reconhecê-la *lá* — no Congo. Se reconhecia a escravidão aqui, e a escravidão lá, escravos deveriam ser reconhecidos nos dois casos da mesma forma, como simples propriedade. Portanto, disse Levy, "a propriedade dos negros, pacífica e legalmente adquirida, seja neste país ou em qualquer parte onde a escravidão seja reconhecida, é tida apenas como bens móveis... na ausência desses direitos, portanto eles estão na mesma situação do fardo de sedas, da caixa de sapatos, e seria absurdo decretar que a introdução de tais bens neste país é crime".

No fim do julgamento, em 4 de junho, o juiz Wayne proferiu outra instrução apaixonada aos jurados, recordando-lhes os horrores do tráfico de escravos africanos, e a contribuição de sulistas para a sua proibição.

O júri deliberou durante trinta horas, e saiu dividido (segundo um cálculo posterior, dez a dois, pela absolvição). Com o país rapidamente afundando na guerra civil, tentar outro julgamento seria inútil. No dia seguinte, o juiz Wayne dissolveu o grande júri. Farnum foi solto.

Em todo o episódio do *Wanderer*, só uma acusação vingou. Lamar foi condenado, junto com Styles e dois outros amigos, por tirar Farnum da cadeia. O grupo recebeu multas de US$ 250 e pena de trinta dias de prisão, que Lamar deu um jeito de cumprir em casa.[12]

Quando um congressista não identificado tentou alfinetar Lamar, enviando-lhe uma carta com o endereço *NA CADEIA,* Lamar disparou uma resposta furiosa ao senador Lucius Q. C. Lamar, do Mississippi, outro primo ilustre, pedindo-lhe que providenciasse um duelo. "*Não* estou na cadeia", escreveu Lamar, "e o maldito governo não tem o poder de me botar ou me manter na cadeia. Estou em meus próprios aposentos, em meu escritório, e vou para casa à noite, e vivo como um galo de briga, à custa do governo; pois de saída notificamos o chefe de polícia que, se não nos suprisse, não ficaríamos com ele, e romperíamos qualquer ligação que existisse ou pudesse existir entre nós".[13]

Lamar escreveu, em seguida, palavras proféticas: "Posso dar uma surra no governo quando quer que ele levante a questão, a não ser que arranje alguns regimentos a mais." Foi uma bazófia que ele logo teria oportunidade de pôr à prova.

Em 20 de novembro de 1860, os legisladores da Geórgia decidiram "que a eleição de Abraham Lincoln... não deve ser aceita", e "sugerimos, respeitosamente, à assembléia legislativa que tome medidas para armar e organizar a milícia do estado." Poucos dias depois da eleição de Lincoln, Lamar escreveu uma carta para o pai. "Não concordo com o senhor sobre o modo e a forma de agir; precisamos partir imediatamente", escreveu ele em 26 de novembro de 1860. "Por dez anos pedimos aos estados abolicionistas que rejeitassem suas leis. Oponho-me a novos pedidos — tomariam muito tempo, e nos forçariam a viver pelo menos por algum tempo sob o governo de Lincoln, o que não farei."[14]

Mas na Geórgia nem todos concordavam com os sentimentos de Lamar. Muitos cidadãos, particularmente no norte e no centro da Geórgia, não estavam dispostos a lutar pela separação só porque um presidente republicano fora eleito.[15] "Não pretendemos nos submeter à decisão do movimento secessionista, tirada das mãos do Povo e posta nas mãos de Demagogos e pessoas que buscam cargos, batedores de carteira e vagabundos que andam pelas cidades...", disse um líder do montanhoso norte da Geórgia, avisando que tinha 2.500 voluntários "dispostos, como nunca vi a rapaziada das montanhas", a usar "a ponta da baioneta e a boca do mosquetão" para permanecer na União. "O povo de Cherokee quer permanecer na União", prosseguiu ele, "por isso espero que nos deixem em paz, e cuidaremos de nós mesmos, permanecendo na União."

A perspectiva de uma guerra civil dentro da Geórgia, e provavelmente no Sul, não incomodava Lamar. "Se a Geórgia não agir logo, nós, os militares de Savannah, a levaremos à Revolução, e teremos o apoio dos Minute Man em todo o estado", escreveu ao pai. "Não nos importa o que o mundo ache. Sabemos que estamos certos, e vamos agir, sejam quais forem as conseqüências."[16]

De fato, muitos jovens do Sul eram vistos usando fita azul no chapéu — que os identificava como secessionistas. Outros usavam chapéus pretos envernizados com as letras M. M. — Minute Man — adornadas em vermelho. Os que resistiam à secessão eram chamados de submissionistas, abolicionistas e lincolnitas.[17] "Estamos no meio de uma revolução", escreveu o procurador-geral Black, com tristeza. "Não adianta discutir agora as causas que a produziram, ou se é boa ou ruim..."[18]

Um a um, os líderes moderados do Sul — que tinham defendido a União em face do separatismo radical — foram tragados pelo incêndio: Howell Cobb; o prefeito de Savannah Charles C. Jones; Henry R. Jackson; George Mason, da Virgínia; Jefferson Davis, do Mississippi; James Hammond, da Carolina do Sul; Judah Benjamin, da Louisiana; Robert E. Lee, entre outros.[19]

Até Gazaway Lamar, apesar de suas posições iniciais em favor da União, agora era secessionista. Suas primeiras providências foram despachar milhares de mosquetes para o Sul e começar a financiar a nova confederação intermediando a venda de milhões em títulos confederados para investidores de Nova York.

Em 20 de dezembro de 1860, a Carolina do Sul decidiu, pelo voto, retirar-se da União. Duas semanas depois, delegados da Geórgia se reuniram para decidir se a Geórgia deveria ou não permanecer. No dia seguinte, o governador Brown, da Geórgia, anunciou que a secessão fora aprovada "esmagadoramente". Posteriormente, admitiu que a vitória tinha sido apertada — 50.243 votos pela secessão e 37.123 contra. Uma análise mais recente calcula o número de votos contra entre 42.744 e 41.717. Com base em cerca de mil votos, portanto, alguns provavelmente fraudados, a "Geórgia" deixou a União.[20]

O canhão da praça do Capitólio em Milledgeville disparou por volta das duas horas, assinalando a secessão da Geórgia. Comemorações tomaram conta do estado inteiro. Logo as orgulhosas milícias de Savannah — a Artilharia Chatham, os Guardas Voluntários de Savannah, os Republican Blues, os Hussardos da Geórgia, os Irlandeses Verdes de Jasper, os Voluntários Alemães, a Infantaria Ligeira de Oglethorpe, os Guardas DeKalb, e outras unidades — marcharam para a guerra. "Discutíamos com eles [os cabeças-quentes] *naquela época* por acharmos que a causa destruiria a União", disse, ansiosamente, o *Augusta Daily Constitutionalist*. "Agora somos gratos a eles por isso ter acontecido."[21]

À espera dos combatentes da Geórgia, é claro, estavam Manassas, Richmond, Sharpsburg, Fredericksburg, Gettysburg, e Wilderness, Murfreesboro, Chicamauga, Kennesaw, Atlanta, Franklin, Nashville e Columbus, batalhas que lhes custariam até a última gota de sangue.

20

O WANDERER

EM 24 de dezembro de 1860, duas semanas depois que o corpo de John Brown foi sepultado em North Elba, Nova York, o *Wanderer* apareceu inesperadamente em Boston, Massachusetts. Estava rasgado e surrado. Disse o *Boston Traveller*:

> *Como esse navio é a maravilha da época — representante de um grande princípio, o princípio da restauração do tráfico de escravos —, tudo que lhe diz respeito desperta o interesse. Agora está parado no lado sul de Union Wharf, com velas descansando, mastaréu dianteiro para baixo e gurapés desarmado, aos cuidados de dois homens que o protegem, em vigília permanente, repelindo todos que tentem subir a bordo. Ontem e hoje foi visitado por multidões de todas as classes, dos endinheirados aos sem dinheiro, e multidões provavelmente o visitarão amanhã e depois de amanhã...*[1]

Para traçar a trajetória do *Wanderer* até Boston, deve-se continuar a partir de Santa Cruz, onde ele escapara da fúria dos comerciantes. Quando se viu no mar, o notório capitão Martin ordenou à tripulação que rumasse para a costa dos escravos da África. Tinha planos para sua amante enjoada, Anna Felice, que continuava a bordo, e sua amiga Mariana José, mas não muito agradáveis: quando chegassem à África, ele trocaria as damas por escravos — cada uma por cem africanos.

Dez dias de uma difícil viagem e o *Wanderer* chegara a Port de Lago, na Ilha da Madeira. Ali, Martin avistou um navio de guerra britânico, e temendo uma abordagem partiu de novo para alto-mar. Mas àquela altura a tripulação estava pronta para se amotinar. Só precisava de uma oportunidade, e a encontrou no fim de novembro, ao avistar um navio francês, o *Jeannie*, de Marselha. Martin disparou uma carga de metralha, para despertá-lo.

Enquanto Martin e outros tripulantes remavam para o *Jeannie*, o imediato a bordo do *Wanderer* exclamou: "Rapazes, vou levar este navio de volta para os Estados Unidos. Vão comigo?" Os tripulantes gritaram: "Vamos", a vela de traquete foi içada, e eles partiram. Ao passar pelo *Jeannie*, viram o capitão Martin no estai dianteiro, xingando e agitando os punhos furiosamente para eles.[2]

Vestidos de trapos, os homens quase morreram congelados durante a travessia do Atlântico. Mas o *Wanderer* chegou a Fire Island, depois pulou em direção norte para Gay Head, em seguida para Tarpaulin Cove, e finalmente alcançaram Union Wharf em Boston — onde imediatamente atraiu uma multidão de curiosos. O chefe de polícia imediatamente apreendeu o *Wanderer*, e apesar dos heróicos esforços da tripulação para se libertar, os tripulantes — e até as damas — passaram o Natal na cadeia.

Nos meses seguintes, Charles e Gazaway travaram uma batalha judicial com o governo pela devolução do *Wanderer*. Finalmente, ao submeter títulos no valor pelo qual foi avaliado o castigado iate (US$ 5.940), os Lamars tiveram autorização para levá-lo de volta para Savannah. No ano seguinte, Lamar mandou o *Wanderer* para Havana, com Nelson Trowbridge encarregado de achar um comprador.[3] Ninguém se manifestou, mas, na primavera de 1861, apareceu um comprador em Nova Orleans.

A caminho de Nova Orleans, o novo comandante do iate parou em Key West. Ali, o barco foi visto e detido pela Marinha dos EUA.

"Senhor", dizia a mensagem do funcionário da União a bordo do iate para o secretário da Marinha, "tenho a honra de informar-lhe que o notório *Wanderer* chegou a este porto em 5 de abril, proveniente de Havana." E continuou: "... armado com um longo canhão de 24 libras e com uma tripulação de 25 homens, este navio pode ser terrivelmente destruidor para nossa marinha mercante nas Antilhas, e houve uma grande sensação de alívio entre os capitães de navio em Havana quando se soube que eu apreendera o *Wanderer*."

Disse ainda: "Apesar de ciente de não ter base jurídica para deter o navio, achei que seria injusto permitir que escapasse e fosse parar nas mãos dos rebeldes, e a única forma de impedir que isso aconteça é o governo dos EUA se tornar comprador..." Em vez de pagar por ele, entretanto, o governo simplesmente confiscou o *Wanderer*, transformando-o numa canhoneira da União. Nessa condição, atribui-se-lhe a captura de duas escunas e duas chalupas durante a Guerra Civil. Depois da guerra, o governo leiloou-o em Key West.

O novo dono era um capitão do Maine, que mandou seu corpo surrado subir e descer a costa nordeste, conduzindo carga. Deteriorando-se rapidamente, caiu nas mãos de um capitão que o usou no transporte de limão e coco — encalhando-o durante uma tempestade. O *Wanderer* foi consertado e vendido para S. S. Scattergood, da Filadélfia, passando a carregar frutas entre Filadélfia e as Antilhas. Em janeiro de 1871, fez sua última viagem de cruzeiro, aportando, durante uma brutal ventania, em cabo Maisi, no extremo leste de Cuba. Ali, depois de uma existência mais controvertida do que o capitão Rowland jamais poderia ter imaginado quando o criou, o *Wanderer* afundou ignominiosamente, acomodando seus ossos para sempre na areia. Apesar de rumores de outros contrabandos de escravos persistirem até a época da Guerra Civil, nunca se comprovou que fossem verdadeiros. O *Wanderer* continua sendo o último caso confirmado de carregamento de cativos africanos para os Estados Unidos.[4]

Farnum logo se retirou para o Norte, depois da viagem do *Wanderer*. Antes que Farnum fosse levado de volta para julgamento, o secessionista Edmund Ruffin encontrou-se com ele fora no Senado dos EUA.

Farnum disse que tinha sido preso e estava indo para Savannah a fim de ser julgado como pirata. "Parecia animado", comentou Ruffin, "e mostrou-se confiante de que não seria enforcado em Savannah — com o que concordei."[5]

Logo que o julgamento terminou, Farnum voltou para o Norte, entregando-se às travessuras de sempre. Poucos meses depois o *New York Times* informou que Farnum "chamou a atenção num bar do Hotel St. Nicholas, ao sacar uma pistola contra um hóspede, que também sacou a sua. Muitas pessoas presentes queriam ver 'até onde ia a brincadeira', como disseram, e alguns atiraram objetos nos policiais. Enquanto isso, no meio da confusão, Farnum deu um jeito de escapar".[6]

Quando veio a guerra, Farnum serviu no exército da União, comandando um regimento em Fredericksburg. Elevado à patente de coronel, assumiu o comando de uma brigada em Chancellorsville e lutou em Gettysburg.[7] Em 1866, foi promovido, sem remuneração, ao posto de general-de-brigada por seus serviços na guerra e, ironicamente, levando-se em conta seu envolvimento como escravista, tornou-se inspetor do despudoradamente corrupto porto de Nova York — e foi elevado ao lucrativo cargo de inspetor da Alfândega da cidade de Nova York. Ao morrer, em 1870, com 47 anos, um regimento de zuavos da guarda nacional, resplendentes com seus chapéus vermelhos, calças vermelhas e casacos de cerimônia, carregou o caixão coberto de coroas, a partir de sua casa na rua Stuyvesant. Quatro cavalos brancos puxaram o carro fúnebre pela cidade até o cemitério de Greenwich, no Brooklyn, onde a banda de Governor's Island esperava o sinal para tocar a música fúnebre apropriada.

Logo que a Carolina do Sul separou-se da União, Leonidas Spratt foi despachado para a Flórida como "embaixador da secessão" da Carolina do Sul, pronunciando um discurso tão feroz e fundamentado — em que proclamava o Sul uma república escravista — que os delegados aplaudiram e votaram pela saída da Flórida da União. Mais tarde, como "correspondente especial" do *Charleston Mercury*, Spratt enviou notas enaltecedoras da Batalha de Manassas. Depois foi nomeado procurador da Justiça Militar do Estado-Maior do general Longstreet.

Passada a guerra, Spratt ganhou a vida discretamente como advogado em Charleston e Richmond, reservando sua eloqüência para temas como "A Dívida da Cidade de Charleston" e "A Ferrovia de Blue Ridge". Passou os últimos anos em sua casa, na avenida Talleyrand, em Jacksonville, Flórida, onde, no fim, raramente saía do quarto. Ali, uma tarde, seus sonhos de uma república escravista morreram com ele.[8]

Em 5 de outubro de 1903, o obituário de Spratt apareceu nas páginas internas do *Florida Times-Union,* enfiado, obscuramente, entre anúncios de Lustrador de Prata Gorham e de Ferragens Baird's. Só o autor do obituário parecia impressionado, pois seu discurso fúnebre soava como se estivesse executando o toque de silêncio por uma causa definitivamente perdida. "Pacificamente", escreveu ele, "como alguém que cai num sono reparador depois de cumprir suas tarefas, o fim chegou ontem para a longa e frutífera carreira do coronel Leonidas William Spratt, um dos cidadãos mais importantes de Jacksonville e sulista distinto que ocupará sempre um lugar de honra na história de seus estados nativo e adotado... O coronel Spratt pertencia àquela classe característica, cujas virtudes são cada vez mais veneradas pela geração moderna — a do cavalheiro sulista da velha escola. Em cortesia, fino humor e elevado senso de honra e nobreza, concretizou esse ideal."

William Corrie também parece ter desaparecido nas brumas da história. Não há registro de serviço militar prestado por ele durante a Guerra Civil. Depois do conflito, entretanto, Corrie voltou para Charleston, mas numa condição aparentemente transitória: em 1866, viveu no Hotel Charleston; em 1867 e 1868, mudou-se para o Hotel Pavilion; em 1869, para uma residência na rua Meeting, número 53. Em 1870, inchado, vomitando e ainda bebendo muito, morreu no Hotel Mills House, de insuficiência renal. Tinha 52 anos.[9]

Muitos anos depois dos julgamentos do *Wanderer,* Henry Rootes Jackson, que depois da guerra voltara a advogar, escreveria: "Nenhum morador de Savannah pode ter esquecido que aquele foi um período de peculiar arrebatamento, nem os trabalhos que teve, e o quanto se expôs pessoalmente, o promotor público, o sr. Ganahl, em quem o governo teve o mais bravo dos homens, e o mais eficiente e incansável dos servidores."

Apesar disso, Ganahl demitiu-se do governo dos EUA depois da absolvição de Brown, Arguirir e Rajesta, aparentemente abalado com o que lhe pareceu um grosseiro fracasso da justiça. Mudou-se com a família para Augusta em 1860 e, quando veio a guerra, serviu como cirurgião e foi elevado ao posto de major. Depois disso, voltou a advogar em Augusta.

Amigos costumavam insistir com Ganahl para que tentasse um cargo mais alto, mas cercado da mulher e de cinco filhos, e de reconhecimento, como disse um jornal de Augusta, "pela vigorosa ação no célebre caso do *Wanderer*", ele estava satisfeito com o anonimato. De vez em quando, a justa indignação que se apossara dele durante o julgamento do *Wanderer* vinha à superfície. Em 1880, por exemplo, pronunciou-se contra o ex-governador da Geórgia, Joseph E. Brown, destacado cabeça-quente antes da guerra e, depois da guerra, amigo sincero dos *carpetbaggers* — oportunistas e aventureiros nortistas da reconstrução sulista —, que tinham ido para o Sul movidos pela sede de explorar. Ganahl, num discurso que expunha a desprezível hipocrisia de Brown, comentou: "Ele nos obrigou a beber a taça amarga da humilhação, e a bebemos até a última gota." Ganahl morreu em Augusta em 8 de setembro de 1900.[10]

Quando veio a guerra, Charles Lamar organizou sua própria unidade militar — "os Lamar Rangers" (posteriormente chamada de Sétimo Batalhão de Infantaria da Geórgia e, finalmente, Infantaria da Geórgia).[11] Os homens de Lamar o elegeram tenente-coronel e ele comandou as defesas em Jekyll Island. Seis meses depois, entretanto, passou o comando para seu velho amigo Carey Styles e juntou-se ao pai e ao governador da Geórgia Joe Brown para ganhar dinheiro furando o bloqueio naval da costa do Sul do país. Lamar sobressaiu-se nesse negócio, e logo tinha cinco vapores operando nas linhas ianques. Em 14 de dezembro de 1863, achava-se a bordo de um vapor que naufragou perto de Wilmington, e mais uma vez quase morreu no mar.

Quando Sherman capturou Savannah, as atividades de Lamar no bloqueio cessaram, e ele voltou à luta, retornando ao campo de batalha como coronel do 25º Regimento de Cavalaria da Geórgia. Seu comandante não era outro senão o velho inimigo Howell Cobb, que agora usava as listras de general confederado (Henry Rootes Jackson também lutava ali perto, como general-de-brigada do exército confederado).

Em 16 de abril de 1865, tropas unionistas e confederadas se enfrentaram nas matas dos arredores de Columbus, Geórgia. A guerra tinha terminado oito dias antes — Lee já se rendera a Grant em Appomattox. Rumores sobre a paz se tinham espalhado entre as tropas na Geórgia, mas muitos ainda se agarravam à causa. Agora travavam uma furiosa batalha noturna, os rostos iluminados pelos clarões azuis da artilharia. Em algum lugar no meio da batalha estavam o general Cobb e o coronel Charles Lamar. Quando os rebeldes se retiraram pelo rio Chattahoochee, os ianques caíram sobre eles. Cobb e cerca de seiscentos confederados recuaram para Macon, onde se renderam três dias depois. Mas Lamar não chegou com eles.

"Querido irmão", escreveu tia Rebecca, que sobrevivera ao naufrágio do *Polaski*, a Gazaway Lamar em 1º de maio de 1865:

> *Você saberá, antes de receber esta carta, da morte prematura do nosso querido Charlie. Ele tomara parte na defesa de Columbus e comportara-se galantemente. Mas depois da retirada separou-se dos amigos, recebeu ordem para se render, que cumpriu, e para depor armas, o que fez. Depois lhe pediram que entregasse a arma que usava no cinto, e ele acabara de responder que não usava arma alguma quando um camarada estúpido disparou uma pistola nas proximidades. O ianque, que trazia a sua já engatilhada, supondo que Charlie tivesse disparado, matou-o com um tiro.*[12]

"Foi-se a flor da família", disse Gazaway, dolorosamente.[13] O velho estava preso. Tinha ajudado o governador da Geórgia a comprar dez mil mosquetes que foram despachados para o Sul. Imprimira milhões de dólares em títulos da confederação. Organizara e dirigia uma operação para furar o bloqueio. Em 1º de maio de 1865, duas semanas depois do assassinato de Lincoln, soldados da União invadiram sua casa em Savannah, apreenderam seus livros e registros e o levaram acorrentado. Agora ocupava uma cela da Old Capitol Prison em Washington, suspeito do assassinato de Lincoln (de que nunca foi acusado e acabou sendo solto).

"Minha saúde está arrasada e eu talvez não a veja mais", escreveu Gazaway a Rebecca, "mas espero que possamos nos encontrar onde os ianques deixem de nos perturbar, e onde repousam os cansados."

Rebecca escreveu que Charles Lamar tinha sido morto sem ter uma arma no cinto. Mas será que Lamar teria morrido de forma tão desonrosa? Será que voluntariamente jogaria seu amado revólver Adams 44 — com *C. A. L. Lamar* circulando o cano em letras corridas — na lama vermelha da Geórgia? Parece improvável, incaracterístico.

De fato, era: em 12 de novembro de 1891, uma manchete do *Savannah Morning News* dizia: "MORRE A SENHORA C. A. L. LAMAR". Observou o jornal: "Ela foi casada com um dos homens mais conhecidos de Savannah em sua época — C. A. L. Lamar... Ele estava em Columbus quando o general Wilson entrou na cidade e, por não querer render-se quando as tropas federais atravessaram a ponte do rio Chattahoochee, foi morto."

Não querer render-se. De fato, esse foi o verdadeiro fim de Charles Lamar. Depois da rendição em Appomattox, a maioria dos soldados rebeldes depusera suas armas. Gazaway Lamar, percebendo a inutilidade da luta, assinara um juramento de lealdade à União — e insistira com Charles para fazer o mesmo. Não Charles Augustus Lafayette Lamar. Quando os ianques afluíam pela ponte da rua Franklin para entrar em Columbus, o fantasma de John C. Calhoun esvoaçou sobre sua cabeça.[14]

"Em poucos minutos a luta já era corpo a corpo", disse posteriormente o soldado confederado Pope Barrow. "Um soldado da cavalaria federal, cujo cavalo tinha sido baleado, parou em frente de Nuvem Negra, o cavalo que o coronel Lamar montava, segurou o freio com a mão esquerda, ergueu uma carabina com a direita e ordenou a Lamar que se rendesse. Rápido como um raio, Lamar enfiou as esporas na barriga do cavalo e tentou atropelar o adversário. Nesse instante — quando o cavalo se levantou nas patas traseiras, precipitando-se sobre o soldado — ele disparou, e à explosão da carabina, Lamar caiu no chão, sem vida."

Um enxame de soldados com o uniforme azul da União seguiu o cavaleiro pela ponte. Enquanto avançavam, um deles curvou-se apressadamente sobre o corpo de Lamar, tirando-lhe o revólver e o relógio de ouro. Depois, o soldado continuou avançando, os olhos refletindo as chamas que já tomavam conta da cidade de Columbus. Charles Lamar foi posteriormente levado para casa e enterrado no cemitério de Laurel Grove, em Savannah.[15]

Em sua mensagem anual ao Congresso em 3 de dezembro de 1860, o presidente Buchanan tinha declarado: "É com grande satisfação que comunico o fato de que, desde minha última mensagem, nem um só escravo foi importado para os Estados Unidos em desobediência às leis que proíbem o tráfico de escravos africanos. Esta declaração baseia-se numa investigação e num exame exaustivos do assunto."[16]

Além disso, o presidente ordenara que a Esquadra Africana fosse consideravelmente reforçada. No inverno de 1860, o contingente na costa da África consistia de oito navios com 97 canhões e 11 morteiros, com outros quatro navios armados de 16 canhões e 9 morteiros perto de Cuba.[17]

Ainda assim, foi preciso que o governo de Lincoln desse o último golpe no tráfico de escravos. Em 10 de abril de 1862, Abraham Lincoln pediu ao Senado que ratificasse um tratado entre os Estados Unidos e a Grã-Bretanha. O tratado, assinalando o fracasso dos esforços para acabar com o tráfico de escravos, dava direitos recíprocos de busca e o direito de imediata condenação à vista de qualquer item suspeito.[18] Os britânicos ficaram satisfeitos, mas os americanos ainda se ressentiam do domínio britânico dos mares. O Senado aprovou a proposta de Lincoln, como exigido pela Constituição, mas a portas fechadas, numa sessão executiva. Nada vazou para a imprensa, ou mesmo para o *Congressional Globe*. Mas com essa resolução a Esquadra Africana recuperou sua força.

O governo Lincoln encerrou o tráfico de escravos em outros sentidos também. Estabeleceu tribunais especiais em Nova York, Serra Leoa e no cabo da Boa Esperança, sob autoridade de um juiz britânico e um americano, que poderiam condenar traficantes no ato e mandá-los para a prisão sem direito a recurso. Em 6 de novembro de 1861, o capitão Nathaniel Gordon, do navio negreiro *Erie*, foi levado a um desses tribunais em Nova York e condenado por pirataria. Um recurso ao presidente Lincoln foi indeferido, e três meses depois o homem, natural de Portland, Maine, foi enforcado. Gordon foi o primeiro — e único — americano a ser enforcado por tráfico de escravos pela lei de 1820.[19]

Lincoln ordenou ainda uma limpeza do porto de Nova York. Em seis meses, cinco navios foram apreendidos e quatro traficantes condenados, mais do que em qualquer outra época. Em 1859, o *New York Courier* pediu o afastamento do corrupto chefe de polícia Rynders, com base em sua conduta no caso do *Wanderer*. Rynders disse por escrito que era inocente e que o procurador-geral ordenara a liberação do barco. Em 1860, foi denunciado por um grande júri, sob acusação de suborno na liberação do navio negreiro *Storm King* do porto de Nova York. O caso desapareceu nos desvãos do sistema judicial da cidade, entretanto — "foi resolvido ou relegado a uma prateleira?", indagou o *New York Times* no ano seguinte — permitindo que Rynders voltasse a ser um homem livre.[20]

Depois da guerra, o governo espanhol, que estimulara o vigoroso tráfico de escravos de Cuba durante décadas, finalmente acabou com ele.[21] A medida foi puramente pragmática: tendo ido à guerra para acabar com a escravidão, os EUA não hesitariam em desmantelar a economia escravista de Cuba e ocupar a ilha. Foi a Proclamação de Emancipação, entretanto, que quebrou a espinha do tráfico de escravos na América, e a aprovação da Décima Terceira Emenda à Constituição dos EUA que finalmente acabou com ele para sempre nos Estados Unidos. Como disse W. E. B. DuBois: "A Décima Terceira Emenda confirmou, legalmente, o que a guerra consumara, e a escravidão e o tráfico de escravos acabaram de um só golpe."[22]

E que epitáfio deveria ser gravado no túmulo dos cabeças-quentes? Quando a Guerra Civil entrava em seu último ano, Horace Maynard, legislador do Tennessee Oriental, fez este justo resumo: "Um dos fatos mais óbvios e impressionantes é o completo engano daqueles que iniciaram esse terrível reino de anarquia e desgoverno", escreveu ele. "Quando nos diziam que os nortistas eram uma raça de covardes e que se recusariam a lutar, eles provavelmente acreditavam nisso; quando nos garantiam que um sulista em combate valia por cinco ianques, ou abolicionistas, como desdenhosa e indiscriminadamente se referiam às tropas nortistas, eles talvez acreditassem; quando declaravam que tudo que nós do Sul precisávamos fazer era mostrar uma fachada ousada, e o Norte recuaria, sua experiência prévia pode tê-los levado a acreditar nisso também; quando estimulavam os voluntários com a perspectiva de capturar Washington em poucas semanas, e passar rapidamente pela Filadélfia para saquear os cofres de Wall Street e as lojas da Broadway, não é certo que não acreditassem nessas ilusões..."

E continuou: "De fato, a ignorância dessa senhorial e insolente oligarquia só se compara à sua inefável baixeza. Digo oligarquia, pois é sabido que os homens que tramaram, e que agora controlam o que chamam de Confederação Sulista, são menos numerosos, na verdade, do que as peças de um tabuleiro de xadrez. É, eminentemente, uma corporação fechada, como queriam que fosse. Os homens que a compõem são, na maior parte, a mesma camarilha conhecida há anos nesta cidade por reivindicar exclusiva jurisdição sobre o Partido Democrata, e assumir absoluta autoridade no 'Sul', de tal modo que até hoje muita gente supõe que não existem outras pessoas importantes..."

"Há aqueles que, ao alcance da minha voz, podem atestar a sua completa perfídia, que foram vítimas de sua falta de princípios, e cuja auto-estima sofreu os efeitos de sua conduta insolente e autoritária... Hesitar, duvidar, esconder, deter era provocar uma tempestade de fúria que poucos homens tinham coragem de enfrentar, e menos ainda força para resistir. Não apenas nos círculos políticos, mas na vida social, seu domínio era inexorável, sua tirania, absoluta."[23]

Este é, de fato, um epitáfio apropriado para os fanáticos que ajudaram a levar o país à guerra.

Mas há ainda uma história a ser contada.

21

CILUCANGY

CILUCANGY ESPREITOU através das estreitas ripas da jaula de escravos, onde estivera preso durante duas semanas. O peito ainda lhe doía no lugar onde o ferro quente fora pressionado, fumegante, em sua carne.

Percorreu em sonho o caminho de volta a sua aldeia, Cowany, na região montanhosa além do Congo. Sonhou com o chefe, Mfotila, parado diante da casa de palha, muito alto. Cilucangy era apenas um menino naquela época, segurando a mão da mãe, e isso foi antes que os homens de tatuagem na testa o levassem, chorando, que a aldeia fosse incendiada e a mãe morta.[1]

Houve uma agitação no cercado onde outros como ele tinham marcas de ferro no peito e rangiam os dentes pontudos e choravam. Perto dele estava uma menina, chamada Mabiala, e outra mais velha, Manchuella, que balançava Mabiala tristemente nos braços. Zow Uncola, outro menino, de uma aldeia do leste onde a água pingava do sol nascente, dormia com a cabeça no colo dela. De repente, Tahro, um dos meninos mais velhos, levantou-se de um salto. Os homens de fala estranha se aproximavam, falando alto. Todos se puseram de pé.

A porta do cercado foi aberta e Cilucangy avançou. Saiu aos tropeços pela floresta, depois pelo cerrado, com os outros, e quando chegaram à praia, Cilucangy morreu de medo ao ver um navio parado a distância, forma sinistra nas águas brilhantes. Seus braços foram amarrados com correias de couro, e ele lutou ao ser posto numa canoa comprida, que depois os levou para o navio. Arrastado para bordo, Cilucangy viu os olhos azuis de Corrie e o semblante escuro de Farnum logo atrás, e foi conduzido à força para o convés dos escravos.

Durante 42 noites balançou entre os corpos de outros cativos, no convés inferior do *Wanderer*. De dia era levado para o convés superior, onde lhe jogavam um balde de água salgada no corpo antes de lhes darem algo para comer. Muitos outros morreram. Os portugueses a bordo os atiravam ao mar. Quando a água e a comida estavam quase acabando, chegaram a uma costa que Cilucangy achou parecida com a que tinha deixado, com arbustos e árvores contorcidas. Foram tirados do navio e alimentados. Finalmente, depois de comerem comida fresca e diante de um vasto e ruidoso incêndio que grassava na praia, ele pôde estirar os membros e, com movimentos duros, lentos e pesados, dançar um pouco.

Depois foram arrebanhados e conduzidos a outro navio, este com um fogo ameaçador a bordo que cuspia nuvens brancas. Passaram a noite numa casa e dormiram quase uns sobre os outros no piso lotado. Um médico veio examiná-los. Cilucangy lembrava-se de que o médico os levou para um milharal. O milho ainda estava verde, mas tinham fome, e caíram sobre ele como um bando de gafanhotos, devorando tudo.

Em 1857, John F. Tucker, amigo de Charles Lamar, comprou uma grande plantation acima de Savannah. Muitos dos seus 768 hectares ficavam à beira do rio Savannah. Eram terras baixas, próprias para arroz. O terreno tinha diversas cabanas de um quarto para os escravos, cada uma com sua chaminé de taipa, e uma usina de tijolo para descascar arroz. No fim da estrada da plantation, no penhasco à beira do rio, ficava a casa branca da sede, com quatro colunas lisas enfeitando a larga fachada.[2]

Em dezembro de 1857, pouco depois de ter ajudado Lamar a conduzir os africanos de Jekyll Island pelo rio Savannah, Tucker hipotecou a plantation por US$ 53.650 para poder comprar cem deles.

Na fria luz de dezembro, os africanos foram levados à sua presença. Ele escolheu alguns e então, é provável, viu Cilucangy. O menino tinha olhos suaves, inteligentes e maçãs do rosto salientes. Tucker fez um aceno com a cabeça, e um português separou o menino dos outros. Não demorou muito para que a arte — de tecer cestos — que sua mãe lhe ensinara fizesse dele um favorito, e ele foi liberado das tarefas mais pesadas.

Quando o exército de Sherman atravessou a Geórgia, a plantation de Tucker estava arruinada. A casa da sede tinha sido completamente destruída pelo fogo, e os campos de arroz, não semeados, foram tomados pelo mato e não valiam nada. A hipoteca de Tucker foi executada, e ele perdeu as terras. Mas Cilucangy não tinha para onde ir. Agarrou-se aos destroços do Sul, pois era o seu lugar.

Um dia a plantation caiu nas mãos de George A. Keller, agricultor experiente que ganhara muitos prêmios nas feiras dos condados de Chatham e Effingham. Keller ofereceu aos ex-escravos casas de aluguel, salários de cerca de 40 cêntimos por dia e um pequeno lote para plantar. Cilucangy ficou, e na época da feira estadual vendia seus cestos. Uma vez teceu uma casa de palha completa, como aquela diante da qual, em suas recordações, vira o chefe, muitos anos antes.

Agora era Ward Lee para muita gente. Usava sobretudo de flanela, colete xadrez, camisa branca de colarinho, gravata preta e relógio de bolso com corrente. Até votava: um homem branco lhe disse que se votasse em Hopkins ganharia um pedaço de terra para cultivar. Ele entrou numa sala com outros escravos libertos, onde apontou o dedo para o teto, como lhe mandaram fazer, e pegou uma caneta com a qual rabiscou um livro.[3]

Em 1908, quando um antropólogo da Universidade de Chicago apareceu para conversar, ele contou-lhe sua história, posando, orgulhoso, para uma foto com outros sobreviventes do *Wanderer* que viviam nas proximidades, como Pucka Geata (Tucker Henderson) e Tahro (Romero).

Casou-se e teve quatro filhos. Mudaram-se, com outros, para o alto do rio Savannah. Ward Lee parecia satisfeito. Mas uma noite começou a sonhar novamente com a mãe e o chefe diante da casa de palha. Na semana seguinte, mandou imprimir uma nota, que distribuiu pela cidade:

> *Ajudem-me, por favor. Em 1859 fui trazido para este país quando era menino. Não sei dizer que idade tinha na época, mas fui despertado pelo espírito — e espero que seja o espírito de Deus — em maio último. Um ano atrás foi-me revelado que eu deveria voltar para a África, e rezo para que seja a vontade de Deus, e quanto mais rezo mais me sinto impelido a ir, e estou tentando me preparar, se Deus quiser, para voltar à África logo que possa. E peço ajuda a quem possa ajudar-me. Ficarei satisfeito com qualquer coisa que me possam dar... Estou a caminho de minha antiga casa, se Deus quiser, branco ou preto, amarelo ou vermelho. Sou um velho africano. Ward Lee.*[4]

Lee morreu dez anos depois, sem voltar à África. Dois filhos seus compraram uma fazenda ali perto. Depois vários membros da família migraram para o Norte. William, neto de Lee, mudou-se para o Brooklyn e montou uma lavadora de carros.[5] Outros foram para mais longe, Long Island. Nos anos de 1980, as trinetas de Lee, Sharon Sansarevino e Sheryl Valenti, foram escolhidas as gêmeas da campanha da goma de mascar Doublemint, e seus rostos sorridentes foram vistos em *outdoors* e anúncios no país inteiro. Hoje há na família professores, advogados e orientadores profissionais.

Não muito distante da saída para Uniondale, na via expressa de Long Island, ergue-se uma casa de tijolos vermelhos com venezianas brancas e um jardim bem cuidado. Ali Margret Higgins, bisneta de Ward Lee, pode olhar em torno durante as reuniões de família e contemplar o sucesso da parentada. A família sempre honrará a coragem e resistência de Ward Lee. E não o esquecerá. O pequeno menino no joelho de Higgins, afinal de contas, não é apenas o neto Alexander Valenti. Seu nome completo é Alexander *Cilucangy* Valenti.

A 45 minutos de viagem da casa de Higgins, pela via expressa de Long Island, fica a povoação de East Setauket. Em frente à loja de ferragens Fox's True Value Hardware pode-se dobrar à esquerda e tomar a Shore

Road. Morro abaixo, depois das cercas de tábua e das elegantes casas dos séculos XVIII e XIX, fica Setauket Harbor, com um bando de gansos-do-canadá pousados nas margens douradas. Hoje os barcos que repousam em seus berços brancos na zona portuária exibem nomes como *Majac, C-Breeze, Quality Times II.* Mas há 150 anos, ali ficava o estaleiro de Joseph Rowland — onde a quilha do *Wanderer* foi projetada no inverno de 1857.[6]

Atravessa-se o chão congelado, tentando imaginar o *Wanderer* aos poucos tomando forma. É quase possível ouvir os gritos dos operários e a batida oca das enxós cortando a madeira. Um homem com um cigarro nos lábios enfia a cabeça numa janela e olha com curiosidade. Com o fator vento, a temperatura está perto do zero. A caneta congelou e a tinta já não flui. Em tudo isso há lições a serem tiradas. E talvez também razões para ter esperança.

NOTAS

1. PRIMÓRDIOS DE SAVANNAH

1. Charles Hardee, *Reminiscences and Reflections of Old Savannah* (edição do autor, 1928), 63: partes publicadas em *Georgia Historical Quarterly* (doravante *GHQ*) 121 (1928).
2. Hardee, *Reminiscences,* 59.
3. Mills Lane, *Savannah Revisited: History and Architecture* (Savannah: Beehive Press, 2001), 46.
4. Hardee, *Reminiscences,* 65.
5. Lane, *Savannah Revisited,* 46.
6. Richard W. Griffin, "The Origins of the Industrial Revolution in Georgia: Cotton Textiles", *GHQ* 42 (1958): 358-65; Richard H. Haunton, "Savannah in the 1850s)" (Ph.D. diss., Emory University, Atlanta, 1968), 5.
7. Haunton, "Savannah em the 1850s", 5; Hardee, *Reminiscences,* 83.
8. Walter J. Fraser Jr., *Savannah in the Old South* (Athens: University of Georgia Press, 2003), 229.
9. *Augusta Chronicle,* 4 de novembro de 1834.
10. *Savannah Daily Georgian,* 13 de junho de 1838.
11. Rodney M. Baine, *The Publications of James Edward Oglethorpe* (Athens: University of Georgia Press, 1994), xiv, 165.

12 Robert R. Russell, *Economic Aspects of Southern Sectionalism, 1840-1861* (NY: Russell & Russell, 1960), 35, 58; R. H. Shryock, "The Early Industrial Revolution in the Empire State", *GHQ* 11 (2) (1927): 123.

13 Philip S. Foner, *Business & Slavery: The New York Merchants and the Irrepressible Conflict* (Chapel Hill: University of North Carolina Press, 1941), 1.

14 *Savannah Daily Morning News* (doravante *Savannah News*), 16 de dezembro de 1858.

15 Fraser, *Savannah in the Old South,* 209.

16 Shryock, "The Early Industrial Revolution", 109.

17 John McCardell, *The Idea of a Southern Nation: Southern Nationalists and Southern Nationalism, 1830-1860* (NY: W. W. Norton, 1979), 98, 102.

18 E. Merton Coulter, "Boating As a Sport in the Old South", *GHQ* 27 (2) (1943): 238.

19 Thomas R. Hay, "Gazaway B. Lamar, Confederate Banker", *GHQ* 37 (2) (1953): 89; Hardee, *Reminiscences,* 53; William Harden, *Recollections of a Long and Satistactory Life* (Savannah: Review Printing Co., 1934), 52; Alexander C. Brown, "The John Randolph: America's First Commercially Successful Iron Steamboat", *GHQ* 36 (1) (1952): 33; William M. Robinson, *History of Gazaway B. Lamar* (NY: *Dictionary of American Biography,* 1933).

20 Hardee, *Reminiscences,* 53; Thomas Gamble, A History of the City Government, 1790-1901 (city of Savannah, 1900), 175.

21 Harden, Recollections, 53; Brown, "The John Randolph", 34.

22 Brown, "The John Randolph", 34.

23 *Augusta Daily Constitutionalist,* 15 de agosto de 1834.

24 *Augusta Chronicle,* 16 de agosto de 1834.

2. O *PULASKI*

1 *Savannah Daily Georgian,* 11 de abril de 1838.

2 Robert G. Albion, *The Rise of New York Port, 1815-1860* (NY: Charles Scribner's Sons, 1939), 314.

3 *Savannah Daily Georgian,* 12 de junho de 1838.

4 *Savannah Daily Georgian,* 11 de abril de 1838; Robert W. Groves, "The Wreck of the Steam Packet Pulaski" (1955), 5, arquivo Pulaski, Biblioteca, Georgia Historical Society, Savannah.

5 Relatos tirados de "Account of the Loss of the Steamer Pulaski", de Rebecca Lamar McLeod, *GHQ* 3(1) (1919): 63; James Hamilton Couper, "Account of the Wreck of the Pulaski", arquivo Pulaski, Biblioteca, Georgia Historical Society; Groves, "The Wreck of the Steam Packet Pulaski", 25.

6 *Savannah Daily Georgian*, diversos relatos, 21 de junho-20 de julho de 1838.
7 *Savannah Daily Georgian*, 22 de junho de 1838.
8 McLeod, "Account of the Loss of the Steamer Pulaski", 63.
9 *Savannah Daily Georgian*, 14 de julho de 1838.
10 Hay, "Gazaway B. Lamar, Confederate Banker", 93.
11 Hay, "Gazaway B. Lamar, Confederate Banker", 92.

3. A SAVANNAH DE TEMPOS POSTERIORES

1 Tom H. Wells, "Charles Augustus Lafayette Lamar, Gentleman Slave Trader", *GHQ* 47 (1963): 160; Tom H. Wells, *The Slave Ship Wanderer* (Athens: University of Georgia Press, 1967), 2; Ana Lee Prieto, "Charles A. L. Lamar: Southern Gentleman and Owner of the Slave Ship *Wanderer*", 13, arquivo Lamar, Biblioteca, Georgia Historical Society.
2 Harden, *Recollections*, 10.
3 Winfield M. Thompson, "Historic American Yachts: The Slave Ship *Wanderer*", *The Rudder* 15 (fevereiro de 1904): 54; Wells, "Charles Augustus Lafayette Lamar", 166; Wells, *The Slave Ship Wanderer*, 3.
4 *Savannah News*, 12 de março de 1851; Fraser, *Savannah in the Old South*, 256-57; Haunton, "Savannah in the 1850s", 30, 132.
5 Harden, *Recollections*, 10.
6 "Some of the Boys of Dr. White's School", Savannah *News*, 6 de abril de 1884.
7 Hardee, *Reminiscences*, 55. (Nota: Mirabeau Lamar foi encarregado de mostrar Savannah ao general Lafayette e provavelmente o levou ao batizado de Lamar.)
8 Haunton, "Savannah in the 1850s",132; Fraser, *Savannah in the Old South*, 249, 251.
9 Haunton, "Savannah in the 1850s", 135.
10 Haunton, "Savannah in the 1850s", 10, citando o *Savannah Evening Journal*, 12 de novembro de 1852.
11 Shryock, "The Early Industrial Revolution", 378.
12 Russell, *Economic Aspects of Southern Sectionalism*, 58-60, 227-30.
13 Robert G. Albion, *Square-Riggers on Schedule: The New York Sailing Packets to England, France, and the Cotton Ports* (Hamden, CT: Archon Books, 1965), 52; Albion, *The Rise of New York Port*, 96-118; Haunton, "Savannah in the 1850s", 120.
14 Haunton, "Savannah in the 1850s", 138.

15 Hay, "Gazaway B. Lamar, Confederate Banker", 93-97.
16 Foner, *Business & Slavery*, 1-12; Albion, *Square-Riggers on Schedule*, 73-76; Albion, *The Rise of New York Port*, 119.
17 Foner, *Business & Slavery*, 3.
18 Foner, *Business & Slavery*, 10.
19 *The Cause of the South: Selections from DeBow's Review, 1846-1867*, Paul F. Paskoff and Daniel J. Wilson, eds., (Baton Rouge: Louisiana State University Press, 1982), 183; Foner, *Business & Slavery*, 10.
20 Edmund Ruffin, *The Diary of Edmund Ruffin*, vol. 1, introdução e notas de William K. Scarborough (Baton Rouge: Louisiana State University Press, 1972), 386; Clement Eaton, *The Freedom-of-Thought Struggle in the Old South* (NY: Harper & Row, 1964), 36; Ronald T. Takaki, *A Pro-Slavery Crusade: The Agitation to Reopen the African Slave Trade* (NY: The Free Press, 1971), ix, 73-81; George Francis Dow, *Slave Ships and Slaving* (Mineola, NY: Dover Publications, 2002), 14; Avery O. Craven, *The Growth of Southern Nationalism* (Baton Rouge: Louisiana State University Press, 1981), 392; Allen Nevins, *The Emergence of Lincoln*, vol. 2 (NY: Charles Scribner's Sons, 1952), 141.
21 Coulter, "Boating As a Sport in the Old South", 240.
22 *Savannah News*, 10, 15 de março de 1859 e 10 de fevereiro de 1859.
23 Foner, *Business & Slavery*, 4.
24 Dennis Rousey, "From Whence They Came to Savannah", *GHQ* 79 (1995): 311; Haunton, "Savannah in the 1850s", *GHQ* 56 (1) (1972): 2.
25 Richard Haunton, "Law and Order in Savannah, 1850-1860", GHQ 56(1)(1972):2.
26 Russell, *Economic Aspects of Southern Sectionalism*, 206-209.

4. OS CABEÇAS-QUENTES

1 Manisha Sinha, *The Counterrevolution of Slavery: Politics and Ideology in Antebellum South Carolina* (Chapel Hill: University of North Carolina Press, 2000), 19.
2 Eaton, *The Freedom-of-Thought Struggle*, 50.
3 Takaki, *A Pro-Slavery Crusade*, 10-16, 125-30; Sinha, *The Counterrevolution of Slavery*, 126; Ulrich B. Phillips, "The Course of the South to Secession: The Fire-Eaters", *GHQ* 22 (1)(1938): 41.
4 Eaton, *The Freedom-of-Thought Struggle*, 51.
5 Edmund Ruffin: *Diary of Edmund Ruffin*, vol. 1, xiii, xvi, 588; Bertram Wyatt-Brown, *Southern Honor* (NY: Oxford University Press, 1982), 35.

6 Eaton, *The Freedom-of-Thought Struggle,* 62, 155-56.
7 Paskoff, The Cause of South, 31; Craven, The Growth of Southern Nationalism, 258.
8 Takaki, *A Pro-Slavery Crusade,* 15; Wyatt-Brown, *Southern Honor,* 359; Robert B. Rhett, *A Fire-Eater Remembers,* William C. Davis, ed. (Columbia: University of South Carolina Press, 2000), xvi.
9 Takaki, *A Pro-Slavery Crusade,* 91.
10 Wyatt-Brown, *Southern Honor,* 44; McCardell, *The Idea of a Southern Nation,* 281; Takaki, *A Pro-slavery Crusade,* 87.
11 Eaton, *The Freedom-of-Thought Struggle,* 49; Takaki, *A Pro-Slavery Crusade,* 18.
12 "A Slave-Trader's Letter-Book", *The North American Review* 143, 360 (novembro de 1886), 448; Haunton, "Law and Order in Savannah", 13.
13 Eaton, *The Freedom-of-Thought Struggle,* 140-47, 156.
14 Takaki, *A Pro-Slavery Crusade,* 1-9; Sinha, *The Counterrrevolution of Slavery,* 140; Harvey Wish, "The Revival of the African Slave Trade in the United States, 1856-1860", *Mississippi Historical Review* 27 (1941): 570; Herbert Wender, *Southern Commercial Conventions,* 1837-1859 (Baltimore: Johns Hopkins Press, 1930), 230; *Savannah News,* 28 de dezembro de 1858.
15 Russell, *Economic Aspects of Southern Sectionalism,* 124-50.
16 *Federal Union* (Milledgeville, GA), reimpresso no *Savannah News,* 20 de maio de 1858.
17 Takaki, *A Pro-Slavery Crusade,* 23-40; McCardell, *The Idea of a Southern Nation,* 135-40; David M. Potter, *The Impending Crisis* (NY: Harper & Row, 1976), 395; L. W. (Leonidas W.) Spratt, "Speech Upon the Foreign Slave Trade Before the Legislature of South Carolina", 14 de dezembro de 1858, publicado no *Savannah News* de 28 de dezembro de 1858, e reimpresso por Steam-Power Press, Columbia, SC, 1858; Spratt, "Philosophy of Secession, A Southern View" (Charleston, SC: 1861).
18 Daniel P. Mannix, *Black Cargoes: A History of the Atlantic Slave Trade, 1518-1865* (NY: Viking Press, 1962), 54; Takaki, *A Pro-Slavery Crusade,* 3.
19 Savannah News, 12 de dezembro de 1858.
20 Motivos maquiavélicos: Russell, *Economic Aspects of Southern Sectionalism,* 181, 216; Nevins, *The Emergence of Lincoln,* 160.
21 Carl Sandburg, *Abraham Lincoln: The Prairie Years,* vol. 2 (Charles Scribner's Sons, 1945), 165, 181, 202.
22 Wish, "The revival of the African Slave Trade", 573; Russell, *Economic Aspects of Southern Sectionalism,* 213; American Anti-Slavery Society, *Annual Report for the Year Ending May 1, 1859* (NY: American Anti-Slavery

Society, 1860), 37; McCardell, *The Idea of a Southern Nation*, 135; Potter, *The Impending Crisis*, 296.

5. O *RAWLINS* E O *COBDEN*

1 Carol Wells, "William Postel, Adventurer", *GHQ* 57 (1973): 390.
2 Wender, *Southern Commercial Conventions*, 208; Russell, *Economic Aspects of Southern Sectionalism*, 143, 214-19.
3 *Savannah News*, 18 de julho de 1857; telegrama de Howell Cobb para John Boston, 16 de julho de 1857, registros do escritório do Secretário do Interior a respeito da supressão do comércio de escravos africanos e colonização dos negros, 1854-1872, grupo de registro (GR) 48, microfilme (M) 160, Arquivo Nacional dos Estados Unidos.
4 Cartas de Howell Cobb para Lamar, *GHQ* 5(2) (1921): 44.
5 "A Slave-Trader's Letter-Book", 450.
6 "A Slave-Trader's Letter-Book", 451.
7 "A Slave-Trader's Letter-Book", 452.
8 Carol Wells, "William Postell, Adventurer", 390; Tom Wells, *The Slave Ship Wanderer*, 6.
9 Telegrama de Howell Cobb para coletor da Alfândega de Nova Orleans, 1º março de 1858. Registros do escritório do Secretário do Interior a respeito da supressão do comércio de escravos africanos, Arquivo Nacional dos EUA.
10 Warren S. Howard, *American Slavers and the Federal Law, 1837-1862* (Berkeley: University of California Press, 1963), 142.
11 *New York Times* (doravante *NYT*), 10 de setembro de 1858, 3.
12 John Lamar a Mary Ann Cobb, 12 de junho de 1858, e Gazaway B. Lamar a John Lamar, 16 de outubro de 1858, Documentos de Howell Cobb, Biblioteca de Livros Raros e Manuscritos Hargrett, Universidade da Geórgia, Athens; Wells, *The Slave Ship Wanderer*, 5.
13 "A Slave-Trader's Letter-Book", 449.
14 *NYT*, 23 de junho de 1858, 2.
15 Charles A. L. Lamar, "The Reply of C. A. L. Lamar of Savannah, Georgia, to the Letter of Hon. Howell Cobb, Secretary of the Treasury of the United States, Refusing a Clearance do the Ship *Richard Cobden*" (Charleston: Steam Power Press, 1858); *Savannah News*, 9-10 de junho de 1858; William L. Mathieson, *Great Britain and the Slave Trade, 1839-1865* (NY: Octagon Books, 1967), 151.
16 Lamar, "The Reply of C. A. L. Lamar of Savannah."
17 "A Slave-Trader's Letter-Book", 456.
18 "A Slave-Trader's Letter-Book", 452.

6. O *WANDERER* DE JOHNSON

1. The Boston Traveller (pseudônimo) "The Private Yacht Wanderer, Arrival of the Runaway at Boston", 24 de dezembro de 1859 no *NYT* de 26 de dezembro de 1859, 8; *NYT,* 11 de junho de 1858, 4; Peter Carnahan, *Schooner Master: A Portrait of David Stevens* (Chelsea, VT: Chelsea Green Publishing, 1989), 6; Douglas Phillips-Birt, *The History of Yachting* (NY: Stein and Day, 1974), 34.
2. Edwin Adkins, *Setauket: Ther First Three Hundred Years* (NY: David McKay, 1955), 85; *Bicentennial History of Suffolk County* (Babylon: Budget Steam Press, 1885), 78.
3. Thompson, "Historic American Yachts", 53.
4. John Parkinson, *The History of the New York Yacht Club: From Its Founding Through 1973* (NY: Iate Clube de Nova York, 1975), 559; David Shaw, *America's Victory: The Heroic Story of a Team of Ordinary Americans, and How They Won the Greatest Yacht Race Ever* (NY: The Free Press, 2002), 56; Royal Yacht Squadron, America's Cup Jubilee Regatta, Information Leaflet nº 4, www.rys.org.uk/da/11668.
5. Parkinson, *The History of the New York Yacht Club,* 12, 39; Shaw, *America's Victory,* 227; *NYT,* 11 de junho de 1859.
6. Thompson, "Historic American Yachts", 53.
7. Carnahan, *Schooner Master,* 36, 54; Basil Greenhill, *The Evolution of the Wooden Ship* (NY: Facts on File Press, 1988), 88; H. Cole Estep, *How Wooden Ships Are Built: A Practical Treatise on Modern American Wooden Ship Construction* (Cleveland: Penton Publishing, 1918), 34.
8. Greenhill, *Evolution of the Wooden Ship,* 88.
9. Shaw, *America's Victory,* 22.
10. *NYT,* 11 de junho de 1858.
11. *Harper's Weekly,* 29 de janeiro de 1859, 70.
12. *NYT,* 13 de agosto de 1857.
13. *Brooklyn Daily Eagle,* 8 de março de 1858, 3.
14. *NYT,* 11 de junho de 1858.

7. O *WANDERER* DE CORRIE

1. Parkinson, *The History of the New York Yacht Club,* 15, 28.
2. *NYT,* 11 de junho de 1858, 4.
3. Thompson, "Historic American Yachts", 54.
4. *NYT,* 11 de junho de 1858.
5. *NYT,* 9, 21 de abril de 1858; 6 de maio de 1858, 2.

6   Laura A. White, "The United States in the 1850s As Seen by British Consuls", *Mississippi Valley Historical Review* 19 (1933): 525. Ver também cônsul Robert Bunch, Charleston, SC, para o conde de Malmesbury (ministro das Relações Exteriores), 16 de dezembro de 1858, e 3 e 20 de janeiro de 1859, em Class B, Correspondência com ministros e agentes britânicos em países estrangeiros e com ministros do Exterior na Inglaterra, a respeito do tráfico de escravos, British Foreign Office Collection 541, Confidential Print Series, vol. 13, microfilme (Wilmington, DE: Michael Glazer and Scholarly Resources, 1977).
7   *Harper's Weekly*, 28 de maio de 1857, 332.
8   *Albany Statesman*, reproduzidos no *NYT*, 17 de dezembro de 1858, 2.
9   *Harper's Weekly*, 23 de maio de 1857.
10 *NYT*, 14 de abril de 1857.
11 *NYT*, 11 de junho de 1858; Thompson, "Historic American Yachts", 54.
12 Howard, *American Slavers and the Federal Law*, 49-52; American Anti-Slavery Society *Annual Report for the Years Ending May 1, 1858* (NY: American Anti-Slavery Society, 1859), 183; *Journal of Commerce*, 30 de junho de 1856; American Anti-Slavery Society, *The Anti-Slavery History of the John Brown Year, Annual Report for the Year Ending May 1, 1860* (NY: American Anti-Slavery Society, 1861), 24.
13 "The Slave Trade in New York", *Continental Monthly* 1 (janeiro de 1862): 86-91; *Charleston Mercury*, reproduzido no *NYT*, 22 de agosto de 1859, 6; *New York Herald*, 1º de abril de 1857, 4; *Times* de Londres, 3 de julho de 1860, 9; *New York Daily Tribune*, 5 de junho de 1860, 4; Howard, *American Slavers and the Federal Law*, 50.
14 "The Slave Trade in New York", 87.
15 W. E. B. Du Bois, *The Suppression of the African Slave Trade to the United States of America, 1638-1870* (Baton Rouge: Louisiana State University Press, 1965), 178, citando o *Journal of Commerce*, 1857.
16 American Anti-Slavery Society, *Annual Report for Year Ending May 1, 1859* (NY: American Anti-Slavery Society, 1860), 24.
17 Howard, *American Slavers and the Federal Law*, 98-99, 156-69; *Appleton's Cyclopedia of American Biography, 1887*, editado por Virtual American Biographies, 2001, www.Virtualology.com.
18 *New York Daily Tribune*, 5 de junho de 1860, 4.
19 *NYT*, 11 de junho de 1858, 4; Thompson, "Historic American Yachts", 55.
20 Bill Bleyer, "Shipshape in Suffolk", in "Long Island: Our Story", Newsday Online, www.newsday.com.
21 *NYT*, 11 de junho de 1858; Thompson, "Historic American Yachts", 55.
22 *NYT*, 11, 12 de junho de 1858; *Harper's Weekly*, 29 de janeiro de 1859.

23 *NYT,* 12 de junho de 1858.
24 *NYT,* 11 de junho de 1858.
25 *NYT,* 12 de junho de 1858, 4.
26 *NYT,* 16 de junho de 1858, 4.
27 *NYT,* 8 de julho de 1858, 4.
28 *Savannah Republican,* 10 de janeiro de 1859, reproduzido no *Times* de Londres, 2 de fevereiro de 1859.
29 *NYT,* 8 de julho de 1858, 4.
30 *NYT,* 8 de julho de 1858, 4.
31 Alan R. Booth, "The United States African Squadron, 1843-1861", *Boston University Papers in African History,* vol. 1 (Boston: Boston University Press, 1964), 115.
32 Howard, *American Slavers and the Federal Law, 1837-1862,* 41-43; Hugh G. Soulsby, *The Right of Search and the Slave Trade in Anglo-American Relations, 1814-1862* (Baltimore: Johns Hopkins Press, 1933), 102-104, 138-140. Ver também *Instructions to the African Squadron, Message from the President of the United States,* 1º de março de 1859, 35º Congresso, 2ª. Sessão, House Ex. Doc. 104; e *African Slave Trade, Message from the President Transmitting a Report from the Secretary of State in Reference to the African Slave Trade,* 6 de dezembro de 1860, 36º Congresso, 2ª. Sessão, House Exec. Doc 7.
33 W. E. F. Ward, *The Royal Navy and the Slavers: The Supression of the Atlantic Slave Trade* (NY: Pantheon Books, 1969), 150.
34 *NYT,* 24 de maio de 1859, 1.

8. RUMO À ÁFRICA

1 *Lithographs of Pennants and Private Signals of the New York Yacht Club* (NY: New York Yacht Club, 1890).
2 Documentos de navio, pasta do iate *Wanderer,* Coleção de História do Negro, Divisão de Manuscritos, Biblioteca do Congresso; Wells, *The Slave Ship Wanderer,* 10.
3 Mannix, *Black Cargoes,* 16, 48.
4 Dow, *Slave Ships and Slaving,* 4.
5 Diário de bordo do navio negreiro *Wanderer* em Coleções de Registros Especiais (do Navio) *Wanderer,* Departamento, Biblioteca Woodruff, Emory University.
6 Robert W. Shufeldt, "The Secret History of the Slave Trade", *New York Evening Post,* 7 de fevereiro de 1861, 1, reproduzido em *The Journal of Negro History* 55(3), nº 3 (1970), 218-35.

7 Dow, *Slave Ships and Slaving*, 2; Mannix, *Black Cargoes*, 76.
8 Shufeldt, "The Secret History of the Slave Trade"; Ward, *The Royal Navy and the Slavers*, 150; Howard, *American Slavers and the Federal Law*, 18.
9 Mannix, *Black Cargoes*, 76-77, 249; Mary H. Kingsley, *Travels in West Africa* (Londres e NY: Macmillan, 1897), 20; Shufeldt, "The Secret History of the Slave Trade", 1; Dow, *Slave Ships and Slaving*, 3, 7.
10 Dow, *Slave Ships and Slaving*, xxxi.
11 Kingsley, *Travels in West Africa*, 48, 73, 76, 94, 188; Mannix, *Black Cargoes*, 219, 220, 251; Donald R. Wright, "Matthew Perry and the African Squadron", reproduzido em *America Spreads Her Sails: U. S. Seapower in the Nineteenth Century*, Clayton R. Barrow, ed. (Annapolis: Naval Institute Press, 1973), 88; J. Taylor Wood, "The Capture of a Slaver", *Atlantic Monthly*, vol. 86, nº 516, outubro de 1900, 12.
12 *NYT*, 18 de dezembro de 1858.
13 Comandante William Bowden, RN, ao secretário do Almirantado, 15 de setembro de 1858, nº 243, Classe A, Informes de Oficiais Navais Britânicos a Respeito do Tráfico de Escravos, em *Irish University Press Series of British Parliamentary Papers, Slave Trade* (Shannon: Irish University Press, 1968-1971), vol. 45.
14 Phillips-Birt, *The History of Yachting*, 44; Carnahan, *Schooner Master*, 100; Shaw, *America's Victory*, 163.
15 Diário de bordo do *Wanderer*.

9. FORA DA ÁFRICA

1 Howard, *American Slavers and the Federal Law*, 132-35.
2 USS *Cumberland* (1843-1862), U. S. Department of the Navy, Naval Historical Center, Seção Fotográfica. Online Library of Selected Images, U. S. Navy Ships, www.history.nany.mil/index.html.
3 Conde de Malmesbury (ministro das Relações Exteriores) para lorde Lyons (agente diplomático enviado aos EUA), 6 de maio de 1859, nº 263, Classe B, Correspondência com ministros e agentes britânicos em países estrangeiros, e com ministros do Exterior na Inglaterra, a respeito do tráfico de escravos, em *Irish University Press Series of British Parliamentary Papers, Slave Trade*, vol. 45; *New York Herald*, 15 de dezembro de 1858, 1; *NYT*, 24 de maio de 1859, 1.
4 *New York Herald*, 15 de dezembro de 1858, 1.
5 USS *Vincennes* (1826-1867), Online Library of Selected Images, U. S. Navy Ships, www.history.navy.mil/index.html.
6 Howard, *American Slavers and the Federal Law*, 139-41.

7   Capitão Thomas A. Conover, USN, para o comandante Benjamin J. Totten, USN, 7 de outubro de 1858, em Esquadra Africana, 1843-1861, cartas recebidas pelo secretário da Marinha de oficiais comandantes de esquadras, GR 45, M 89, Registros Navais, Arquivo Nacional dos EUA.
8   *New York Herald,* 15 de dezembro de 1858, 1.
9   Descrito em correspondência do capitão Conover, USN, para o comandante Totten, USN, postada em 10 de dezembro de 1858, Esquadra Africana, cartas recebidas pelo secretário da Marinha; ver também comodoro Charles Wise, RN, para contra-almirante Sir F. Grey, RN, 3 de novembro de 1858, nº 249, Classe A, Informes de oficiais navais britânicos a respeito do tráfico de escravos, em *Irish University Press Series of British Parliamentary Papers, Slave Trade,* vol. 45.
10 Comandante Totten, USN, para o capitão Conover, USN, 10 de dezembro de 1858, Esquadra Africana, cartas recebidas pelo secretário da Marinha.
11 Dow, *Slave Ships and Slaving,* 288-92; comodoro Wise, RN, para o secretário do Almirantado, 28 de outubro de 1858, ADM 1/5694, Classe A, Informes de oficiais navais britânicos a respeito do tráfico de escravos, em British Foreign Office Collection 541, Confidential Print Series, microfilme, vol. 13, 772.
12 Descrição extraída de Rev. William De Loss Love, 'The Reopening of the African Slave Trade", *The New Englander* 18 (fevereiro de 1860): 90; Theodore Canot, *Captain Canot, Twenty Years of an African Slaver, Being an Account of his Career and Adventures,* Brantz Mayer, ed. (NY: D. Appleton and Co., 1854), 13; Amos J. Beyan, "Transatlantic Trade and the Coastal Area of Pre-Liberia", 1995, 3-5, em www.Liberian-Forum.com; Wood, "The Capture of a Slaver", 3; Dow, *Slave Ships and Slaving,* 10, 137, 205.
13 Wood, "The Capture of a Slaver", 3.
14 Dow, *Slave Ships and Slaving,* 64.
15 Isobel (Mrs. David C.) Gill, *Six Months in Ascension: An Unscientific Account of a Scientific Expedition* (Londres: John Murray, 1878), Ch. 21; Beyan, "Transatlantic Trade and the Coastal Area of Pre-Liberia", 3.
16 Mannix, *Black Cargoes,* 105.
17 *NYT,* 24 de maio de 1859, 1.
18 *USS* Porpoise Wood, "The Capture of a Slaver", 3.
19 *NYT,* 24 de maio de 1859, 1; Howard, *American Slavers and the Federal Law,* 146; capitão Conover, USN, para o secretário da Marinha, 13 de dezembro de 1858, Esquadra Africana, cartas recebidas pelo secretário da Marinha.
20 *NYT,* 24 de maio de 1859.
21 *NYT,* 24 de maio de 1859.

22 Wood, "The Capture of a Slaver": Dow, *Slave Ships and Slaving,* 144, 297, 306, 311; Canot, *Captain Canot, Twenty Years of an African Slaver,* 15; Love, "The Reopening of the African Slave Trade", 90.
23 *Savannah News,* 23 de novembro de 1858.

10. JEKYLL ISLAND

1 Detalhes sobre acontecimentos tirados de notícias jornalísticas a partir de 13 de dezembro de 1858, e de relatos subseqüentes de testemunhos prestados em julgamento a partir de 14 de novembro de 1859, no *Savannah Republican, Savannah News* e *Charleston Mercury.*
2 Savannah, Geórgia, 1858-1859, *City Directories of the United States Through 1860,* microfichas (New Haven: Research Publications, 1984).
3 *Savannah News,* 19 de novembro de 1859.
4 *Savannah News,* 9 de setembro de 1900, 3; arquivo de Joseph Ganahl, Biblioteca, Georgia Historical Society.
5 Joseph Ganahl para Woodford Mabry, 12 de dezembro de 1858, cartas recebidas da Geórgia, 1809-1870, procurador-geral dos Estados Unidos, Entrada 9, GR 60, Departamento de Justiça, Arquivo Nacional dos EUA, Arquivos II, College Park, MD.
6 *New York Herald,* 13 de dezembro de 1858.
7 *Savannah Republican,* 13 de dezembro de 1858.
8 *NYT,* 17 de dezembro de 1858, 4.
9 *Brooklyn Daily Eagle,* 17 de dezembro de 1858, 2.
10 *Albany Statestman,* 15 de dezembro de 1858, reproduzido no *NYT,* 17 de dezembro, 2.

11. PROVA INICIAL

1 *Marion* (AL) *Commonwealth,* reproduzido no *NYT,* 12 de janeiro de 1859, 3; *NYT,* 30 de dezembro de 1858, 3; Kenneth M. Stampp, *The Peculiar Institution: Slavery in the Ante-Bellum South* (NY: Vintage Books, 1989), 75, 101.
2 *Atlanta Daily Intelligencer,* 24 de dezembro de 1858; Montgomery *Daily Confederation,* reproduzido no *New York Herald,* 5 de janeiro de 1859; *Savannah News,* 8 de janeiro de 1859.
3 Relato tirado do testemunho dado no tribunal, noticiado pelo *Savannah News,* 14-24 de novembro de 1859; Wells, *The Slave Ship Wanderer,* 35.

4   *New York Herald*, 5 de janeiro de 1859; *Savannah Republican*, 13 de dezembro de 1858, e 1º de janeiro de 1859; Savannah, 1859, *City Directories*.
5   *Savannah News*, 19 de novembro de 1859.
6   E. Merton Coulter, "The Speech of Henry R. Jackson", *GHQ* 50 (1966): 366; *The Wanderer Case, The Speech of Hon. Henry R. Jackson*, ca. 1886-1891 (Atlanta: Care Franklin Printing Co., 1891).

12. A AUDIÊNCIA

1   Acontecimentos tirados de relatos e testemunhos noticiados pelo *Savannah Republican*, 20 de dezembro de 1858-3 de janeiro de 1859; *Savannah News*, 20 de dezembro de 1858-3 de janeiro de 1859; *Augusta Daily Constitutionalist*, 20 de dezembro de 1858-3 de janeiro de 1859; e *New York Herald*, 3-4 de janeiro de 1859.
2   Reportagem sobre a audiência, *Savannah Republican* e *Savannah News*, 17-20 de dezembro de 1858.
3   *Savannah News*, 14 de novembro de 1888.
4   "A Slave-Trader's Letter-Book", 456.
5   "A Slave-Trader's Letter-Book", 457.
6   C. A. L. Lamar para Gazaway B. Lamar, 14 de janeiro de 1859, Charles A. L. Papers, 1857-1865, Special Collection 400, Woodruff Library, Emory University.
7   *Charleston Daily News*, 9 de dezembro de 1858, reproduzido no *New York Herald*, 13 de dezembro de 1858, 4; *Macon State Press*, reproduzido no *Savannah News*, 18 de dezembro de 1858; *Natchez Free Trader*, reproduzido no *Savannah News*, 22 de janeiro de 1859.
8   *Edgefield (SC) Advertiser*, reproduzido no *NYT*, 31 de dezembro de 1858, 1; *Southern Presbyterian Review* 11 (abril de 1859); *Montgomery Advertiser*, 28 de dezembro de 1858, reproduzido no *National Era*, 13 de janeiro de 1859.
9   *NYT*, 1º de janeiro de 1859.
10 *NYT*, 28 de dezembro de 1858.
11 *Savannah News*, 12 de novembro de 1891, 5.

13. O PRESIDENTE

1   Philip S. Klein, *Presidente James Buchanan* (University Park: Pennsylvania State University Press, 1962), 12, 333.
2   Sandburg, *Abraham Lincoln: The Prairie Years*, vol. 2, 306.

3 *Journal of the Senate of the United States*, 35º Congresso, 2ª. Sessão, 16 de dezembro de 1858, e 7 de janeiro de 1859, 115.
4 *NYT*, 24 de dezembro de 1858.
5 William N. Brigance, *Jeremiah Sullivan Black: A Defender of the Constitution and the Ten Commandments* (Filadélfia: University of Pennsylvania Press, 1934), 46.
6 Nevins, *The Emergence of Lincoln*, 47.
7 *NYT*, 28 de dezembro de 1858.
8 *NYT*, 28 de dezembro de 1858.
9 Jeremiah S. Black, procurador-geral dos Estados Unidos, para Joseph Ganahl, promotor, Savannah, 31 de janeiro de 1859, em Livro de Registro de Cartas 5, Cartas Recebidas 1809-1863, Procurador-Geral dos Estados Unidos, Entrada 10, GR 60, Arquivo Nacional dos EUA, Arquivos II.
10 *Presidential Message on Landing of Barque Wanderer on Coast of Georgia with Cargo of Africans*, 12 de janeiro de 1859, 35º Congresso, 2ª. Sessão, Senado Ex. Doc. 8; *Message of the President on Importation of Africans into Georgia*, 15 de fevereiro de 1859, 35º Congresso, 2ª. Sessão, Câmara Ex. Doc. 89.
11 *Savannah News*, 25-29 de dezembro de 1858; Wells, *The Slave Ship Wanderer*, 36-37; Joseph Ganahl, promotor, Savannah, para Procurador-Geral Black, 25 de dezembro de 1858, Cartas Recebidas da Geórgia, 1809-1870, Procurador-Geral dos Estados Unidos, Entrada 9, GR 60, Arquivo Nacional dos EUA, Arquivos II; Savannah, 1860, *City Directories*.
12 *Savannah News*, 28 de dezembro de 1858; Joseph Ganahl, promotor, Savannah, para Procurador-Geral Black, 25 de dezembro de 1858.
13 *New York World Telegram*, 2 de abril de 1859, 1; *Savannah Republican*, reproduzido pelo *NYT*, 28 de março de 1859, 1; Wells, *The Slave Ship Wanderer*, 43; prisão de Aiken e outros em U. S. District and Circuit Court Records, Southern District-Georgia, GR 21, Arquivo Nacional do EUA, Região Sudeste, Atlanta.
14 História do chefe de polícia Ross: Wells, *The Slave Ship Wanderer*, 36.
15 *Savannah Republican*, reproduzido pelo *NYT*, 15 de março de 1859, 8.
16 *Savannah News*, reproduzido pelo *New York World Telegram*, 9 de abril de 1859, 6.
17 *The United States v. The Yacht* Wanderer, United States District and Circuit Court Records, Southern District-Georgia, GR 21, Arquivo Nacional dos EUA, Sudeste.
18 *NYT*, 21 de março de 1859; *Providence* (RI) *Daily Journal*, 21 de março de 1859, reproduzido pelo *Brooklyn Daily Eagle*, 24 de março de 1859, 2.
19 *Providence Daily Journal*, 21 de março de 1859, reproduzido pelo *Brooklyn Daily Eagle*, 24 de março de 1859, 2.

20 *NYT,* 21 de março de 1859, 4.
21 Francis Brown, *Raymond of the Times* (NY: W. W. Norton, 1951), 80.
22 *NYT,* 22 de março de 1859, 4.
23 *NYT,* 22 de março de 1859, 4.
24 "A Slave-Trader's Letter-Book", 457-58.
25 *NYT,* 22 de março de 1859, 4; *Savannah News,* 29-30 de março de 1859.
26 *NYT,* 5 de abril de 1859, 4.
27 Notícia reproduzida pelo *Augusta Daily Constitutionalist,* 19 de janeiro de 1859.
28 *Savannah Republican,* reproduzido pelo *New York World Telegram,* 1º de maio de 1859, 4; True Bill against Lamar, January 1859, U. S. District and Circuit Court Records, Southern District-Georgia, GR 21, Arquivo Nacional dos EUA, Sudeste.
29 *McRae Augusta Daily Constitutionalist,* 16 de abril de 1859; *Savannah Republican,* reproduzido pelo *NYT,* 22 de abril de 1859, 2; *NYT,* 20 de abril de 1859; *Savannah News,* 12 de março de 1859.
30 *The Children of Pride: A True Story of Georgia and the Civil War,* Robert M. Myers, ed. (NY: Popular Library, 1972), 250.
31 *New York World Telegram,* 30 de abril de 1859, 4.
32 *NYT,* 23 de abril de 1859, 9; Fraser, *Savannah in the Old South,* 309.

14. OS BRITÂNICOS

1 Cônsul E. Molyneux, Savannah, para conde Malmesbury, 1º e 5 de março de 1859, Classe B, Correspondência, em *Irish University Press Series of British Parliamentary Papers, Slave Trade,* vol. 45.
2 Howard, *American Slavers and the Federal Law,* 9-13.
3 Harrel E. Landry, "Slavery and the Slave Trade In Atlantic Diplomacy, 1850-1861", *Journal of Southern History* 27 (1961) 201.
4 Don E. Fehrenbacher, *The Slaveholding Republic: An Account of the United States Government's Relations to Slavery* (NY: Oxford University Press, 2001), 167.
5 7 de fevereiro de 1859, 2.
6 Benjamin Moran, *The Journal of Benjamin Moran, 1857-1865,* Sarah A. Wallace and Frances E. Gillespie, eds. (Chicago: University of Chicago Press, 1948-1949), xxi-xxiii.
7 Landry, "Slavery and the Slave Trade in Atlantic Diplomacy", 199.
8 Fehrenbacher, *The Slaveholding Republic,* 185; White, "The United States in the 1850s As Seen by British Consuls", 531.

9 Comodoro Wise, RN, para o secretário do Almirantado, 28 de outubro de 1858, ADM 1/5694.
10 Mathieson, *Great Britain and the Slave Trade*, 155-160; Fehrenbacher, *The Slaveholding Republic*, 185.
11 Mathieson, *Great Britain and the Slave Trade*, 156.
12 Soulsby, *The Right of Search*, 165; *Times* de Londres, 15 de junho de 1858.
13 Mathieson, *Great Britain and the Slave Trade*, 156; Fehrenbacher, *The Slaveholding Republic*, 186.
14 *Annual Message of the President*, 4 de dezembro de 1860, 36º Congresso, 2ª. Sessão, Senado Ex. Doc. 1.
15 Mathieson, *Great Britain and the Slave Trade*, 161-63; Ward, *The Royal Navy and the Slavers*, 160; Howard, *American Slavers and the Federal Law*, 52.
16 Howard, *American Slavers and the Federal Law*, 55.
17 White, "*The United States in the 1850s As Seen By British Consuls*", 525; cônsul Bunch, Charleston, para o conde de Malmesbury, 16 de dezembro de 1858.
18 *NYT*, 8 de fevereiro de 1859, 4; Thompson, "Historic American Yachts", 114.
19 Sinha, *The Counterrevolution of Slavery*, 169, 172; *Savannah News*, 21 de maio de 1859; Andrew G. Magrath, "The slave Trade Not Declared Piracy by the Act of 1820", "*The United States vs. William C. Corrie*. Presentment for Piracy", Opinion, Hon. A. G. Magrath, District Judge, U. S. Circuit Court, District-South Carolina, April 19, 1860 (Charleston, SC; S. G. Courtney & Co., 1860); também publicado como *U. S. vs Corrie*, Circuit Court, District-South Carolina, April 19, 1860, *Federal Cases*, vol. 25, 658 (Case 14.869, 1860).
20 *Charleston Mercury*, reproduzido pelo *Savannah News*, 14 de setembro de 1859.
21 *NYT*, 14 de outubro de 1859.

15. VICKSBURG

1 Wender, *Southern Commercial Conventions*, 228; *Savannah News*, 18 de maio de 1859.
2 Descrição tirada de Wender, *Southern Commercial Conventions*, 228; Spratt, "Speech Upon the Foreign Slave Trade"; Sinha, *Counterrevolution of Slavery*, 149; *Savannah News*, 28 de dezembro de 1858.
3 Takaki, *A Pro-Slavery Crusade*, 204, citação de *DeBow's Review*.
4 Descrição tirada do *NYT*, 19 de maio de 1859, 4; Craven, *The Growth of Southern Nationalism*, 108; William Catton and Bruce Catton, *Two Roads*

to Sumter (NY: McGraw-Hill, 1963), 87; Takaki, *A Pro-Slavery Crusade*, 198; Michael P. Johnson, *Toward a Patriarchal Republic: The Secession of Georgia* (Baton Rouge: Louisiana State University Press, 1977), xx-xxi.
5   *New York Herald*, 14, 18 de maio de 1858.
6   (Nova Orleans) *Daily Picayune*, 20 de maio de 1859; *Memphis Enquirer*, reproduzido pelo *Savannah Republican*, 23 de maio de 1859; *Savannah Republican*, 19 de maio de 1859.
7   *NYT*, 10 de junho de 1859, 4.

16. JULGAMENTO, PARTE 1

1   *The United States of America, by Information, versus the Schooner Wanderer, and Cargo*, Circuit Court of the United States in Admiralty, United States District Court, District-Massachusetts (Boston: Prentiss & Deland, 1860), at American Memory, the Library of Congress: memory.loc.gov/ammem/index.html; Thompson, "Historic American Yachts", 238.
2   Alexander A. Lawrence, *James Moore Wayne: Southern Unionist* (Chapel Hill: University of North Carolina Press, 1943), 128, 160; American Anti-Slavery Society, *The Anti-Slavery History of the John Brown Year*, 28.
3   Potter, *The Impending Crisis*, 380.
4   Sandburg, *Abraham Lincoln: The Prairie Years*, vol. 2, 201.
5   Robert Penn Warren, *John Brown: The Making of a Martyr* (Nashville: J. S. Sanders & Co., 1993), 394, 417.
6   *NYT*, 23 de novembro de 1859, 5; Nevins, *The Emergence of Lincoln*, 98.
7   Warren, *John Brown*, 416.
8   *Savannah News*, 17 de novembro de 1859.
9   Nevins, *The Emergence of Lincoln*, 20-23; George F. Milton, *The Eve of Conflict: Stephen A. Douglas and the Needless War* (Boston: Houghton Mifflin Co., 1934), 370.
10 Os testemunhos durante o julgamento foram cobertos pelo *Savannah News*, pelo *Savannah Republican* e pelo *Charleston Mercury*, 14-24 de novembro de 1859, de onde foi extraído este diálogo; ver também *The Charge of Mr. Justice Wayne of the Supreme Court of the United States, given on the Fourteenth Day of November, 1859, to the Grand Jury of the Sixth Circuit Court of the United States, for the Southern District of Georgia* (Savannah: E. J. Purse, 1859); também publicado como *The Charge of Judge Wayne, Federal Cases*, vol. 30 (Case 18.269a, 1859).
11 Lawrence, *James Moore Wayne*, 143, 156-159; Catton, *Two Roads to Sumter*, 134.

17. JULGAMENTO, PARTE 2

1. *The United States of America, by Information, versus the Schooner Wanderer and Cargo;* Thompson, "Historic American Yachts", 238.
2. Robert Myers, *The Children of Pride,* vol. 2 (NY: Popular Library, 1977), 355.
3. Myers, *The Children of Pride,* 352, 358.
4. *Savannah News,* 3 de dezembro de 1859.
5. *The Diary of Edmund Ruffin,* vol. 1, 370.
6. Warren, *John Brown,* 439.
7. *NYT,* 22 de abril de 1859, 4.

18. CHARLESTON

1. Russell, *Economic Aspects of Southern Sectionalism,* 204-205.
2. *Savannah News,* 10, 17 de janeiro de 1860.
3. De um editorial do *The Empire States,* Griffin, GA, reproduzido no alto da primeira página do *Savannah News,* 22 de abril de 1859.
4. *Savannah Republican,* 30 de dezembro de 1859; Johnson, *Toward a Patriarchal Republic,* 19.
5. Craven, *The Growth of Southern Nationalism,* 327.
6. Sinha, *Counterrevolution of Slavery,* 197; Nevins, *The Emergence of Lincoln,* 128, 207; Milton, *The Eve of Conflict,* 397; Impopularidade dos cabeças-quentes: Milton, The Eve of Conflict, 397; Fraser, *Savannah in the Old South,* 284.
7. Johnson, *Toward a Patriarchal Republic,* 86, 92; Craven, *The Growth of Southern Nationalism,* 321-23.
8. Milton, *The Eve of Conflict,* 398, 413, 423; *Augusta Daily Constitutionalist,* 24, 25, 27 de novembro, 6, 9, 10 de dezembro de 1859; *Savannah News,* 9 de dezembro de 1859; *Savannah Republican,* 16 de março de 1860; Craven, *The Growth of Southern Nationalism,* 321-23.
9. Milton, *The Eve of Conflict,* 413; Craven, *The Growth of Southern Nationalism,* 323-27.
10. Milton, *The Eve of Conflict,* 398.
11. Nevins, *The Emergence of Lincoln,* 129.
12. Murat Halstead, *Three Against Lincoln: Murat Halstead Reports the Caucuses of 1860,* William B. Hesseltine, ed. (Baton Rouge: Louisiana State University Press, 1960), 7; Sinha, *Counterrevolution of Slavery,* 200-207; Milton, *The Eve of Conflict,* 428.

13 American Anti-Slavery Society, *Annual Report for the Year Ending May 1, 1861* (NY: American Anti-Slavery Society, 1862), 126.
14 *Savannah Republican*, 28 de abril de 1860; American Anti-Slavery Society, *Annual Report for the Year Ending May 1, 1861*, 126.
15 Halstead, *Three Against Lincoln*, 52-54; Nevins, *The Emergence of Lincoln*, 217; Craven, *The Growth of Southern Nationalism*, 329-32.
16 Halstead, *Three Against Lincoln*, 54.
17 Sinha, *Counterrevolution of Slavery*, 179-82; Wish, "The Revival of the African Slave Trade", 587; Takaki, *A Pro-Slavery Crusade*, 228-30.
18 *The Constitution*, Washington, D.C., reproduzido por *Savannah News*, 12 de maio de 1860.
19 Halstead, *Three Against Lincoln*, 83; Potter, *Impending Crisis*, 1848-1861, 410.
20 Carta a Adella Lamartine Estes, Documentos de Gazaway B. Lamar, 1822-1910, Biblioteca Hargrett de Livros Raros e Manuscritos, Universidade da Geórgia, Athens.
21 Documentos de Charles A. L. Lamar; *Savannah News*, 24 de dezembro de 1858 e 28, 29, 30 de setembro de 1859.

19. O JULGAMENTO DE LAMAR

1 Arquivo de James Hamilton Couper, Biblioteca, Georgia Historical Society.
2 *Savannah News*, 29 de maio de 1860.
3 *Savannah Republican*, reproduzido pelo *Charleston Daily Courier*, 30 de maio de 1860; Wells, *The Slave Ship Wanderer*, 59; Registros Gerais do Departamento de Justiça, Geórgia, 1811 a 1870, GR 60, Arquivo Nacional dos EUA, Sudeste; *Savannah News*, 29 de maio de 1860; *NYT*, 29 de maio de 1860, 5.
4 *Charleston Mercury*, 13-14 de abril de 1860; American Anti-Slavery Society, *Anti-Slavery History of John Brown Year*, 28; *U. S. v. William C. Corrie*, Opinion, 19 de abril de 1860.
5 Sinha, *The Counterrevolution of Slavery*, 170-73.
6 *Savannah News*, 21 de abril de 1860.
7 United States Consular, Charleston, Cônsul Bunch, Savannah, para conde de Malmesbury (ministro britânico de Relações Exteriores), 3 de maio de 1860, FO 84, vol. 1112, de "Records of the British Foreing Office, 1780-1948", Microfilme, Fotostáticas e Transcrições de Originais no Public Record Office, na Divisão de Manuscritos, Biblioteca do Congresso, Washington, D. C.

8 *NYT,* 8 de maio de 1860, 8.
9 Wells, *The Slave Ship Wanderer,* 69; *NYT,* 7-8 de maio de 1860; *Charleston Mercury,* 4 de maio de 1860; *Savannah Republican,* 3 de maio de 1860.
10 *Savannah News,* 25 de maio de 1860 e 12 de novembro de 1891; *NYT,* 30 de maio de 1860, 4; Thomas Gamble, *Savannah Duels and Duelists, 1733-1877* (Spartanburg: Reprint Co., 1974), 150.
11 *Savannah News,* 10 de maio, 22-27 de maio de 1860.
12 *U. S. v. C. A. L. Lamar,* 8 de maio de 1860, U. S. District and Circuit Court Records, Southern District-Georgia, GR 21, Arquivo Nacional dos EUA, Sudeste.
13 "A Slave-Trader's Letter-Book", 460.
14 Charles A. L. Lamar para Gazaway B. Lamar, 26 de novembro de 1860, Documentos de Gazaway B. Lamar.
15 Johnson, *Toward a Patriarchal Republic,* xxi, 158; Sinha, *The Counterrevolution of Slavery,* 135.
16 Charles A. L. Lamar para Gazaway B. Lamar, 26 de novembro de 1860, Documentos de Gazaway B. Lamar.
17 Eaton, *Freedom-of-Thought Struggle,* 383.
18 Jeremiah Sullivan Black, Biography Resource Centes (Farmington Hills, Mich.: The Gale Group, 2004); Johnson, *Toward a Patriarchal Republic,* 122.
19 Sandburg: *Abraham Lincoln: The Prairie Years,* vol. 2, 378; Russell, *Economic Aspects of Southern Sectionalism,* 182; Catton, *Two Roads to Sumter,* 250.
20 Johnson, *Toward a Patriarchal Republic,* 63; Russell, *Economic Aspects of Southern Sectionalism,* 232.
21 Donald E. Reynolds, *Editors Make War; Southern Newspapers in the Secession Crisis* (Nashville: Vanderbilt University Press, 1970), 176.

20. O *WANDERER*

1 *Boston Traveller,* reproduzido pelo *NYT,* 26 de dezembro de 1859, 8.
2 *The United States of America, by Information, versus the Schooner Wanderer, and Cargo;* Thompson, "Historic American Yachts", 238.
3 *NYT,* 31 de dezembro de 1860, 1; *Brooklyn Daily Eagle,* 30 de novembro de 1861, 2; Thompson, "Historic American Yachts", 242-43.
4 William M. Robinson, *The Confederate Privateers* (New Haven: Yale University Press, 1928), 196; Thompson, "Historic American Yachts", 341-43.; Wells, *The Slave Ship Wanderer,* 84-85; United States Office of Naval Records and Library, *Official Records of the Union and Confederate Navies in*

the War of the Rebellion, series I, vol. 16, (Washington: U. S. Government Printing Office, 1903), xx e várias páginas, 530-800.

5 *The Diary of Edmund Ruffin,* vol. 1, 268-70; Stewart Sifakis, *Who Was Who in the Civil War* (NY: Facts on File Press, 1988), 212; *Appleton's Cyclopaedia of American Biography,* James G. Wilson and John Fiske, eds. (NY: D. Appleton and Co., 1896), 412; *Brooklyn Daily Eagle,* 19 de setembro de 1860, 2.

6 *NYT,* 28 de setembro de 1860, 8.

7 *NYT,* 16, 20 de maio de 1870.

8 William J. Casey, "Leonidas W. Spratt", 14 de agosto de 1953, arquivado na South Carolina Historical Society, Charleston, SC; também panfletos de Spratt, Charleston, SC, Library Society; *Florida Times-Union,* Jacksonville, FL, 5 de outubro de 1903.

9 Charleston, South Carolina, 1860-1870, *City Directories of the United States 1860-1901* (New Haven: Research Publications, 1984); Death Card for William C. Corrie, Charleston, SC. Public Library.

10 *The Wanderer Case, The Speech of Hon. Henry R. Jackson; Augusta Daily Constitutionalist,* 9 de setembro de 1900; Hardee, *History of Savannah,* 422; arquivo de Joseph Ganahl, Biblioteca, Georgia Historical Society. Também *Address of Hon Joseph Ganahl Before the Alumni Society, University of Georgia* (Athens: Southern Banner Power Press, 1878).

11 James P. Jones, "Wilson's Raiders Reach Georgia: The Fall of Columbus", *GHQ* 59 (1975): 313; John A. Cobb, "Civil War Incidents in Macon", *GHQ* 7 (1923): 282; "Lamar's Rangers", de Compilação de Folha de Serviços de Soldados Confederados que Serviram em Organizações do Estado da Geórgia, Microfilme 266, GR 109, Coleção de Registros Confederados do Departamento de Guerra, Arquivo Nacional dos EUA.

12 Documentos de Gazaway B. Lamar.

13 Documentos de Gazaway B. Lamar.

14 Gazaway Lamar: Hay, "Gazaway B. Lamar", 122; Edwin Coddington, "The Activities of a Confederate Business Man", *The Journal of Southern History* 9 (1) (fevereiro de 1943): 106; Brent Hughes, "Banking on the Confederate Cause", *Washington Times,* 23 de maio de 1998.

15 Charles Lamar morreu lutando: *Savannah News,* 12 de novembro de 1891; *The Confederate Veteran Magazine* 3 (1895): 130.

16 Mensagem Anual do Presidente dos Estados Unidos, 36º Congresso, 2ª. Sessão, 4 de dezembro de 1860.

17 Soulsby, *The Right of Search,* 154.

18 Howard, *American Slavers and the Federal Law,* 60-61; Soulsby, *The Right of Search,* 172; *Message of the President of the United States to the Senate*

and House of Representatives, 10 de junho de 1862, transmitindo cópia de um tratado para a supressão do comércio de escravos africanos entre os Estados Unidos e sua Majestade britânica, e correspondência que precedeu a conclusão do instrumento, 37º Congresso, 2ª. Sessão, Senado Ex. Doc. 57, 1-15.

19 *American Slavers and the Federal Law,* 90, 200-205.
20 American Anti-Slavery Society, *Annual Report for the Year Ending May 1, 1861,* 132; *NYT,* 19 de novembro de 1860 e 17 de janeiro de 1861; Howard, *American Slavers and the Federal Law,* 167.
21 Ward, *The Royal Navy and the Slavers,* 226.
22 Du Bois, *The Suppression of the African Slave Trade,* 191-93.
23 "Speech of the Hon. Horace Maynard of Tennessee in the House of Representatives, January 31, 1863", 37º Congresso, 3ª. Sessão, reproduzido no panfleto "The African Slave Trade", (Filadélfia: Charles Sherman Sons, 1863).

21. CILUCANGY

1 Charles J. Montgomery. "Survivors from the Cargo of the Negro Slave Yacht Wanderer", *American Anthropologist* 10 (1908): 611.
2 Georgia Writers' prohject, Savannah Unit", "Drakies Plantation", *GHQ* 14 (1930): 230.
3 Montgomery, "Survivors from the Cargo of the Negro Slave Yacht Wanderer", 614; *Savannah News,* 18 de abril de 1868.
4 Montgomery, "Survivors from the Cargo of the Negro Slave Yacht Wanderer", 621.
5 Joye Brown "*The Wanderer, a Long Island Family Searches for Its Past*" em "Long Island: Our Story", Newsday Online, www.newsday.com.
6 Adkins, *Setauket,* 85; *Bicentennial History of Suffolk County,* 78.

Bibliografia

Adkins, Edwin. *Setauket: The First Three Hundred Years, 1655-1955.* NY: David McKay, 1955.

Albion, Robert. *The Rise of New York Port.* NY: Charles Scribner's Sons, 1939.

———. *Square-Riggers on Schedule.* Hamden, CT: Archon Books, 1965.

American Anti-Slavery Society. *The Anti-Slavery History of the John Brown Year, Annual Reports for the Years Ending May 1, 1858, 1859, 1860, 1861.* NY: American Anti-Slavery Society, 1859, 1860; NY: Greenwood Publishing Group, 1969.

Baine, Rodney. *The Publications of James Edward Oglethorpe.* Athens: University of Georgia Press, 1994.

Bicentennial History of Suffolk County. Babylon, NY: Budget Steam Press, 1885.

Brigance, William. *Jeremiah Sullivan Black: A Defender of the Constitution and the Ten Commandments:* Filadélfia: University of Pennsylvania Press, 1934.

Brown, Francis. *Raymond of the Times.* NY: W. W. Norton, 1951.

Carnahan, Peter. *Schooner Master: A Portrait of David Stephens.* Chelsea, Vermont: Chelsea Green Publishing, 1989.

Catton, William, and Bruce Catton. *Two Roads to Sumter.* NY: McGraw-Hill, 1963.

Craven, Avery. *The Growth of Southern Nationalism.* Baton Rouge: Louisiana State University Press, 1981.

Crenshaw, Ollinger. *The Slave States in the Presidential Election of 1860.* Baltimore: Johns Hopkins Press, 1945.

Dow, George. *Slave Ships and Slaving.* Mineola, NY: Dover Publications, 2002.

Du Bois, W. E. B. *The Supression of the African Slave Trade to the United States, 1638-1870.* Baton Rouge: Louisiana State University Press, 1965.

Eaton, Clement. *The Freedom-of-Thought Struggle in the Old South.* NY: Harper & Row, 1964.

Estep, H. Cole. *How Wooden Ships Are Built: A Practical Treatise on Modern American Wooden Ship Construction.* NY: W. W. Norton/Penton Publishing, 1918.

Fehrenbacher, Don. *The Slaveholding Republic: An Account of the U. S. Government's Relations to Slavery.* NY: Oxford University Press, 2001.

Foner, Philip. *Business & Slavery: The New York Merchants and the Irrepressible Conflict.* Chapel Hill: University of North Carolina Press, 1941.

Fraser, Walter. *Savannah in the Old South.* Athens: University of Georgia Press, 2003.

Gamble, Thomas. *A History of the City Government, 1790-1901.* City of Savannah, 1900.

———. *Savannah Duels and Duelists, 1733-1877.* Spartanburg: Reprint Company, 1974.

Gill, I. *Six Months in Ascension.* Londres: John Murray Co., 1878.

Greenhill, Basil. *The Evolution of the Wooden Ship.* NY: Facts on File Press, 1988.

Halstead, Murat. *Three Against Lincoln: Murat Halstead Reports the Caucus of 1860.* Editado por William Hesseltini. Baton Rouge: Louisiana State Universitv Press, 1960.

Harden, William. *Recollections of a Long and Satisfactory Life.* Savannah: Review Printing Company, 1934.

Howard, Warren. *American Slavers and the Federal Law, 1837-1862.* Berkeley: University of California Press, 1963.

Jackson, Harvey. *Forty Years of Diversity.* Athens: University of Georgia Press, 1984.

Johnson, Michael. *Toward a Patriarchal Republic: The Secession of Georgia.* Baton Rouge: Louisiana State University Press, 1977.

Johnson, Vicki. *The Men and the Vision of the Southern Commercial Conventions.* Columbia: University of Missouri Press, 1993.

Kingsley, Mary. *Travels in West Africa.* Londres: Macmillan, 1897; Washington, D. C.: The National Geographic Society, 2002.

Klein, Philip. *President James Buchanan.* University Park: Pennsylvania State University Press, 1962.

Kolchin, Peter. *American Slavery.* NY: Hill and Wang, 1993.

Lane, Mills. *Savannah Revisited: History and Architecture.* Savannah: Beehive Press, 2001.

Lawrence, Alexander. *James Moore Wayne: Southern Unionist.* Chapel Hill: University of North Carolina Press, 1943.

Mannix, Daniel. *Black Cargoes: A History of the Atlantic Slave Trade, 1518-1865.* NY: Viking Press, 1962.

Mathieson, William. *Great Britain and the Slave Trade.* NY: Octagon Books, 1967.

Mayer, Brantz, ed. *Twenty Years in the Slave Trade* (by Capitain Canot). NY: Appleton, 1854.

McCardell, John. *The Idea of a Southern Nation.* NY: W. W. Norton, 1979.

McCash, June. *The Jekyll Island Cottage Colony.* Athens: University of Georgia Press, 1998.

McPherson, James. *Battle Cry of Freedom.* NY: Oxford University Press, 1988.

Milton, George. *The Eve of Conflict: Stephen A. Douglas and the Needless War.* Boston: Houghton Mifflin Co., 1934.

Moran, Benjamin. *The Journal of Benjamin Moran, 1857-1865.* Editado por Sarah Wallace e Francis Gillespie. Chicago: University of Chicago Press, 1948-1949.

Myers, Robert. *The Children of Pride.* Vol. 2. NY: Popular Library, 1977.

Nevins, Allen. *The Emergence of Lincoln.* NY: Charles Scribner's Sons, 1952.

Parkinson, John. *The History of the New York Yacht Club: From Its Founding Through 1973.* NY: New York Yacht Club, 1975.

Paskoff, Paul, and Daniel Wilson, eds. *The Cause of the South.* Baton Rouge: Louisiana State University Press, 1982.

Phillips-Birt, Douglas. *The History of Yachting.* NY: Stein and Day, 1974.

Potter, David. *The Impending Crisis.* NY: Harper & Row, 1976.

Reynolds, Donald. *Editors Make War: Southern Newspapers in the Secession Crisis.* Nashville: Vanderbilt University Press, 1966.

Rhett, Robert. *A Fire-Eater Remembers.* Editado por William Davis. Columbia: University of South Carolina Press, 2000.

Robinson, William. *The Confederate Privateers.* New Haven: Yale University Press, 1928.

Ruffin, Edmund. *The Diary of Edmund Ruffin.* Vol 1. Introdução e notas de William Scarborough. Baton Rouge: Louisiana State University Press, 1972.

Russell, Robert. *Economic Aspects of Southern Sectionalism, 1840-1861.* NY: Russell & Russell, 1960.

Sandburg, Carl. *Abraham Lincoln: The Prairie Years.* 2 vols. NY: Charles Scribner's Sons, 1945.

Shaw, David. *America's Victory.* NY: The Free Press, 2002.

Sifakis, Stewart. *Who Was Who in the Civil War.* NY: Facts on File Press, 1988.

Sinha, Manisha. *The Counterrevolution of Slavery: Politics and Ideology in Antebellum South Carolina.* Chapel Hill: University of North Carolina Press, 2000.

Soulsby, Hugh. *The Right of Search and the Slave Trade in Anglo-American Relations.* Baltimore: Johns Hopkins Press, 1933.

Stampp, Kenneth. *The Causes of the Civil War.* NY: Simon & Schuster, 1991.

———. *The Peculiar Institution.* NY: Vintage Books, 1989.

Stick, David. *Graveyard of the Atlantic.* Chapel Hill: University of North Carolina Press, 1952.

Takaki, Ronald. *A Pro-Slavery Crusade: The Agitation to Reopen the African Slave Trade.* NY: The Free Press, 1971.

Thomas, Hugh. *The Slave Trade.* NY: Simon & Schuster, 1997.

Ward, W. E. F. *The Royal Navy and the Slavers: The Supression of the Atlantic Slave Trade.* NY: Pantheon Books, 1969.

Warren, Robert Penn. *John Brown: The Making of a Martyr.* Nasville: J. S. Sanders, 1993.

Wells, Tom. *The Slave Ship Wanderer.* Athens: University of Georgia Press, 1967.

Wender, Herbert. *Southern Commercial Conventions, 1837-1859.* Baltimore: Johns Hopkins Press, 1930.

Wright, Donald. "Matthew Perry and the African Squadron." Em *America Spreads Her Sails.* Editado por Clayton Barrow. Annapolis: Naval Institute Press, 1973.

Wyatt-Brown, Bertram. *Southern Honor.* NY: Oxford University Press, 1982.

ÍNDICE

abolicionismo
  Brown, John, 52, 209-211, 238
  castigo por, 241
  dentro do Partido Republicano, 51, 52
  em Kansas, 52
  no Norte, 191
abolicionistas, 256. *Ver também* secessão
Academia de Chatham, 27, 38, 45
Adams, James H., 60
África
  doenças na, 107, 115, 121
  traficantes de escravos negros na, 121
  tribo achango da, 109
  tribo dos krus, 102, 108-109, 122-123
  tribos da, 108-109, 121
Aiken, 98
Aiken, Richard F., 172, 206, 231, 248
Albany Statesman, 86, 141-143
Albion, Robert Greenhalgh, 47
Alburka, 28
Alfândega EUA, 135
algodão
  comércio de, 21, 22, 24, 45, 47, 186
  compra pelo Norte, 47
  compra pelos britânicos, 186
  cultivo/colheita, 193-194
  escravidão e, 59
  manufatura, 22
  preço/venda, 21, 24
  sacos para, 22
  transporte de, 45, 47
America, 74, 77, 95
America's Cup, 74, 77
Andrew, John, A., 210
Appomattox, 54, 264, 265. *Ver também* Guerra Civil
Arguirir, Miguel
  a bordo do *Wanderer*, 102-103, 108-109
  absolvição de, 237, 248
  acusado de reter africanos, 237-238
  como réu, 152-153
  defendido por Owens, 150-151
  em julgamento, 207, 218, 235

na cadeia, 160
na loja de roupas de Price, 148-149
nos barracões, 120
prisão de, 149-150
Aristocracia Agrária, 52
Artilharia de Chatham, 257
Associação de Vigilância dos Direitos Sulistas, 241
Atlanta Constitution, 251
Augusta Chronicle, 29, 161
Augusta Daily Constitutionalist, 29, 244, 257
Augusta Dispatch, 243
Banco da República, 48
Banco do Comércio, 27
Barksdale, Ethelbert, 244
barracões, 104-105, 120, 121
Barrow, Pope, 265
Barry, William F., 247
Beebe, Dean and Donohue, 91
Benjamin, Judah, 256
Bennett, James Gordon, 137, 142
bergantim
  Porpoise, 125
  Rufus Soule, 119, 184
  Troy, 225-226
Berrien, juiz John M., 44, 213
Betts, Samuel Rossiter, 91, 163, 251
Bibb, 95
Black, Jeremiah Sullivan
  Guerra Civil e, 256
  procurador-geral, 166, 167-169, 174-175, 249, 250
  pró-escravidão, 166
Blount, 147
Blunt, 226
Bonaparte, Napoleão, 98
Booth, Edwin, 25
Boston Advertiser, 140, 191
Boston Traveller, 140, 258
Boston, John, 63, 173, 248-249
Bowden, comodoro, 186
Bremer, Fredrika, 44
Briggs, Seth. *Ver* Brown, Nicholas Dennis
Brodnax, Thack, 144-145
Brooke, Walter, 202
Brooklyn Eagle, 140, 141
Brown, Dennis. *Ver* Brown, Nicholas Dennis
Brown, John, 52, 209-211, 238, 258. *Ver também* abolicionismo
Brown, Joseph, 242-243, 257, 262-263
Brown, Nicholas Dennis
  absolvição de, 237, 248
  acusação, 237-238
  barba tingida, 223
  como capitão do *Wanderer*, 98, 126
  em Jekyll Island, 132-135
  em julgamento, 207, 218
  na cadeia, 160
  na loja de roupas de Price, 148-149
  réu, 152-153, 159
Brown's Speculator House, 146
Buchanan, James
  direito de visitar e, 188
  informe ao Congresso, 169, 184, 188, 265
  ministro em Londres, 185
  perdão de, 169
  presidente, 164, 249, 250
  pró-escravidão, 166
Bunch, Robert, 189-190, 250
Cabana do Pai Tomás, 52
Cabeças-quentes. *Ver também* pró-escravidão
  apoio sulista, 242
  campanha de medo, 242-243
  com o controle político, 243
  comércio de escravos, 54-55, 59, 189-190
  como escravista, 54-55, 59, 189-190, 202, 241
  como oligarquia, 268
  e a Guerra civil, 59, 242
  e a secessão, 241, 245
  educação dos, 55-56
  epitáfio, 267-268

Lamar com, 56, 57, 60, 195, 241
  na Convenção Nacional do Partido
    Democrata, 247-248
  oratória dos, 54-55
  racismo dos, 55
  radicalismo, 57, 241
  romantismo dos, 56
  ultralistas, 244
caçadores de escravos, seqüestros por,
  121
Cais Lamar, 26
Calhoun, John C.
  como cabeça-quente, 55, 56-57, 245,
    265
  e a proibição do transporte de
    escravos, 58, 213, 250
  radicalismo de, 57
  rebelião contra tarifas, 53
canais, especulação em, 26
capitão Cook, *ver* Corrie, William C.
Carlos V, 213
Carolina do Sul, secessão da, 256, 261
carpetbaggers, 263
*Casas do Novo Mundo: Impressões da
  América* (Bremer), 44
Cass, Michael, 149-150
Cass, Lewis, 184
Castigos, 241
Catherine, 91
Cavaleiros, código de, 56
cavalo de ferro, *ver* locomotiva a vapor
Cazenove, Harriet, 42
cemitério de Laurel Groove, 266
Charleston Courier, 40
Charleston Mercury, 55, 161, 185, 192,
  245, 261
Charleston News, 210
Charleston Spectator, 57
Charleston Standard, 55
Charter Oak (chata), 93, 97
Cheever, George, 230, 235
Cheves, L., 23
Christie, Luke
  capitão do *Lamar*, 133-135
  declaração de, 175
  testemunha da audiência, 151, 156-
    159
  testemunha do julgamento, 223-224,
    236
Cidadela, 29
Cilucangy. *Ver também* Lee, War
Clarke, Charles, 194-195, 202
Clay, Clement, 244
clíperes
  Davy Crockett, 80
  Flying Cloud, 80
  Sovereign of the Seas, 80
Clubb, James
  adulteração de testemunho, 160-161
  como prático, 130
  como testemunha, 151, 153-156,
    160-161
  como testemunha, 216, 227-229, 236
  declaração de, 175
  em Jekyll Island, 131-132
Clube Aquático da Geórgia, 26
Clube Aquático de Savannah, 44
clube de regatas de Savannah, 172
Clube Knickerbocker, 26
Coast Pilot (Blunt), 226
Cobb, Howell
  como general na Guerra Civil, 264
  como governador da Geórgia, 57
  como secretário do Tesouro, 17, 62-
    63, 64, 86, 151, 166-168, 211
  insulto a Lamar, 67-68
  na Convenção Nacional do Partido
    Democrata, 244-245
  unionismo de, 256
Cobb, Mary Ann Lamar, 17
Cobden. *Ver* Richard Cobden
Colt, Robert O., 85
Columbus, 208
comerciante como feitor, 103
comércio
  com o Norte, 48
  de algodão, 21, 22, 24, 45, 47, 186
  entre o Norte e o Sul, 47

303

livre, 26
mercadorias, 104
Companhia Espanhola, 189
Confederação
  batalhas pela, 257
  mosquetes, 256, 264
  rendição da, 54, 263, 265
  títulos da, 256, 264
Congressional Globe, 266
Congresso dos EUA
  lei das caldeiras de vapores, 40
  Lei de 1820, 150, 191, 199-200, 203, 212-213, 232, 250, 267
  proibição do transporte de escravos por, 56, 68, 88, 153, 168, 199
  reabertura do tráfico de escravos pelo, 59-60
  relatório de Buchanan ao, 169
Conner, James, 250-251
Conover, Thomas J., 114-115
Constituição dos EUA
  Décima Terceira Emenda, 267
  discurso de Spratt contra, 201
  escravidão e, 25-26, 201, 233, 254
  Quinta Emenda, 157
Constitution, 114
Convenção Comercial Sulista de Vicksburg
  resolução pelo império escravista na, 194
  secessão do Norte, 194
Convenção de Charleston, 243
Convenção Nacional do Partido Democrata, 244-247
  Rynders na, 245
  sucessão, 247
Convenção Nacional do Partido Democrata, 243
Convenções Comerciais Sulistas.
  Ver também Convenção Nacional do Partido Democrata; Partido Democrata
  discurso de Spratt em, 195-202
  financiamento de, 54

pró-escravidão, 58
reunião em Vicksburg, 193-194
transformação radical de, 54, 57, 61
Cornelia, 73
Corrie, William C.
  acusado de pirataria, 192, 250-251
  como autor, 192
  como escravista, 133-135, 270
  como proprietário do *Wanderer*, 83-87, 94, 98, 175
  denúncia de, sob a Lei de 1818, 192
  em Jekyll Island, 227
  Magrath como amigo de, 191-192, 250
  na Convenção Nacional do Partido Democrata, 245
  no Iate Clube de Nova York, 83-87
  no Rio Congo, 101
  no rio Ogowe, 109
  opinião dos britânicos sobre, 189-190
  recepção aos ingleses, 120
  últimos anos, 262
Corry, William C. *Ver* Corrie, William C.
Coste, L. N., 221
Couper, Hamilton, 248, 252, 253-254
Couper, James Hamilton, 32, 33, 35, 36, 248
Crawford, William, 58
Cresswell, Jane Meek, 27
Cuba
  Bloqueio britânico contra, 185
  Esquadra Africana, 266
  fim do tráfico de escravos pelos espanhóis, 267
  tráfico de escravos para, 88, 89, 189
  viagem do *Wanderer*, 181-182
Cumberland, 116
Cushman, Charlotte, 25
cúteres da alfândega
  Aiken, 98
  Harriet Lane, 93, 140
Cuyler, William H., 45
Cygnet, 73, 83, 84

Davenport, Hugh, 230
Davis, Jefferson, 245, 256
Davy Crockett, 80
de Blaquiere, John, 74
de la Figaniere, C. H. S., 89
DeBow, James, 49, 51, 54, 55, 56
DeBow's Review (DeBow), 54, 55
Décima Terceira Emenda, 267
decisão Dred Scott, 214-215
Derby, lorde, 186
Destino do Estado escravista, O (Spratt), 57
Dicionário americano de biografias, 27
direito de visitação, 186-188
direitos dos estados
    para sulistas, 244
    sobre escravidão, 165, 244, 246
"Dívida da Cidade de Charleston, A" (Spratt), 262
doenças
    em Cuba, 188
    na África, 106-108, 115, 121
    no Sul, 41, 47, 48
Douglas, Stephen A.
    a favor da União, 242
    candidato à Presidência, 164, 185
    na Convenção Nacional do Partido Democrata, 244
    programa de, 241
du Bignon, Henry. *Ver também* Jekyll Island
    como conspirador de Jekyll Island, 134, 159, 218, 228, 231, 248
    desafio para corrida, 26, 49
    proprietário de Jekyll Island, 127-128, 148
    vítima de tiro de Lamar, 181-182
du Bignon, John. *Ver também* Jekyll Island
    como conspirador de Jekyll Island, 131, 216, 218, 228, 231
    intimação de, 147-148
    proprietário de Jekyll Island, 127-128, 148

Du Bois, W. E. B., 267
duelo
    Lamar/Moore, 18, 254
    Lamar/Raymond, 18, 179-181
    romantismo do, 56
Dwight, William, 94, 96
E. A. Rawlins, 62-67
economia sulista
    escravidão na, 50-51, 58
    falta de progresso da, 46-47
    ferrovia, 23
    Revolução Industrial da, 22, 24, 25
Edgar, comodoro, 79
Edgar, William, 83-84
Edgefield Advertiser, 161
Elliott, William, 45
"Ensaio sobre Adubos Calcários" (Ruffin), 54
Erie, 267
escravidão
    ataque do Norte à, 49-50
    Buchanan e a, 165
    como propriedade, 254
    denúncia da, pelo Sul, 161-162
    direito sulista à, 199
    direitos dos estados à, 165, 244
    dissolução da, 214
    economia baseada em, 50-51, 58
    expansão da, 18, 25-26, 165, 189-190, 215, 246
    instituição da, 145-146, 234, 241, 246
    julgamento do *Wanderer* e, 234
    oposição à, 50
    para o algodão, 59
    restrição à, 234
    secessão e, 18, 54, 58, 165-166
    secessionismo e, 59, 145, 163, 165-166, 167, 168, 214-215
    sedição e, 57
    sob a Constituição, 25-26, 200-201, 233, 254
    Suprema Corte dos EUA e, 165
escravos
    como abençoados, 197, 245

como aprendizes, 67, 131, 216
doenças, 188
exame físico, 121
morte a bordo de navios, 126, 127, 129
preço/demanda, 58, 108, 186
prêmio por, 105, 171
representação no Congresso dos EUA, 59
revolta de Harpers Ferry, 51, 209
troca de mercadorias por, 108
escravos como aprendizes, 67, 131, 216
Espanha
   fim do tráfico de escravos pela, 266
Esquadra Africana Britânica
   afundamento de navios pela, 99, 103
   justiça da, 118-119
Esquadra Africana da Grã-Bretanha, ver Esquadra Africana, britânicas
Esquadra Africana dos EUA, ver Esquadra Africana, EUA
Esquadra Africana dos EUA. *Ver também* Estados Unidos
   Conover como comandante da, 99
   Cumberland na, 115-116
   justiça da, 118
   navios da 266
   Porpoise, 124-125
   Vincennes, 116, 124-126
Esquadra Nacional, 115
Esquadra Real de Iates, 111
Estados Unidos
   capital, 25-26
   direito de condenação da Grã-Bretanha e dos, 226
   direito de visitação e, 186-188
   Esquadra Africana dos, 99, 114-116, 118, 226
   exportação de algodão dos, 47
   guerras britânicas com, 183
   moeda dos, 21
   poderio naval dos, 185, 186, 187
   preservação dos, 177-178
   secessão sulista dos, 18, 54, 58, 165-166, 241

tribunais conjuntos com a Grã-Bretanha para julgar negreiros, 267
Estrada de Ferro da Carolina do Sul, 22-23
Estrada de Ferro Savannah, Albany and Gulf, 43
estradas, especulação em, 26
Europa
   comércio de escravos, 104, 213
   comércio do Norte com a, 61
   comércio do Sul com a, 47, 61
   proibição do comércio de escravos pela, 104
Evening Journal, 46
Faculdade da Carolina do Sul, 57
Farnum, J. Egbert
   acusação federal de pirataria, 251, 254
   charme de, 86-87
   como aventureiro, 138, 142
   como inspetor de alfândega, 261
   como prova do estado, 251
   escravista, 133-135, 270
   extradição de, 251
   julgamento por pirataria, 254, 260
   libertado da cadeia por Lamar, 251-252, 254
   no exército da União, 261
   no Rio Congo, 101
   no Rio Ogowe, 109
   no *Wanderer*, 86-87, 97, 98
   recepção aos britânicos, 120
fazendas, vida nas, 24
febre amarela, 41, 47, 48
feira de escravos, para venda, 121
Feitor, ver comerciante
Felice, Anna, 226, 227, 256
Ferrovia Central da Geórgia, 23, 150. *Ver também* ferrovias
"Ferrovia de Blue Ridge, A" (Spratt), 262
ferrovias
   "Melhor Amigo", 23
   especulação em, 26
   Estrada de Ferro Savannah, Albany e Gulf, 43

Ferrovia Central da Geórgia, 23, 150
Ferrovia da Carolina do Sul, 23
manufatura sulista para, 45-46
Rocket, 23
Fleming, William B., 44
Florida Times-Union, 261
Flórida, secessão da, 261
Floyd, Charles, 26
Flying Cloud, 80
Foote, Henry S., 201-202
Forrest, Edwin, 25
Forte Sumter, 54
Gampsuas, ver caçadores de escravos
Ganahl, Joseph
  adulteração de provas, 170, 171, 172, 173-174, 180
  ameaça de morte, 163
  audiência de provas, 152-153
  competição de Jackson com, 169
  declaração por Corrie, 192
  elogio de Jackson, 262
  em julgamento, 206, 237
  ética de trabalho de, 136-137
  inexperiência de, 168
  intimações, 136, 147, 148
  mandados de prisão por, 150
  provas do caso por, 140-141, 148, 151, 170
  testemunhas de, 153, 171
  últimos anos de, 263
Garrette, 114
Gaulden, William B., 245
Geórgia
  Estado Imperial do Sul, 25
  secessão da, 257
Gilley, C. W., 64
Gimcrack, 73
Gordon, Matthew, 147-148, 159, 170, 230
Gordon, Nathaniel, 267
Grã-Bretanha
  algodão para, 186
  comércio com o Norte, 186
  direito de condenação para os EUA e, 266
  direito de visitação pela, 183-184, 186-188
  Esquadra Africana da, 99, 103, 118-119
  guerras americanas com a, 183
  na América Central, 183-184, 185
  política americana e, 250
  proibição do comércio de escravos pela, 183-185
  tratado com, 266
  tribunais conjuntos com os EUA para julgar negreiros, 267
Grant, Ulysses, 264
Great Western Marine Insurance Company, 48
Greeley, Horace, 138
Grinnell, Irving, 85
Guardas DeKalb, 257
Guardas Voluntários de Savannah, 257
Guerra Civil. *Ver também* o Norte; o Sul
  25º Regimento de Cavalaria da Geórgia na, 264
  através da sucessão, 166, 241
  batalhas da, 257
  Black e a, 256
  cabeças-quentes a favor da, 59, 242
  causada pela secessão, 166, 241, 257
  Cobb durante a, 264
  comércio de escravos antes, 189-190
  defesa de Jekyll Island durante a, 264
  fim da, 264
  julgamento do *Wanderer* e a, 238
  Spratt a favor da, 241
  vínculos sociais Norte/Sul antes da, 189-190
  Violação do bloqueio durante a, 264
Guerra da Independência, 183
Guerra de 1812, 24, 44, 118, 183
Guerra Revolucionária, 85
Hall, Francis, 54
Hammond, James, 256
Hand, Isaiah, 72

Hardee, Charles, 21
Harper's Weekly, 78, 86
Harpers Ferry, 209-210
Harriett Lane, 93, 140
Harrington, agente, 104
Harris, Horatio
  adulteração de testemunho, 161
  com africanos, 132-133
  como faroleiro, 130-131
  como testemunha de audiência, 160-161
  como testemunha de julgamento, 215-219
Harris, J. J., 87
Haswell, Charles H., 85
Hathaway, Sara, 21
Hawkins, Thomas, 75, 87, 93. *Ver também Wanderer*
Haywood, Joseph, 223
Hazelhurst, William, 159, 160, 230-231, 270
Henry Cameron, 40, 41
Henry, Abraham, 136, 137
Henry, Charles J., 151, 152
Higgins, Margret, 272
Hodgkinson, comandante, 118, 125. *Ver também Viper*
Hone, Robert S., 85
Howard, Laurel, 28
Howard, Warren S., 189
Hughes, Henry, 54, 55, 56
Hussardos da Geórgia, 44, 257
Iate Clube de Nova York, 18, 72, 74, 77
  Sócios, 84
  Wanderer no, 18, 78, 190
Iate Clube Real Vitória, 74
iates
  America, 74, 77, 95
  Cornelia, 73
  Cygnet, 73, 84
  Gimcrack, 73
  Irene, 73, 75
  Margate, 112
  Martin Van Buren, 73

  Northern Light, 84
  Rowland como construtor/projetista de, 70-73, 77, 85, 112, 260
  Steers como construtor/projetista de, 74
  Una, 73
  Water Lilly, 79
Ideal Agrário, 24. *Ver também* Jefferson, Thomas
igualdade, direito de, 199
imigrantes como mão-de-obra escrava, 197
índios, 25-26
Infantaria Ligeira de Oglethorpe, 257
Inglaterra. *Ver* Grã-Bretanha
Irene, 72-73, 74
Irlandeses Verdes de Jasper, 257
Iron Steamboat Company de Augusta, 29
Iverson, Alfred, 244
Jackson Mississippian, 244-245
Jackson, Andrew, 209
Jackson, Henry Rootes
  como advogado de audiência, 151, 152, 160, 167
  como enviado ao estrangeiro, 151, 166
  como general-de-brigada confederado, 263
  elogio de Ganahl, 263
  em competição com Ganahl, 169
  em julgamento, 206, 235, 237
  extradição de Farnum, 251
  unionismo, 256
jacobinismo abolicionista, 210
Jeannie, 259
Jefferson, Thomas
  Ideal Agrário de, 24
  Lafayette como companheiro de, 17, 45
  Lei da escravidão de 1807 sob, 212, 213
Jekyll Island
  advertência sobre, 127-128
  africanos em, 151, 216, 230, 232, 270

Brown em, 132-135, 223
Clubb em, 131-132
Corrie em, 227
Defesa de, na Guerra Civil, 263
du Bignon como proprietário de, 127-128, 148
du Bignons como conspiradores em, 131, 134, 159, 216, 218, 228, 231, 248
Hazelhurst em, 159, 160, 230
Lamar em, 223
personalidades do julgamento em, 223, 236
prático para, 131-132, 133-134
transporte no *Lamar* a partir de, 223, 270
Trowbridge em, 223
Tucker em, 223, 270-271
John Randolph, 28-29. *Ver também* vapores
Johnson, John D., 72, 76, 80-81, 83-84, 98. *Ver também* Wanderer
Jones, Charles C., 181, 236, 256
Jóquei Clube de Savannah, 44, 150, 172, 240
Jornais
  Albany Statesman, 86, 141-142
  Atlanta Constitution, 252
  Augusta Chronicle, 29, 161
  Augusta Daily Constitutionalist, 29, 244, 261
  Augusta Dispatch, 243
  Boston Advertiser, 140, 191
  Boston Traveller, 140, 258
  Brooklyn Eagle, 140, 141
  Charleston Courier, 40
  Charleston Mercury, 55, 161, 185, 192, 244, 261
  Charleston News, 210
  Charleston Spectator, 57
  Charleston Standard, 55
  Edgefield Advertiser, 161
  Evening Journal, 46
  Florida Times-Union, 262
  Jackson Mississippian, 244
  Macon State Press, 161
  Memphis Enquirer, 203
  Milledgeville Federal Union, 58
  Montgomery Advertiser, 161-162
  Natchez Free Trade, 161
  New Era, 185
  New Orleans Picayune, 203
  New York Courier, 140, 267
  New York Daily News, 86
  New York Daily Tribune, 92, 138, 141
  New York Herald, 137-140, 142, 184, 202, 208-209
  New York Journal of Commerce, 140
  New York Post, 140, 141
  New York Times, 18, 77, 81-82, 85, 95-98, 125, 137, 138, 140, 141, 162-163, 165-168, 177-180, 192, 203, 238, 239, 261, 267
  New York World Telegram, 191
  produção de papel para, 46
  Savannah Daily Georgian, 23, 31, 40
  Savannah Daily Morning News, 17-18, 25, 59, 127-128, 149, 170, 174, 206, 209, 237, 238, 241, 250, 253
  Savannah Morning News, 265
  Savannah Republican, 139, 140-141, 149, 161, 203, 206, 238, 245, 249
  Times (Londres), 140, 187
  Vicksburg Daily Whig, 49
  Washington Post, 140
  Washington Union, 140
Jose, Mariana, 226, 227, 259
Kansas, abolicionismo/conflito em, 52, 62
Kate Helen, 116, 118, 186
Keller, George A., 271
King, Nicholas, 222-223
Lady Lansdowne, 28. *Ver também* vapores
Lafayette, marquês de, 17, 45
Lafitte & Co., 67
Laguna Nkomi, 109
Laird, John, 28
Lamar, 223, 270. *Ver também* vapores

Lamar, Basil, 27
Lamar, Charles Augustus Lafayette
  acordo de Trowbridge com, 223
  adulteração de testemunho, 170, 171, 172, 173-174, 180
  ameaça de morte, 163
  batismo de, 17, 45
  caráter de, 44, 45, 176-177, 180, 181-182
  com os cabeças-quentes, 56, 57, 60, 195, 241
  como traficante de escravos, 62, 66, 133-135, 159, 160, 195, 248
  condenação de, 255
  defesa de Farnum, 251-252, 255
  desafio a Raymond para duelo, 18, 179-180
  desafio de Moore para duelo com, 18, 253-254
  desafio para duelo, 18, 179-180, 253-254
  em Jekyll Island, 223
  insulto de Cobb a, 68
  julgamento do *Wanderer*, 231
  julgamento federal, 248-249
  manipulação de júri, 151, 167-168
  morte de, 17, 18-19
  negócios de família, 17-18, 43
  no 25º Regimento de Cavalaria da Geórgia, 264
  Owens como advogado de, 150-151
  Política, 241
  presidente do Jóquei Clube de Savannah, 240
  recusa a render-se, 265
  secessão para, 244, 247
  violência de, 176-177, 178-179, 180, 249
Lamar, Gazaway
  casamento de, 42
  como financista do Norte, 47-48
  como violador de bloqueio, 264, 265
  contra o tráfico de escravos, 66-67
  desafio para corrida de barco, 26-28
  em Old Capitol Prison, 264
  êxito de, 19, 20
  mosquetes despachados por, 256, 264
  naufrágio do *Pulaski*, 34-42, 47, 264
  pai de C. A. L, Lamar, 178, 265
  proprietário do *Pulaski*, 31-32
  rendição, 265
  secessionista, 256
  suspeito do assassinato de Lincoln, 264-265
  títulos confederados vendidos por, 256, 264
Lamar, Henry G., 247
Lamar, John B., 66, 247
Lamar, Lucius Quintus Cincinnatus, 17-18, 255
Lamar, Mirabeau Bonaparte, 17, 45, 46, 253
Lamar, Rebecca, 27, 34-40, 41
Lee, Robert E., 55, 256, 264
Lee, Ward
  a bordo do *Wanderer*, 270
  como antropólogo, 271
  como escravo, 269-272
  liberdade de, 271
  vida familiar, 271-272
  volta à África, 272
Lei de 1818, 192, 212
Lei de 1820
  enforcamento com base na, 267
  pirataria com base na, 150, 199-200, 203, 212-213, 232, 250
  prisão e repatriação de Corrie com base na, 192
lei do almirantado, 91
Levy, S. Yates, 254
Lincoln, Abraham
  assassinato de, 264
  como debatedor, 164-165
  derrotado por Douglas, 241
  eleição de, 255
  escravidão sulista e, 59, 210
  fim do tráfico de escravos, 267
  Proclamação de Emancipação, 267

tratado entre EUA e Grã-Bretanha, 266
Lincolnitas, 256. *Ver também* secessão
Lloyd & Owens, 140
locomotiva a vapor
  cavalo de ferro, 27
  fabricada nos EUA, 23, 27
Luddy, Peter, 252
Lumpkin, Wilson, 23
Mabry, Woodford, 135-136, 151, 159
Machado, John Albert, 89
Macon State Press, 161
Magrath, Andrew G.
  amigo de Corrie, 191, 249-250
  governador confederado, 191
  juiz federal, 191, 249-250
  opinião sobre Norte/Sul, 250
  secessionista, 191
Malmesbury, lorde, 187, 190
Margate, 112
Marinha da República do Texas, 251
Marinha Real Britânica, 117
Marriatt, capitão, 95
Martin Van Buren, 73
Martin, capitão, 207, 225-227, 259
Mason, George, 256
Mauma, 38
Maynard, Horace, 267-268
McRae, John F., 171-172, 181
Medusa, 109-112, 133, 142, 186
"Melhor Amigo", 23
Memphis Enquirer, 203
Miller, Jack, 149, 224
Minute Men (M. M.), 256
Monroe, James, 31, 58
Montgomery Advertiser, 161-162
Montmollin, John, 135
Moore, Edwin Ward, 18, 251, 252-253
mosquetes, comércio de, 256
Motor Rotativo a Vapor de Avery, 23-24
movimento pelos Direitos Sulistas, 195, 245
Murray, capitão, 95
Napoleão III, 185

Natchez Free Trade, 161
navio mercante
  Sea View, como, 116
navios a vapor
  Alburka, 28
  Bibb, 95
  Columbus, 208
  com cascos de ferro, 28-29
  em águas costeiras, 31, 47, 133
  especulação em, 26
  franquia de Savannah, 27-28
  inspeção de caldeiras, 40
  John Randolph, 29
  Lady Lansdowne, 28
  Lamar, 29, 133-135, 136
  Medusa, 109-111, 133, 142, 186
  para violação de bloqueio, 263, 264
  projeto modular de, 28
  Pulaski, 29
  Savannah, 31
  St. Johns, 133, 222
  St. Nicholas, 147
  Viper, 99, 117-120, 124, 126
navios negreiros
  abundância de, 188
  Kate Helen, 116, 118, 186
  Wanderer, 116
negreiros
  confisco de, 212
  Erie, 267
  Esquadra Africana, 99, 114-116, 118, 124-126, 266
  Storm King, 267
  tratado para condenação de, 267
negro africano. *Ver também* escravidão
  mímicas por, 146-147, 170, 173, 174
  novidade dos, 170-171, 172
Negros
  decisão Dred Scott sobre, 214-215
  submissão biológica dos, 55
Negros, livres. *Ver também* negros; Lee, Ward
  comportamento de, 52
  inferioridade dos, 55

New Era, 185
New Orleans Picayune, 203
New York Courier, 140, 267
New York Daily News, 86
New York Daily Tribune, 92, 138, 141
New York Herald, 137-140, 142, 184, 202, 208-209
New York Journal of Commerce, 90, 140
New York Post, 140, 141
New York Times, 18, 77, 81, 85, 95-98, 125, 137, 138, 140, 141, 162-163, 165-168, 177-180, 192, 203, 238, 239, 261, 267
New York World Telegram, 191
Nicoll, juiz John C., 45, 150, 175
Nightingale, P. M., 33, 35
Nisbet, James, 244
Norte *versus* Sul
  censo de, 195
  competição entre, 26-27, 31, 46, 49, 57
  disputas entre, 25-26, 53-54
  tarifas e, 53
Norte, o
  abolicionismo em, 191
  ataque à escravidão pelo, 49-50, 234, 238
  capital de risco do, 48
  carpetbaggers, 263
  comentários de jornais no, 161
  comércio com o Sul, 198
  comércio costeiro, 31, 47
  comércio europeu com, 47, 186
  compra de algodão, 47
  condenação de Magrath pelo, 250
  enriquecimento pelo Sul, 51
  financistas do, 47
  industrialização, 24, 46
  manufatura, 46
  mercadorias do, 48
  tarifas, 53
  tráfico de escravos do, 88, 90, 92
  Viana como traficante de escravos em, 63
Northern Light, 84

Norton, Sydney S., 87-88, 93, 139
Nova York
  corrupção em, 91
  lei do almirantado em, 91
  ligação de Savannah com, 25
Nuvem Negra, 265
NYYC (New York Yacht Club). *Ver* Iate Clube de Nova York
O'Keefe, Maurice, 94, 139, 140
Ocean House, 79
oftalmia, 108. *Ver também* doenças
Oglethorpe, James, 20, 24, 166
Old Capitol Prison, 264
Os Lamar Rangers, 263
Otis, Calvin, 44
Owens, John
  como advogado de Lamar, 150-151, 152-153, 181
  como padrinho de Lamar, 253-254
  no julgamento, 206-207, 237
Parkman, S. B., 37
Parque Emmett, 21
Partido Democrata
  Convenção Comercial Sulista e o, 54, 57, 58, 61, 193-202
  no Sul, 268
  programa para o, 245, 246-247
  separação dentro do, 242-245
Partido dos Direitos Sulistas, 247
Partido Republicano
  abolicionismo, 50, 51, 210
Patridge, I. M., 202
Perry, Matthew, 115
Pílulas Vegetais Antibiliosas, 49
pirataria. *Ver também* tráfico de escravos, africanos
  acusação de, 150, 203
  Lei de 1820, 150, 191-192, 200, 203, 212-213, 232, 250, 267
Ponta da Lenha
  centro comercial de, 103
Porpoise, 124-125
Portugal
  como traficantes de escravos, 121

Postell, William, 61, 63, 64-65
Presson, Rev. W., 42
Price, William O., 148-149, 224-225
Price's Clothing, 148-149
Proclamação de Emancipação, 267
pró-escravidão
   Black como, 166
   Buchanan como, 166
   cabeças-quentes, 54-55, 59, 189-190, 202, 241
   Convenção Comercial Sulista, 58, 242
   DeBow's Review, 54
   programa de Yancey, 242
   representação no Congresso dos EUA, 59
   territórios ocidentais, 58
Pucka Geata, 271
Pugh, George E., 246
Pulaski, conde, 30
Pulaski. Ver também vapores
   equipamento, 30-31
   falha, 42
   funeral depois, 41-42
   naufrágio do, 34-42, 47, 264
   tecnologia do, 29, 32
Quinta Emenda, 157
racismo
   dos cabeças-quentes, 55
Rajesta, Juan, 135, 148-150
   absolvição, 248
   acusado de posse de escravos africanos, 237-238
   em julgamento, 207, 218, 235
   na cadeia, 160
   réu de audiência, 152-153
Raymond, Henry J., 138, 177-180
Receita Federal dos EUA, 173
Remo, 26-27, 50
Republican Blues, 81, 257
Revistas/jornais
   Congressional Globe, 266
   Harper's Weekly, 78
Revolução Industrial
   em Savannah, 45

no Sul, 22, 24, 45
vapor para, 22, 23-24
Rhett, Robert Barnwell, 54, 55, 62, 244
Richard Cobden, 67, 211
rio Little Satilla, 135
rio Savannah
   cais do, 26-27
Rocket, 23. *Ver também* ferrovias
romantismo dos cabeças-quentes, 56
Ross, Thomas L., 173, 230
Rowland, William J., 70-73, 77, 85, 112, 260, 273. *Ver também Wanderer*
Ruffin, Edmund, 54, 56, 58, 244, 260
Rufus Soule (brigue), 119, 184
Rynders, Isaiah
   como chefe de polícia, 93-96, 138, 140, 251
   corrupção sob, 267
   denúncia de, 267
   na Convenção Nacional do Partido Democrata, 245
Sansaverino, Sharon, 272
Santa Helena, ilha de, 98, 135
Savannah
   captura por Sherman, 263
   chegada do comércio, 21
   incêndio em, 21
   Ligação de Nova York com, 25
   primórdios de, 20-22
   recessão em, 27
   Revolução Industrial em, 45
Savannah (navio), 31
Savannah Daily Georgian, 23, 31, 40
Savannah Daily Morning News, 17-18, 25, 59, 127-128, 149, 170, 174, 206, 209, 237, 238, 241, 250, 253
Savannah Morning News, 265
Savannah Republican, 139, 140-141, 149, 161, 203, 206, 238, 245, 249
Scarbrough, William, 31
Scattergood, S. S., 260
Scott, Walter, 56
Screven's Ferry, 253
Sea View, 116

Secessão
- abolicionistas contra, 256
- eleição de Lincoln e a, 256
- fita azul, 256
- Guerra Civil, 166, 241
- lincolnitas contra, 256
- pelo Sul, 18, 54, 58, 165-166, 241, 257
- submissionistas contra, 256

sedição, escravidão e, 57
Serviço de Faróis e Balizas, 61
Seward, William H., 185
Sherman, William T., 263, 271
Slidell, John, 244
Snelgrave, capitão, 107, 121
Sociedade Americana de Colonização, 214
Sovereign of the Seas, 80
Spirit of the Times (periódico), 85
Spratt, Leonidas W., 54, 55, 57, 58-60, 62, 68, 193
- como embaixador da Secessão, 261
- discurso de Vicksburg, 195-202
- Guerra Civil e, 241
- na Convenção Nacional do Partido Democrata, 244
- últimos anos, 261-262

St. Johns, 133, 222
St. Nicholas, 147
Staley, John, 173-174
Steers, George, 73-74, 77, 95. Ver também America
Stephens, John Cox, 73
Stevens, Edwin, 85
Stewart, D. H., 140, 170, 172, 173, 175-176, 229
Storm King, 267
Styles, Carey, 252, 255, 263
submissionistas, 256. Ver também secessão
Sul *versus* Norte
- censo de, 195
- competição entre, 26-27 31, 46, 49, 57
- disputas entre, 25-26, 53-54
- tarifas e, 53

Sul, o
- apoio a Magrath no, 250
- apoio aos cabeças-quentes no, 242
- Aristocracia das Fazendas no, 52
- aristocracia, 200
- capital de risco do Norte no, 48
- *carpetbaggers*, 263
- castigo de nortistas no, 241
- código de cavalheiros, 56
- comentários de jornais, 161
- comércio de escravos no, 141
- comércio entre Grã-Bretanha e, 186
- comércio europeu com, 47, 61, 194
- como República Escravista, 261
- economia do, 23, 24, 46-47, 51, 58
- educação no, 61-62
- enriquecimento do Norte pelo, 51
- fanatismo do, 239
- Guerra de Sucessão no, 255-256
- imprensa no, 203
- manufatura no, 46
- morte no, 41
- partido Democrata no, 242, 243, 244
- percentagem de senhores de escravos no, 242
- progresso no, 45, 46
- proibição do transporte de escravos no, 58, 68, 88, 153, 168, 199
- rebelião tarifária no, 53
- Revolução Industrial no, 22, 24, 45
- secessão do, 257
- taxação no, 194
- vida no, 24

Suprema Corte dos EUA
- decisão Dred Scott, 214-21514-215
- escravidão e, 165, 246

Tahro, 271
Tarifa/taxação, 25-26, 194
teares, 22, 23, 45, 46
Ten Broeck, pista de corridas, 81, 206, 240
territórios ocidentais pró-escravidão, 58

Texas, República do, 17, 18, 45, 251
Times (Londres), 140, 187
títulos confederados, 256, 264
Tom Thumb, 23
  vantagens, 23
Tom Thumb, 23. *Ver também* ferrovias
Totten, Benjamin J., 117-119, 123-126, 184
tráfico de escravos africanos, 18, 165, 197
  barracões, 104-105, 120, 121
  Brodnax, 144
  cabeças-quentes, 54-55, 59, 189
  caráter dos homens que o praticavam, 88, 90
  castigo para, 162-163, 165
  Catherine, 91
  como esporte, 188
  como imigração, 67
  como local no Sul, 62
  como pirataria, 150, 192, 199-200, 203, 212-214
  demanda por, 188
  E. A. Rawlins, 62-67
  europeus no, 104
  feira, 121
  financiamento, 189
  história, 212
  lei de 1807/1818, 212
  mercadorias para, 104
  moralidade do, 141, 162, 165, 213
  morte por enforcamento, 267
  no Norte, 88
  por árabes, 121
  por negros africanos, 121
  Proclamação de Emancipação, 267
  proibição pelo Congresso dos EUA, 58, 68, 88, 153, 168, 199
  ressurgimento do, 62, 66, 145, 202, 241
  Richard Cobden, 67, 211
  supressão do, 195-196
  tribunais conjuntos dos EUA e da Grã-Bretanha, 266
Wanderer, 17, 69

transporte
  de algodão, 45, 47
  de escravos de Jekyll Island, 223, 270
  em águas costeiras, 31, 47
  modos de, 26
  proibição do, de escravos, 58, 68, 88, 153, 168, 199
triângulo do algodão, 47
tribo dos kru, 102, 109, 123
Tribunal do Almirantado, 175, 183
Trowbridge, Nelson
  acordo de Lamar com, 62
  como traficante de escravos domésticos, 133, 160
  em Jekyll Island, 133-135, 159, 223, 248
  no julgamento do *Wanderer*, 231, 237
  para Cuba com o *Wanderer*, 181, 259
  parceiro de Lamar, 62
Troy, 225-226
Truscott, comandante, 186
Tucker, John F.
  compra de Cilucangy por, 271
  confidente de Lamar, 173
  em Jekyll Island, 133-135, 159, 218, 223, 270-271
  em julgamento, 248
  fazenda de, 270-271
Turner, Nat, 209
Tybee Island, 65, 67
Ultralistas. *Ver* cabeças-quentes
Una, 73
União
  batalhas pela, 257
  juramento de lealdade a, 265
  vitória da, 54, 264, 265
Unionismo
  Cobb a favor do, 256
  Foote a favor do, 201
  lei da pirataria apoiado por, 213
Valenti, Alexander Cilucangy, 272
Valenti, Sheryl, 272
Van Horn, Charlie
  como carcereiro, 160, 173, 180

como testemunha no julgamento de Lamar, 249
no leilão do *Wanderer*, 176-177, 229-230
Vanderbilt, Cornelius, 84
vapor
  inspeção de caldeiras, 40
  para a Revolução Industrial, 22, 23-24
vapor de roda. *Ver* vapores
veleiros
  Constitution, 114
  Cumberland, 115-116
  Garrette, 114
Viana, José da Costa Lima, 64, 68, 89, 106
Vicksburg Daily Whig, 49
Vincennes, 116, 123-126
25º Regimento de Cavalaria da Geórgia, 264
violação de bloqueio, 264
Viper, 99, 117-120, 124, 125-126
Voluntários Alemães, 257
Wainwright, J. Howard, 85
Walker, George D. *Ver* Martin, capitão
Walker, Leroy, 247
Walker, William, 82, 86
Wanderer
  afundamento do, 260
  Arguirir no, 102-103, 108-109
  Buchanan e, 165
  captura do, 160, 175, 260
  Cilucangy a bordo do, 270
  como negreiro, 18, 68, 122, 139, 258
  como questão política, 167
  como suspeito de ser negreiro, 139, 217
  condições dos escravos a bordo, 123, 126-127, 217, 228, 230
  construção do, 76
  Corrie como proprietário do, 83-87, 217, 232, 233
  desaparecimento do, 207
  detido pela Marinha dos EUA, 259-260
  documentos para, 135-136, 233
  escravos sobreviventes do, 271
  Hawkins como supervisor, 75, 87
  impedimento, 259
  Johnson como proprietário do, 72, 76, 80-81
  leilão do, 176177, 229, 260
  lições do, 273
  livros/mapas/diários do, 151, 160, 230, 235
  no Iate Clube de Nova York (NYYC), 18, 78, 190
  no rio Congo, 101
  projeto do, 70-71, 74-75, 85, 94, 112, 230
  Rowland como construtor/projetista do, 70-73, 77, 85, 112, 260, 273
  sob o capitão Martin, 207, 225-227
  Tribunal do Almirantado, 175
  troca de nomes, 226
  venda do, 83-84, 176
  viagem a Cuba do, 181-182, 259
  viagens pelos EUA, 80-82
  Vincennes e, 123-126
Wanderer, audiência sobre
  adulteração de provas, 170, 171, 172, 173-174, 180
  repatriação de Corrie, 191-192
Wanderer, julgamento do
  argumentos finais, 232-235
  Cheever como testemunha, 230
  Christie como testemunha, 223-224
  Coste como testemunha, 221-222
  Davenport como testemunha, 230
  exame do tráfico de escravos no, 212
  Gordon como testemunha, 230
  Guerra Civil e, 238
  Harris como testemunha, 215-219, 236
  Haywood como testemunha, 223
  Hazelhurst como testemunha, 230-231
  instrução do júri, 214, 220, 235-236
  júri, 211, 232

King como testemunha, 222-223
prédio da Alfândega dos EUA, 205-206
Price como testemunha, 224-225
Ross como testemunha, 230
Van Horn como testemunha, 229-230
veredicto do júri, 237
Wayne como juiz do, 208-209
Washington Union, 140
Washington, George, 17, 45, 211-212
Watchman and Bratt, 32
Water Lilly, 79
Wayne, James. *Ver também Wanderer, julgamento do*
antecedentes familiares, 209
aparência, 208
decisão Dred Scott, 214-215
em apoio da escravidão, 214
juiz no julgamento, 208-237, 254
Webster, Daniel, 74
White, reverendo, 27, 38, 45
Wigfall, Louis T., 244
Wilings, John, 41
Wilson, Henry, 250
Winchester, William P., 84
Wise, comodoro, 186
Wylly, George W., 170-171
Yancey, William L., 54, 56, 58, 62, 241, 242
na Convenção Nacional do Partido Democrata, 244, 245-246
oratória de, 242, 246
programa pró-escravidão de, 242
Zuavos, 261

Este livro foi composto na tipologia Adobe
Garamond, em corpo 12/14,7, e impresso em
papel off-set 75g/m² no Sistema Cameron
da Divisão Gráfica da Distribuidora Record.

Seja um Leitor Preferencial Record
e receba informações sobre nossos lançamentos.
Escreva para
RP Record
Caixa Postal 23.052
Rio de Janeiro, RJ – CEP 20922-970
dando seu nome e endereço
e tenha acesso a nossas ofertas especiais.

Válido somente no Brasil.

Ou visite a nossa *home page*:
http://www.record.com.br